者

从 阅 读 走 进 现 实
knowledge-power

读 行 者

傳記文學 書系

唐德剛 等 ◎ 著

從甲午到抗戰

主編

彭明哲 曾德明

傳記文學 書系 編委会

編委

賴某深 龔昊 蔣浩

李鄭龙 于向勇 秦青

台海出版社

博集天卷
CS·BOOKY

图书在版编目（CIP）数据

从甲午到抗战 / 唐德刚等著. —北京：台海出版社，2016.5
ISBN 978-7-5168-0961-7

Ⅰ.①从… Ⅱ.①唐… Ⅲ.①中日甲午战争—文集②抗日战争史—中国—文集 Ⅳ.①K256.307-53②K265.07-53

中国版本图书馆CIP数据核字（2016）第081858号

从甲午到抗战

著　　者：唐德刚等				
责任编辑：晋璧东		装帧设计：张丽娜		
特约策划：秦　青		责任印制：蔡　旭		

出版发行：台海出版社
地　　址：北京市朝阳区劲松南路1号　　邮政编码：100021
电　　话：010—64041652（发行，邮购）
传　　真：010—84045799（总编室）
网　　址：http://www.taimeng.org.cn/thcbs/default.htm
E-mail：thcbs@126.com

经　　销：全国各地新华书店
印　　刷：北京盛通印刷股份有限公司
本书如有破损、缺页、装订错误，请与本社联系调换

开　　本：700×995　1/16
字　　数：250千字　　　　　　　　印　　张：17.5
版　　次：2016年6月第1版　　　　印　　次：2016年6月第1次印刷
书　　号：ISBN 978-7-5168-0961-7
定　　价：45.00元

总序

　　岳麓书社依据台湾的《传记文学》，分类编纂，陆续出版"传记文学"书系，这是两岸文化交流史上的大事，是中国近代史和中华民国史研究的大事、喜事。

　　1962年2月5日，时值春节，曾在北大读书的刘绍唐向当年的校长胡适拜年，谈起胡适长期提倡传记文学，而始终未见实行，向老师透露，自己正准备创办《传记文学》月刊。胡适虽肯定其志，却以为其事甚难，办月刊，哪里去找这么多"信而有征"的文字，因此不大赞成。不料当年6月1日，绍唐先生主编的《传记文学》竟在台北出刊了。自此，直到2000年2月10日，绍唐先生因病在台北去世，历时38年，共出版453期。每期约30万字，453期就是约13590万字。此外，传记文学出版社还出版了"传记文学丛书"和"传记文学丛刊"，其中包括《民国人物小传》《民国大事日志》等许多民国历史方面的著作。

　　尽人皆知，绍唐先生没有任何背景，不接受任何政治集团、经济集团的支持，只身奋斗，孤军一人，却做出了台湾官方做不出的成绩，创造了中国出版史上不曾有过的奇迹。因此，绍唐先生被尊为"以一人而敌一国"，戴上了"野史馆馆长"的桂冠。

我在大学学习中国文学，毕业后业余研究中国哲学，1978年4月，调入中国社科院近代史研究所，参加《中华民国史》的编写，自此，即与绍唐先生的《传记文学》结下不解之缘。在众多历史刊物中，《传记文学》最为我所关注。但是，我和绍唐先生相识则较晚，记得是在1995年9月，纪念抗战胜利50周年之际。当时，台湾史学界在台北召开学术讨论会，我和其他大陆学者31人组团越海参加。这是海峡两岸学者之间交流的起始阶段，有如此众多的大陆学者同时赴会，堪称前所未有的盛事。我向会议提交的论文《九一八事变后的蒋介石》，根据毛思诚所藏《蒋介石日记类抄》未刊稿本写成。当时，蒋介石日记存世一事，还不为世人所知，绍唐先生很快通知我，《传记文学》将发表该文。9月3日，闭幕式晚宴，由绍唐先生的传记文学出版社招待。各方学者，各界嘉宾，济济一堂。我因事略为晚到，不料竟被引到主桌，和绍唐先生同席。那次席上，绍唐先生给我的印象是热情、好客、豪饮。次年，我应"中研院"近史所所长陈三井教授之邀访问该所，在台北有较多停留时间。其间，我曾应绍唐先生之邀，到传记文学出版社参观。上得楼来，只见层层叠叠，满室皆书，却不见编辑一人。绍唐先生与我长谈，详细介绍《传记文学》创刊的过程及个人办刊的种种艰辛。绍唐先生特别谈到，办刊者必须具备的"眼力""耐力""定力"等条件，可惜，我没有记日记的习惯，未能将绍唐先生所谈追记下来，至今引为憾事。绍唐先生交游广阔，文友众多，因此宴集也多。每有宴集，绍唐先生必招我参加，我也欣然从远在郊区的南港住所赴会。许多朋友，例如旅美华人史学家唐德刚等都是在这样的场合下认识的。在台期间，台北史学界为纪念北伐战争70周年，召开北伐及北伐史料讨论会，我根据原藏俄罗斯等处的档案，撰写《1923年蒋介石的苏联之行及其军事计划》一文参加，绍唐先生不仅到会，而且当场确定《传记文学》将发表拙文。我离开台北前，绍唐先生再次将我引到他的藏书室，告诉我，凡传记文学出版社出版的图书，喜欢什么就拿什么。我因为"近史所"已赠我大量出版物，又不好意思，只挑选了《陈济棠自传稿》《傅孟真先生年谱》《朱家骅年谱》和李济的《感旧录》等有限几种，回想起来，至今仍觉遗憾。

绍唐先生自述，他有感于两岸的文士因为历史原因等种种关系，"许多史实难免歪曲"，因此，创办此刊，以便"为史家找材料，为文学开生面"。我觉得，绍唐先生的这两个目的，比较成功地达到了。政治对学术，特别是对历史学的干预，古已有之，但是，学术特别是以真实为最高追求目标的历史学，又最忌政治和权力的干预。绍唐先生在台湾的白色恐怖余波犹在的年代，能够不怕"因稿贾祸"，创办刊物，发行丛书，保存大量中国近代史特别是民国史资料，供千秋万代的史家和史学爱好者采用，这是功德无量的盛事、盛业。刊物虽标明"文学"，但是，取文、选文却始终恪守历史学的原则，排斥任何虚构和想象，这也是值得今之史家和文家们借鉴和注重的。

绍唐先生去世后，《传记文学》由中国新闻界的前辈成舍我先生的后裔续办，至今仍是华人世界中的著名历史刊物，衷心希望绍唐先生的事业和精神能长期传承，永放光彩，衷心希望"传记文学"书系的出版，能得到读者的喜欢，助益历史学的繁荣和发展。

杨天石

2015年5月于北京东城之书满为患斋

第一编　对日战争反思

第二编　汪精卫投敌始末

第三编 日本侵华罪行再探讨

第一编　对日战争反思

中日黄海血战中国海军大败的讨论

杨元忠　唐德刚

　　最近在《传记文学》月刊中读了唐德刚先生所写《甲午战争百年祭》的文章。在该战役中，我国陆海两军都吃了败仗。唐先生对中日的海战，特别下了很多功夫，搜集了很多历史档案中的资料，在《为黄海血战平反》文中将当年中国海军官兵，描写得相当忠勇，使我这个穿了四十年海军制服，已退休了将近三十年的海军"老兵"，起了"与有荣焉"的感觉，对唐先生这番盛意，铭感五中。

　　我在葫芦岛海军官校四年，中日甲午海战的战史是读过的。因此对与战争有关的资料亦涉猎了一些。但比起历史专家唐先生所提供的资料来，就差得多了。譬如慈禧滥费公款的程度，用贪污至极的醇亲王去掌管海军衙门、太监李莲英居然当了检阅海军的主角，以至刘步蟾、严复与日本海军的舰队司令东乡平八郎都是留学英国海军的同学，以及我国舰队中的外国顾问的出身……，都是我前所未知的。读了唐文之后，对中日甲午战争我海军之所以大败，就知道得更彻底了。

至于中日甲午战争中的大东沟海战，我国海军败得非常之惨。唐先生因为不是海军专家，对军舰的构造、性能及海军基本战术的知识，不够明了，乃对该战役中我国海军几位高级将领，赞多于责。唐先生对海军如此爱护，站在海军立场，我要对唐先生再三致敬。但如果站在"力求翔实"的历史立场来看，我便觉得唐先生有点偏袒海军那几位高级将领。因此，不得不把我的看法写出来，以供一般读者参照。

中日海军在大东沟海战中，我方的军舰，不但舰龄较老，航速及舰炮的射击速度〔注〕，都不及日本海军各舰，而且各舰大小参差，因而炮的射程亦就参差，舰队的运用就相当困难。如舰队指挥官所取战术原则相当正确，各舰都能发挥其火力，结果仍然打了败仗，我们亦就没有什么可批评的了。这次海战中，我国舰队是不是做到这一步呢？我从我舰队采取横队迎战以纵队来攻的日本舰队，就很显然看出不是这一回事。现在我把那个时期的海战，纵队的两大优点简要写出来：

（一）能发挥最高的火力

军舰的主炮，一般都分装在舰艏及舰艉，而两舷装的都是口径较小因而射程亦较短的副炮。副炮的主要用途是保护本舰，对付敌方的快速鱼雷舰艇。采取纵队作战，敌舰队位于我舰队的一侧，舰艏舰艉全部主炮都能用来攻击敌舰，到双方距离缩短时，向敌之侧的副炮，亦可加入射击。如用横队应战，则只有一半的主炮可以用来射击敌舰，舰队的火力，最少亦要打个对折，这岂不就先吃个大亏？

（二）容易占取有利的位置来作战

海上作战，双方都是动的，占取有利的位置，可发挥较高的攻击力。采取纵队的舰队，其指挥官所驻的旗舰，都是在最前头。指挥官依照双方的对势及当时的阳光与风向，来决定如何占取优势位置。旗舰只要向那位置驶去，各舰就跟着去，简捷而确实。如采用横队作战，则舰队的运动非常呆板。当年我国的旗舰，大概是为照应方便，乃位于横队的中央。指挥官如要各舰同时转九十度，变成纵队，当时没有无线电话，须用视觉信号去通知各舰，很费时间，如果平时训练不精，则还有互相碰撞的危险。再则，因为指挥官不在纵队之首，舰队运动的方向很难控制。费时费事，容易贻误戎机。

以上所述，是当时以迄第二次世界大战，航空母舰出现之前，海军战术最基本的观念，只要是对海军战术有点根基的海军军官，没有不懂这一套的。

当时我国海军舰队，照理应该采用纵队迎战。舰队中的战船及巡洋舰共七艘，是我军的主力。另外三艘炮舰，如果所装的炮口径较小，射程就较短，在接战初期，不能参加炮战，则应另编为一个小纵队，位于主力舰队不接敌之侧舷，保持适当之安全距离。到敌我炮战距离缩短之时，再让这个小纵队与主纵队汇合，参加决战。

因为日本舰队的航速比我舰队高些，很可能借其优速逐渐右（左）旋，企图抢占"丁字顶"的优势位置来进行攻击。我舰队亦可逐渐右（左）旋，使双方舰队大体仍是平行，以消削敌方优势位置，这样的运动，敌人是占用外线的弧形，途程较长；我方是占用内线的弧形，途程较短。敌人的高速优势，无形中打了个折扣。这就是采用纵队作战的另一优点。如果以这样的战法，结果还是战败，我们今天还有什么好说的呢！

当年丁汝昌所率的舰队，在敌人露面，仓促迎战之时，他竟采用了运动不灵、火力不能全部发挥的横队，让采用纵队的敌人绕攻，打得个"落花流水"。侥幸没有被击沉的舰只，亦都受了重伤，战力几乎全失。我不晓得丁汝昌及几个到过英国海军留学的刘步蟾等，所采取的战法何以如此荒谬。他们在海军干了这么多年，对于作战，还都是像外行人一般，实在使我百思而不得其解。我乃把海军战史找来揣摩了好久，方悟出一个道理来：他们研读海军战史，没有读通，误采一个战例，生吞活剥地去模仿，以致出了大错。

这个战例，是一八六六年七月二十日，意大利和奥国的舰队，在意大利东边亚得里亚海（Adriatic Sea）的利萨（Lissa）海战。意舰队的主力是较新的铁甲舰十二艘。在数量及火力上都占优势，但其指挥官则甚庸劣。在尚未取得该海域的制海权之前，就护送准备登陆的船团，去攻击奥国的利萨岛。舰队与岛上的炮台对打了两天，炮弹及燃料都消耗了不止一半。舰及人员亦蒙受了一些损失，始终不能登陆占领该岛。及至奥国舰队出现，方匆忙把各铁甲舰组成纵队去应战。奥国舰队有较旧的铁甲舰八艘，用七艘组成V字形的横队，另一艘则担任十四艘木壳军舰所组成的两层V字形横队的指挥舰，随后跟进。奥舰队主力的炮火力量，只有意舰火力之半，那个时期舰炮的射程只约三千码。当时战场一带又有点雾。两军接战时距离甚近，形成肉搏战状态。奥军的旗舰乃向意军的旗舰拦腰冲去，将其冲沉。意军指挥官业已换乘另一铁甲舰，见战况不利，即向西撤退。奥军各舰亦略有损伤，自知力弱幸胜，不敢追击。利萨海战即告结束。

后人见冲撞战术收效甚佳，新造之舰，舰艏水线下俱装成"冲角"（Ram），以利冲撞。至二十世纪初期，冲角造法方告废除。

甲午大东沟中日海战，比利萨海战晚了将近三十年。军舰的速度及舰炮射程，增加了不止一倍，冲撞作战，事实上已不可能实施。我推测当年我国舰队仍采取利萨海战的战法来应付占有相当优势的日本舰队，从致远舰企图冲撞日舰吉野，可证明我此一猜测十分中肯。只是他们没有想到当时的军舰性能，已非利萨海战时期的军舰可比，因此不宜套用利萨海战的战术。他们依样画葫芦，便落得个一败涂地，岂不可惜。

海军舰队平时的训练，应该以当前可能的作战为着眼点作为训练的准则。甲午战前至第二次世界大战航空母舰出现之前，海战必然是采取纵队的。平时的训练，就要使纵队中各舰的距离，尽量缩短，其目的是使全舰队的火力，能在短距离内集中发挥，攻击比较散漫的敌舰队之一部。我推测丁汝昌所指挥的舰队，平时的训练，及战时临阵前的研讨，都没有这样着眼，否则临阵时何以竟用横队去迎敌。

从上面所述的资料来看，可见当年我舰队的应战措施，十分荒谬。然而刘步蟾与日海军的指挥官东乡平八郎是在英国海军留学数年之久的同学。丁汝昌虽没有留过学，但亦不止一次出国观摩过，何以其作战才能相差如此之大呢？我国当年如何选择人才去英国留学，返国后如何考核作用？我并不清楚。但是把我在海军服务四十年所得的经验来做参证，应该不会太离谱罢；何况我那个时期的当政者，比之西太后及醇亲王等人还高明得多呢。

我国政府在清朝末期及民国初期，派了好几批海军青年军官去英国海军官校留学，照理应该把英国海军官校的基本学术资料都带回国来使用。我于一九二七年至一九三一年在东北海军官校就读期间，航海、船艺那些课程的资料，倒是相当充实，而且有原文本可用，但与作战有关的部门如兵器、战术、战史，资料则非常贫乏。我毕业的时候，不相信我对海战已经有点基础。第二次世界大战期间，我被派去美国做海军副武官，乃把美国海军官校这类的教材，都要了一份回来研读，才算是入了门。由此可见我国派去英日海军留学的，只学了点皮毛，没有学到筋骨。因为海军最重要的技能，是临阵的"一击"。没有这"一击"，就像赛足球的时候不会射门，哪能取胜呢！

两军作战，不论是陆战或海、空战，应该考虑的因素相当之多，因而变化多端，不能拘守成法。所谓"运用之妙，存乎一心"，就是这个道理。而要有"运用之妙"的才能，就必须对有关战争的学术，不断揣研，打下良好的基础才行。临阵之前，当然要召集舰队的主要人员，把当前的状况加以研讨，决定战法的要领。临阵之时，仍须因应情势，做必要的修正。否则即使把《孙子兵法》读得再熟，还是无济于事的。

我想甲午中日海战当年我国舰队几位主要将领，平时就没有打下作战的根基，事到临头，手足无措，乃误采海战史中的利萨海战做标本，呆呆板板地去执行，以致被相当优势而且灵敏的日本舰队打败得一塌糊涂。我今天翻阅这段海战史，仍是"不忍卒读"。只好希望我们的海军军官，要以此为鉴，多下功夫，好好打下良好的战术基础，来训练所属官兵，成为劲旅，不使"甲午"之败再度发生才好。

［注］关于中日双方舰炮的射击速度，我方的舰龄稍老，士兵平时的训练亦可能不如日军，所以我方舰炮的射击速度，亦可能较日方稍逊，但亦不至于如唐文所括的"五分钟打一炮，一分钟打五炮"字面上所显示的那么大的差别。舰炮的射击速度，应以双方口径相同的炮来比，方为正确。

海军的舰炮，小口径的炮弹的弹头是与装发射火药的铜壳镶在一起的。其他口径较大的弹头，是与发射火药分开的。发射火药是用丝质织物包好的，因此作战时甲板上不致堆满了很大的铜壳，妨碍人员活动。

口径四吋①七分的弹头重约四十五磅。口径六吋的弹头重约一百零五磅。口径八吋的弹头重约两百五十磅。口径十吋的弹头重约四百八十磅。口径十二吋的弹头重约八百五十磅。当年舰上的大口径炮弹的运送及装填，只有很简单的机械做帮助。东方人体型稍小，一个人的体力只能装填四点七吋的炮弹，所以每分钟可发射五发。十二吋口径的炮弹，要等炮身落至水平甚至炮口更低一些，还要几个人合力猛推，把炮弹推到嵌在炮膛的来复线上，然后装上火药及引信，关好炮闩，把炮摇高，方能发射。这种炮，不要说一分钟可打五发，就说一分钟打一发都不可能。

因此，唐文所括文字应该说是：吉野舰的四点七吋口径副炮，一分钟可打五发；定远舰的十二吋口径主炮，每五分钟方可打一发。而我方的四点七吋口径炮，每分钟可打三至四发。日方的十吋口径炮，每三至四分钟可发射一发，方为正确，含混地说，令读者觉得中国海军士兵真是太无用了。

唐文中尚有关于军舰组织及活动的描述，因其含有海军的专门技术，一般人弄不清楚，乃令人起了与舰炮发射速度的意义相同的含混之感。为省篇幅，只带上这一句，不再做解说了。

---

① 吋：英寸的旧称。

台儿庄大捷的历史意义

唐德刚

　　严格说来，发生在一九三八年四月初旬的中日台儿庄之战，实在是二次大战前我民族对入侵帝国主义无数次抗战中，规模最大，也是最干净利落的一次军事胜利；同时也是日本陆军建军以后，第一次被打得丢盔卸甲的一记败仗。就凭这一点，它的历史意义，已属非凡。但是我今天所想讲的，还不只是这一点。

　　诸位知道，在台儿庄所打的这场战斗，只是一系列战斗的最高潮。在此之前还有南北东三个外围战场的序幕战，也打得十分光辉惨烈。正因为如此，最后，才有台儿庄的具体胜利。我们都知道，台儿庄之战是在"南京大屠杀"之后发生的。在南京大屠杀中，敌军一举残杀我军民三十余万，气焰不可一世。日军满以为我军主力已被摧毁，中国已完全丢失抗战能力。他们侵华战争的次一步，便是要打通津浦线，使南北东三面日军在徐州会师西进，迫我投降。在他们估计之中，这次会师应该只是"旅次行军"而已。但是敌军却没有想到，它在南北东三面都被我军所遏阻，最后还要在台儿庄吃一记空前的败仗。

南京大屠杀之后，日军循津浦线北上，原是倾巢而出的，自觉并无后顾之忧。想不到一九三八年初春，在一片血腥的南京城郊，却发现国军游击队，包括刚成立的新四军仍旧活跃，使它不得不留兵防堵，其后竟弄得战斗频频，使北上日军时感后路可虑。为此，叶挺将军也曾蒙蒋委员长连电嘉许。日军自浦口北上之后，想不到又遭受来自广西，由廖磊和李品仙两将军所统率的第二十一及第十一集团军的不断腰击，无法北渡淮河，久占蚌埠。——这是发生在南战场的序幕战。

在东战场，自青岛登陆的日军精锐板垣师团，想不到临沂一战，竟被我庞炳勋、张自忠两将军所统率、原属西北军系统的第三及第二十七军团打得倒退九十里，使板垣想首占徐州的美梦落空。——这是东战场的外围序幕战。

至于北战场，初期则由于部分我军撤退过早，使敌军矶谷师团，循津浦线钻隙南下，长驱直入。我五战区司令长官李宗仁将军，乃急调第二十二集团军，川军邓锡侯部北上堵遏。川军当时的配备与训练，与敌军都悬隔霄壤，然第一二二师师长王铭章将军竟能死守滕县至三日三夜之久，直至整师官兵（包括师长本人）几乎全部战死而已。敌军攻势受挫三日夜，我五战区长官部才能急调原属西北军系统的第二集团军孙连仲将军所部，和原属东北军的第五十七军缪澂流将军，以及原隶东北军的第五十一军于学忠将军所部，星夜赶往台儿庄布防，并密令中央军精锐第二十军团的汤恩伯将军所部潜入路东山区，布成一袋形阵地，让开正面，诱敌军矶谷师团两万余人，直入袋底，加以围歼。

一九三八年三月二十七日，疯狂的敌军突破我防线，竟一举冲入台儿庄内，与我军作拉锯巷战至一星期之久，双方死伤惨重。至四月三日我守庄将士已十损其七。三十一师师长池峰城将军，曾请示上峰，能否暂退运河南岸整补，再图反攻。孙总司令在电话内回答池师长说："全部官兵死完了，你就填进去。你填过了，我就来填！决不许后退。"我守军当时是决心打到最后一人的。情况之惨烈，史所寡有。敌我两方拉锯战至五日清晨，敌人至此已筋疲力竭。我汤恩伯第二十军团奉命自敌后出击，此时已逼近台儿庄北郊，敌军陷入重围，乃图夺路逃窜，以致遗尸遍野，溃不成军，台儿庄之战，遂成我军全胜之局！

今天在座的诸位，都是战史专家。关于台儿庄之战的详细经过，知道的都远超过我这简短的班门弄斧的报告。所以我个人今天所想讲的只着重在台儿庄大捷的"历史意义"。因此我在这简报里特别提出我参战部队的背景和历史。诸如中央军、新四军之外的西北军、东北军、直鲁军、桂军、川军和许多出身粤军、滇军、晋军等系统的将士，真可说集民国史所谓"杂牌军"之大成，而这些杂牌军却是台儿庄大捷的主力。在抗战前二十多年的中国内战中，不用说国共两军是势成水火，就是这些杂牌军彼此之间，数十年对阵，多半也是你死我活的仇人。可是在这次台儿庄大战里，他们竟表现得亲如手足，同生共死，终能在全民族生死存亡的关头，联合打出如此辉煌惨烈的民族保卫战！足见人民的眼睛是雪亮的，公道自在人心。在民族大义之前，人无分老幼，地无分南北，大家都会舍生取义，视死如归的。这就是我个人所特别强调的"台儿庄大捷的历史意义"。同胞们，朋友们，我们要想我民族重新扬眉吐气于今后世界，我们就应该学习台儿庄大捷的历史，把这光辉的历史意义承继下去，来教育我们的子孙也教育我们自己。谢谢诸位。

纪念抗战　对日索赔

唐德刚

"日本侵华百年的历史反思"是个很深很大，既有历史也有哲学，既有激情也有理智的大题目。我个人学殖有限，面对着这个大题目，实在是诚惶诚恐，在诸位专家之前讲起来，难免班门弄斧。但我还是斗胆接受大会的指派，来担任这个主题的报告人，最大原因便是从职业观点来说，这题目对我还不算太陌生。

我个人在海外教了将近半个世纪的书。最后二十年在纽约市立大学教的几乎全是亚洲史。二十年中的十二年还担任了亚洲学系的系主任。每天都和亚学师生为着亚洲课程打交道，而近百年的亚洲史是和日本侵华史分不开的。所以我说这题目对我来说并不太陌生。

诸位知道，纽约市立大学可能是当今世界上最复杂的一所大学。我们有二十多万学生，一万多老师。他们日常所说的语言，校方正式统计就有五十七种。如果把"闽南语"、"客语"等等都分成一种语言来算，那就有一百多种了。——师生分子之复杂，可以想见，而这些不同族裔都是各爱其族的。所以平日在教室中，在会场里，发言稍失平衡，不能服众，就会惹起轩然大波。这些事是时常发生的。有时也吵得名扬世界。台北报纸可能都有报道。

因此，作为这样一个学系的主持人，开出有关"日本侵华"这一类血淋淋的课目而要不同族裔的师生——当然包括日裔——都能点头称是、心悦诚服，那就不能挟带单方的民族情感，而要全凭深入的学理与客观的史实说话了。我那时的顶头上司之一，今日荣任耶鲁大学副校长的麦考特博士，便是一位日裔。我们的日裔学生之多，就不用说了。但是我们都相处极好。这就是学术和真理最有说服力的缘故了。

三句不离本行，我今天也想先从学理谈起。

东方的民族国家，西式的封建社会

从人类学来看，日本这个大和民族原是蒙古种优秀的一支。而蒙古种的文化策源地——那也是旧世界人类文明四大策源地之一——原在黄河中游两岸的黄土高原之上。这个文化中心通过夏商周三代以至秦汉两朝，形成一个文化大雪球，向四方滚动，越滚越大，把蒙古种里面的无数部落都滚在一起，成为一个东方文化整体。可是，日本大和民族这一支却因为地理关系而孤悬海外。等到大陆上的兄弟民族已进入铁器时代，它还停留在石器和铜器时代的边缘，未能完全进入铜器时代。直至大陆上铁器时代文明渡海而来，它连铜器时代也不需通过，一下便从石器时代进入铁器时代，受大陆文明影响，便迅速汉化起来了。

所以，在中国隋唐之际（公元七、八世纪），正是日本汉化的最高潮。日本事事物物、典章制度，皆取自大陆。可是，海岛与大陆自然环竟毕竟不同。衣食住行诸事物，可以完全模仿，典章制度，就有所不能了。

例如唐初的府兵制就很明显。这种征兵制度搬到岛国之上，便不适用了。岛国用不到如此庞大的国防军，因此，少数维持社会治安的军人就逐渐演变成职业性的"武士"了。

再如"均田制"，在日本渐变为班田制，最后形成了封建的庄园制。还有唐代特有延续至清末的科举考试，在日本也派不上用场。三岛之上没那么多官位需要更翻递补。而四书五经，用的毕竟是外语，列为通行的教科书也有困难。官吏不能按期任免，日久就会变成封建世袭了。——这便是日本历史最后走上封建制的最简单的解释。

长话短说，在日本史上，公元八世纪的"奈良时代"还是日本模仿隋唐帝国体制的最高峰。到九世纪"平安时代"以后，日本在制度上逐渐走上封建，便撇开大陆影响而自行其是了。

无巧不成书的是，正当日本走上封建幕府制之日，也正是欧洲封建制滥觞之时。前者是撇开中国大陆上隋唐帝国的文官制，而走上它独特的封建制；后者则是撇开古罗马帝国的文官制，而走上中古欧洲的封建制。二者在封建制度上，在基本上有相通之处。只是日本的封建，比西欧的封建时间拖得更长就是了。

所以，日本在"明治维新"之前，它这个东方民族国家，却有个与同时西欧诸国十分类似的"西式封建社会"。这就和当时纯东方式的大清帝国大异其趣了——我们是个"宇宙大帝国"，实行的是国家强于社会的中央集权的文官制度。

因此，当鸦片战争（一八三九——一八四二）之后，我中日两国被英美两国把大门冲开，被迫向西方国家学习"西化"（也就是初期的"现代化"），双方学习的效果便截然不同了。

我们这个纯东方式的"宇宙大帝国"，要改头换面向现代西方学习，谈何容易。我们如今已学习了一百五十多年了，到现在还在"一制"、"两制"地不断摸索，不断"转型"。

日本因为封建社会的基本形态与西欧早期封建社会形态几乎没有区别，在相同的社会基础上，顺水推舟，它学起西化来就"一拍即合"了。——明治天皇在一八六八年即位，然后"废藩置县"；一八七四年他就开始学习西方帝国主义，向我国台湾出兵侵略了。

换言之，西欧诸国在文艺复兴之后，搞了两百多年才搞出个中产阶级、资本主义和帝国主义来。日本一旦学起来，二十年三十年就可迎头赶上去。可是我们中国实行西化，就没那么容易了。

模仿西方帝国主义，青出于蓝

日本在近代世界的崛起，是个历史上的奇迹。但这也是人类历史上，必然和偶然交互为用的结果，不是大和民族比其他民族更为优秀。我们中华民族在现代化学习上成绩欠佳，也不是我们民族文化本质不好，那也是历史条件的关系。

再者，我们的华夏文化起于东方文明的策源地，它是有原始性的，长于创造而拙于模仿。日本文明是东方文化中的小老弟，做小弟的总归是起于模仿，长于模仿，而拙于创造。所以，在日本文化中很难找到世界级的思想家、政治家和宗教家像孔子、释迦牟尼和耶稣这类人物；在现代日本，他们也没有产生孙文、甘地乃至胡适这样的人。

他们在古代模仿中国，模仿得惟妙惟肖；在明治维新之后，他们模仿西方帝国主义，也青出于蓝，比西方帝国主义更帝国主义。——在二次大战前，日本与西方帝国主义的关系，始终没有跳出模仿的阶段。最近一批日本政客永野茂门等人还在说，二次大战前日本人所搞的"大东亚共荣圈"是领导东亚民族"反帝"，那就是睁着眼说瞎话了。

蚕食边疆，强占属国（一八七四——一九一四）

明治维新之后，日本既然迅速地向西方国家学会了帝国主义，它也就迅速地加入世界帝国主义行列做了最后一个帝国主义，或唯一的非白色的、外黄内白的香蕉帝国主义。既然做了帝国主义，那当务之急便是寻找殖民地。不幸为时已晚，东亚可侵之地北至西伯利亚，南及菲律宾、中南半岛（印度支那）和南洋诸岛，早为白色帝国主义占领殆尽。剩下的只有中国东南沿海诸省和琉球、朝鲜两个属国了。因此，它初期向外扩张，就只有蚕食中国边疆和占领中华属国了。时间大致是自一八七四年至一九一四年，这是日本侵华的第一阶段。

一八七四年日本借口台湾土著杀害琉球船民，要武装侵台。其实琉球是当时清朝属国，台湾是中国的一府。船民被杀事件本与日本风马牛不相及。所以清廷亦派兵来台防守。日军侵台虽不得逞，然在交涉之中，清室颟顸，竟承认日军此举为"护侨"，以息事宁人。谁知竟给日人借口来占领琉球。五年之后，日本就把琉球并吞了。

琉球的开化不比日本晚。它自古就是个向中国朝贡的小王国。十九世纪中的琉球居民和台湾一样，土著之外便是来自福建和广东的移民。通用的语文，一直也是汉语汉字。吾人读古琉球王国老档案，可以说无一字不识。琉球在民族文化上，实在是和中国血肉相连的一部分。这次被日本并吞了，清廷连气也未吭一下，能不令人痛恨？！

更奇怪的是，二次大战后，琉球恢复自由，由美国托管。可是韩战之后美国大力扶植日本，又把琉球让给日本了。中国政府连气也未吭一下，真是令人不解。

一八七九年日本并吞琉球，是日本帝国主义向外发展的第一炮。

接着日本侵略爪牙便伸向朝鲜半岛，终于引起中日"甲午之战"（一八九四——一八九五）。中国吃了败仗。不但属国朝鲜最后被日本并吞了（一九一〇），台湾也被迫割让（一八九五），使宝岛被日本统治了五十年。在这五十年中，台湾居民之英勇抗暴的故事是说不尽的。听众和读者当然知道的比我更真切，无须我来班门弄斧。但是，我可以强调的一点便是日本人当年对殖民地的统治，学的完全是西欧帝国主义的老套套而变本加厉。对帝国主义们来说，殖民地只是它们口中的鱼肉。殖民地中的人民，只是它们的奴仆而已。所以我们可以肯定地说，台湾如不光复，再让日本统治一百年，也不会有今日这样自由和繁荣的。

至此，我们不妨把我们东方古代帝国与属国的关系也稍微交代一下。"属国"并不是"殖民地"。它和宗主国的关系只限于"朝贡"这个仪式。但是这个仪式后的反馈，则包括"政治认可"、"军事保护"和"经济（通商）特权"。其利大矣哉。盖当时中国边疆的少数民族之间和各自内部的篡夺杀伐攻战，几无已时。化地区混乱为安定，往往以宗主国朝廷一言为定，而朝廷这种决定所谓"交部议"，也不是乱下的。其审情度势，是十分慎重的。所以当时宗主国朝廷对各地区属国，在法律上颇像今日海牙的"国际仲裁法庭"；在治安上则近乎今日"联合国"派往各混乱地区（以美军为主力）的保安部队；在经济上和外交礼节上，则像近代英国和它的

"五子国"（Five Commonwealths）。

所以，那时少数民族小邦，如篡弑得国，或居地险远，想做大明或大清属国还申请不到呢！可是把这种东方式的"属国"，化成西方式的"殖民地"，那就惨不忍言了。这就是大清属国朝鲜和琉球当时的遭遇。

日本并吞了这两个大清属国之后，一九〇四年再击败帝俄。又自俄帝手里取得我东北两大海港旅顺和大连。十年之后它再参加第一次世界大战。在山东半岛一仗击败德国，又把我们的胶州湾和青岛抢了过去。——自此，自旅大经青岛至基隆，我东南海岸线便全在日本海军的势力范围之内了。

在这侵华的第一阶段的四十一年里，日本向白色帝国主义学习，可说是青出于蓝，像模像样！可是到它侵华的第二阶段，它就大大地超出西方帝国主义了。

控制中央，割裂地方（一九一五——一九三七）

到日本侵华的第二阶段，这个黄色帝国主义就不以蚕食中国边疆为满足了。它要进一步控制中国的中央政府，把它变成个日本傀儡政权，从而使整个中国变成日本帝国的殖民地。中国比欧洲还要大出百十万方里；人口也是全世界的四分之一。日本要把这样的大国一口吞下，实是西方帝国主义做梦也不敢多想的，但是，日本是照做了。

一九一五年一月十八日乘欧战方酣，西人无暇东顾之时，日本驻华公使日置益向中华民国大总统袁世凯，以最机密方式提出了"二十一条"要求。今天没时间也无必要来细谈"二十一条"的内容。只是我们要知道中国政府如果接受了这"二十一条"，那中国就变成百分之百的日本殖民地了。

我个人在大学里讲授各类外交史数十年，还未碰到第二个类似的例子。日本政府这项对华侵略要求，可说是赤裸裸到无耻之尤的程度。——我就以这样赤裸裸的语言，告诉我的学生和同事，他们无不点头称是！帝国主义的无耻就是无耻。公道自在人心嘛。

"二十一条"要求，纵是袁世凯也不能接受。后来参加交涉的顾维钧把它泄了密，当时欧美列强得讯也不许中国接受。——这次交涉的详细经过，是顾维钧先生亲口告诉我的。我也变成顾氏口中的"第一位历史家"得知这样详细的内情。

控制中国中央政府之愿不得偿，日本乃退而求其次，在中国扶植军阀、制造傀儡，割裂地方政权了。——这儿我不愿突出日方什么大隈重信、田中义一、广田弘毅、近卫……一类私人的名义。因为侵华是当时日本的国策，也几乎是它全国一致自许的"爱国"行为和群众运动。任何私人掌政，只有程度上的差异，大的原则是换汤不换药的。

在任何的群众运动里，尤其是爱国、爱阶级和爱上帝的群众运动里，开明派、稳健派往往都是失势的。运动的主流大半都掌握在过激派、狂热派手里。日本这项侵华运动也是如此。它由开明派发动、过激派走火入魔，然后狂热派玩火自焚，终至同归于尽。

日本在与中华民国同庚的大正初年，由于一次大战的毁灭性激起的反思和威尔逊总统等一些开明政治家的倡导，世界同风，日本文化界也曾有过"大正民主"一小段开明时期。趁这短暂的和平裁军阶段，中国也曾获得日方开明派的支持而收回了山东半岛和胶州湾。但为时极短，日本政党政治和开明派便不存在了。

在袁世凯之后的军阀混战里，中国北方皖、直、奉三大系军阀分立。日本就看中了皖、奉两系。皖系在一九二〇年政争失败之后，日本便集中力量来掌握张作霖、张学良父子所领导的奉系。进，它要支持奉系入关，主政中枢，仰日本鼻息；退，则勒令张氏父子，割据东北，做日本的儿皇帝。

日本这个如意算盘不幸碰到了那胡匪出身的张作霖或有或无的反抗。张氏粗野腐化则有余，通敌卖国则不足。日本使唤不了他，所以在国民党北伐末期，一九二八年六月初，当张大元帅被蒋中正总司令在华北战场击败，乘专车退回东北老家时，日本人便在皇姑屯把他炸死了。

老帅既死，总算少帅应付有方。溜回沈阳，然后向南京国府易帜归顺，全国一统，枪口向外。然少帅也只能维持三年。一九三一年"九一八"，沈阳城外一声炮响，少帅也被日本人赶出东北，至今未归！

前年余游沈阳"张氏帅府"故居纪念馆，见其壁上图表，列有当年"九一八事变"时张府的物资损失。其中仅黄金一项，便有金砖（每块重二斤）八千块！日人并另自张宅私营钱庄内搬走白银四千万两！

吾人今日追随韩委员对日索赔，张少帅如与我辈合作，追回他当年帅府失物的百分之一，今后也就够他老人家安享晚年了。

我国东北之大，其面积是西欧英、法、德、意、荷、比、瑞疆土总和而有余。日本如夺取了我们的东北，从此洗手退休，停止侵略，消化满洲。可怜我国政府哪有力量能收回东北呢？！可是天下强盗赌徒都是贪夺无餍的。一九三一年它取得整个东北。一九三二年还要南侵上海，北建伪满，攻打热河。一九三三年再进袭长城，占领承德，西侵察绥，南下河北。然后再建冀东伪组织，搞平津特殊化。最后目标还要搞"华北五省自治"。要华北五省脱离南京，成立伪府；把中央军、国民党和张学良赶出华北……咄咄逼人，无止无休。当年国府，委曲求全，步步退让。先有《塘沽协定》（一九三三），继以《何梅协定》（一九三五），皆无济于事。最后几至战亦亡、不战亦亡的绝境。

我辈当时少年，今日老者，回首日本侵华往事，真是历历如在目前，余痛未已。不意"西安事变"骤起。全国军民在蒋公领导之下，恍如一人。国事发展至此，国族一战或可幸存，不战则国亡无日。这样才掀开了全面抗战之局。日本帝国主义者，求战得战，也就增调大军全面侵华了。——这便是日本侵华第三阶段了。

八年抗战史新解杂录

唐德刚

在近三十年的美国高等学府里的汉学圈内，据说有一些权力极大的主考和学政，他们曾竭力阻止华裔学者在主流大学教授"中国近现代史"。他们的理由是，华裔学人各有其不同的社会文化和政治背景，因此教起"中国近现代史"来，难免都有"偏见"（Bias）——若非"亲蒋"，就必然"亲毛"。若非蒋非毛，那又学无主见，容易误导生徒！对于他们这种免疫史观，你不能说"没道理"。

其实搞历史的有偏见，又岂止亲蒋亲毛哉？我的哥大老校长艾森豪威尔将军，二次大战时威震欧洲，后来功成身退，写了一本自吹自擂的回忆录，书名曰《远征欧陆》。"十字军"（Crusades）在他看来是替上帝行道，何等崇高伟大？可是从当年受害的老犹太和阿拉伯的角度来看，则十字军就只是一群杀人放火、掳人勒赎的强盗了。

一九九二年的美国布什①大总统和大批参众两院内的政客，为纪念一四九二年哥伦布发现美洲，要大搞其"哥伦布发现美洲五百周年大庆典礼"。在紧锣密鼓筹备之中，事为南北美洲"原住民"红人印第安老乡们知道了。他们群起大骂：五百年来咱印第安族，几乎被你们混账白人弄得亡族灭种，还有啥可以"庆祝"的？！——总统和诸执政闻言大惭。五百年大庆也就泡汤了。

以上只是从不同民族的不同利害的角度来看。其实搞历史的人，从他们各有所好的史学理论，不同的"意蒂牢结"或"史观"来看问题，其"偏见"也是难以免除的。——因此古今中外所谓"良史"，所谓"公正的史家"，也只是些比较"虚心"、比较"细心"地肯于从多角落、多角度，去寻找和解释历史现象的职业史家而已。——老实说，没有史家是没有偏见的。他们之间只是多少之不同而已。更为虚心、较少偏见，那就是"良史"了。

明乎此，我们不妨试试气沉丹田，放下偏见，虚其心，实其腹地，在读史教史之余，好好地把我国对日抗战史来重新解剖一番。请先从日本说起：

日本种族主义与殖民地

我们试读诸家"中日关系史"，除掉近年少数无知的日本小政客之外，简直没有人不承认，二次大战时和战前，日本对华是赤裸裸的"侵略"；而日军在侵华战争中之"残酷行为"（Atrocities），也是

---

① 指老布什。

无人否认的。

但是中外史家也无人肯说，日本侵华是他们日本民族（除屈指可数的个体之外），举族一致的民族行为。——他们总要在日本民族中找出一些"替罪魔鬼"，什么"少壮军人""老幼军阀""资产阶级"……来砍头示众，而说大多数"日本人民"或"工农群众""资深元老""开明知识分子"，甚至"有位无权的天皇"，是"爱好和平"的。

其实这些都是鬼话——你说，当日军打下南京，打下武汉，消息传来，日本人民举国若狂。这些"日本人民"是"反侵略"、"爱好和平"？

日本兵在南京搞"杀人竞赛"，当时的"日本人民"有没有说半个不字？相反的，正因为那是日本人民认可的英雄行为，抢新闻的随军记者，才能出尽风头，登上头条呢？

但是为什么这些作家、史家，硬要说那时的日本人民爱好和平，反对侵略呢？朋友，他们是受一些宣传家、外交家、统战家们的影响。搞外交、办宣传、打统战的人要策动日本人民反对他们的军阀，才这样说的。日久说成习惯，一般作家、史家，也就跟他们一道打统战了。——骗人骗久了，自己也相信起来，就变成著作家顺口溜的公式。说穿了，这些都不是合乎史实的"老实话"。

其实在日本民族性中，他们的"团结行为"、"合作行为"和"爱国行为"，都是享誉世界的。正因为如此，有其长者，必有其短，他们的"侵略行为"也是举国一致的、合作的和团结不破的。

至于日本人何以有此亦优亦劣的特殊的民族性呢？用行为科学和历史科学来分析，那就说不尽了，也非本文篇幅所能容纳。不过长话短说，我倒深服吾友西村成雄的看法。

西村说，日本民族很单纯（Homogeneous），在历史上没有多民族共存（Multiracial-Coexistence）的政治经验。因此一涉及对外关系，尤其是对外战争，它的种族优越感（Racial Superiority Complex）就暴露无遗。这种令其他民族受不了的日本种族主义（Japanese Racisim），它就是搅乱东亚的根源。

西村教授的一家之言，也确是一针见血。

中山先生说，"联合世界上以平等待我之民族，共同奋斗！"而日本民族却是个"以不平等待我之民族"，所以二次大战时，它就是我们的死敌了。

刘瑾太监说得好："你眼里既没有皇上，那还有咱家我吗？"

所以日本人当年在"大东亚"搞"共存共荣"，它连咱家中国都要打成日本殖民地（所谓"中国全土满洲化"），那么东亚其他诸小国，还有噍类哉？

前事不忘，后事之师。我们今日看到日本军国主义又蠢蠢欲动，能无警惕？！

附带说句闲话：早年曾做过日本皇民的朋友们，每好自说曾做过日本人。其实他们那时的身份和今日香港居民无异。有些香港居民每好自称为"不列颠臣属"（British Subjects），不列颠臣属和英国人，并不是一回事！

根据同一条逻辑，则当年日本殖民地中的"皇民"，事实也是一种Japanese Subjects（日本臣属）。Japanese Subjects不是日本人，正如British Subjects不是英国人一样。在近代世界中搞殖民主义，最老牌、最高明的是大英帝国主义。日本原是画虎不成的低等帝国主义，较白等而下之的。——一九一〇年日、韩两国正式合并，所以一九一〇到一九四五年之间的韩国人按理才算是"日本人"。然而，读者们不妨去问问高丽老乡，有哪一位承认他是"日本人"？所以标榜是日本人的朋友们，应该先和我们搞历史的喝喝咖啡才好。

宪法与国旗

一般堂而皇之的美国学者，绝不承认美国是帝国主义。那位已故而可敬的哈佛大学名教授，战后"中国学泰斗"的费正清博士，曾受正统教育。他连英国也不承认是"帝国主义"，当然美国更不可能是帝国主义了。

凭良心，在二十世纪的地球上，"无老美，吾其披发左衽矣！"硬把老美也说成"美帝"，是多少有欠公平？据说某次某官在老"总统"面前把"俄帝、俄帝……"说得太腻了，蒋公把桌子一拍，说"美国'也'是帝国主义！"——这大概不是小道消息。事实上自史迪威以后，蒋公也实在是被那志大言夸、盛气凌人的老美气惨了，终至"口不择言"，狠狠地"也是"他一番！

讲学理，美国曾统治菲律宾这块"殖民地"有四十八年（一八九八—一九四六）之久。既拥有殖民地，那就应划成帝国主义。但是往年菲岛殖民地，有些却自夸菲律宾将成为美国之"第四十九州"，菲人也是美国人。

殊不知有一次问题发生了。因为菲律宾盛产蔗糖，而美国人甜食不离口，是世界食糖最大的市场。菲糖既然倾销美国，联邦政府为保护美国糖商和蔗农，乃对菲糖课以重税。菲商大哗，他们认为自己是"第四十九州"的美国人，联邦政府就不应抽取菲糖的"关税"！资本家都不是省油灯，菲商乃重金礼聘大律师，控告联邦政府，违反宪法，把官司打到最高法院。——这一下最高法院九老大法官可就为难了："殖民地产品可以倾销母国，入境免税？！"当然不能嘛。但于法何据？结果他们挖空心思，就想出了"国旗"与"宪法"是否应同步前进的诡辩来。——菲律宾虽然挂的是美国国旗；但是美国宪法却不能与国旗同步前进。殖民地自有殖民地之法；殖民地产品倾销母国，碍难免税！

这一来，不用说美国境内糖商蔗农，额手称庆；那"第四十九州"之内的"美国人"，就难免愁眉苦脸了：原来"美帝"的殖民地人民并不就是美国公民也。

笔者举这个小例子，当然不能以偏概全。美国是个十分复杂的国家。它之并吞夏威夷和波多黎各，都各有新例，一言难尽。个人所要说的只是想提醒台湾本省的某些朋友，不要随意轻言"某岁某岁以前我是'日本人'"就是了。在殖民地中要做"英国人"、"美国人"都大为不易，"日本人"岂可轻易做？先研究一点"中国台湾与日本关系的历史"，然后再申请日本"绿卡"未为晚也。诸公其慎之！

宁愿他"老奸巨猾"一点

再者，虽受了"维新"洗礼的日本民族盲目仿效白种帝国主义，侵略成性，它在东亚大陆上的侵略目标，中国也未必就是"只此一家、别无分店"。相反的，正因为中国古老落后，可以掠夺的现成物资太少，加以开发又时间太长，成本太大。急功近利的日本帝国主义者，虎视眈眈，他们还另有"北进"、"南进"二途可以选择呢。北进打垮苏联，则实利立见。苏联既败，则中国亦将不屈自屈。南进囊括东南亚，则市场、资源（如石油），更是一本万利。抑有进者，南进如能赶走英、美、荷、法，还怕你这个中国人不听皇军指挥哉？

所以"七七事变"前，"皇军"原有三大目标。中国如有好的苏秦、张仪（如丘吉尔、斯大林者），未始不可技巧地"四两拨千斤"，把日军矛头拨向南北。——能拨它两三年，则今日的中国，甚或今日的地球，就不是现在这个样子了。

二十世纪前期的中国，搞世界性的"合纵"、"连横"，既无此人才，更无此本钱，但时势和机会还是有的。"西安事变"一爆发，"时势"和"契机"便一纵而逝。接着"卢沟桥事变"随之而来，我们回避不了，就只好单枪匹马，赤膊上阵了。

朋友，在世界大战中，打个一对一的、没有盟国支援的孤立抗战，纵是英、法、俄等老牌帝国主义，都嫌力有不胜！况"次殖民地"、"半殖民地"之中国哉？——君不见，连法国都曾一度亡国而出了个贝当。汪精卫后来就自称"汪贝当"。罗家伦说，他应该自称"汪八担"。

我们中国为什么自不量力，打他个没有盟邦支援的孤立战争呢？其契机便是"西安事变"。西安事变终场时，笔者曾扛了一竿大爆竹，恭候于明故宫飞机场之外，眼见铩羽归来的委员长和夫人，自我们面前一驰而过——我们跟着放了一大串名副其实的"马后炮"。

关于西安事变的历史，其后数十年，小可在中学和大学的课堂里，一直都迷信官方史家的廉洁，并为他们的理论宣扬。

笔者孤陋，尽信书不如无书，亦长期相信此说，直至我有幸亲炙少帅（张学良，字汉卿）的不耻下教。——百闻不如一见。对个写历史的人来说，这是一种"异数"。但是从张汉公方面来说，这也十足显示出他那胸无城府和坦荡襟怀的英雄本色。——张学良基本上是个十八九岁的磊落光明、情感深厚、纯洁无私而视死如归的爱国青年。这种青年在我国抗战期间是千千万万的。由于他们的抛头颅、洒热血，前仆后继，尸积如山，血流成河，我们才能把凶狠残暴、绝灭人性的死敌，牢牢拖住，终于反败为胜——使中华民族，得有今日！

青春就是诗！但是一般人士的青春情怀（包括钟情好色），都会随年齿增长而递减。中年以后，性相近、习相远，苟不教（包括自教和他教）、性乃迁……，及老往往变成诸种怪物，甚或卖国求权的汉奸。汪精卫就是个明显的例子。

张学良之可爱，是他的本性未变，年逾九十而仍不失其赤子之心（包括好色），这就是虽圣贤亦有所不能了！

但是有其长者，必有其短。长处就是短处。以这样赤子之心，赤子之行，赤子之习，去做"封疆大吏"（少帅的口头禅），就要出岔了——尤其是位于（日、俄）两帝之间的封疆大吏！尤其是处于朝中有"以外交制奉张"暗盘的封疆大吏！（参阅拙作《政学系探源》。）果然父死不过三年，他就把老帅留下的家当，一晚上输光了。

张汉公曾批评他老爸"有雄才，无大略"。其实张作霖虽无大略，然能力却允文允武，处事谨慎机智。自绿林至封疆，井井有条。日本人搞不过他，最后才使用下流手段，加以暗杀。

做那样的封疆大吏，军政之外，应付国内外政友政敌的手腕，都要老谋深算，甚或老奸巨猾，像阎锡山那样。张学良的短处，是他太毛躁，太"少"、太"帅"，他的赤子之心也太多了一点。他要能"老奸巨猾"一点，"九一八事变"或许都可避掉也。吾人劝朋友"做人"，总劝他多"正人君子"一点；但是劝张少帅却需反其道而说之，宁愿他"老奸巨猾"一点才好。

以上所说的"九一八事变"如此，其后的"西安事变"亦然。西安事变前蒋对张之疏于防范者，盖蒋亦深知张为一不失赤子之心之人，故不虞有他，才单刀赴会。殊不知，不失赤子之心者，亦有其不失赤子的冲动，此则非蒋所料也。

从"决不能战"到"决不能不战"

为时未逾两周的"西安事变"，不但改写了中国近代史，也改写了世界近代史！——小可这点史学论断，亦常为少帅本人所引用而津津乐道之。

但是这么重要的事变，是怎样搞起来的呢？

张学良毕竟是条好汉。他说一人做事一人当，别人都在"吹牛"。事后他虽然被蒋关了五十年，他也无怨无尤，并且对蒋公的"不杀之恩"，颇为感念——原因是"我的部下如果也对我干这么一下，我就把他枪毙了！"

但是张学良为什么要冒"枪毙"之险，干这么一下呢？——事实是出于一时的冲动。"捉蒋"是出一时冲动，"放蒋"也是出于一时冲动。

在捉蒋前夕的东北军干部会议里，几位比较成熟的将领于学忠、米春霖等便问少帅：

"抓住蒋介石以后，下一步怎么办？"

少帅说："捉了以后再说！"

读者试思，如此重要的军国大事，怎能捉了以后再说呢？

事隔两周，弄得地球倒转，举世哗然，少帅又主张把蒋送回南京去。杨虎城、周恩来、孙铭九等闻言大惊，群问放掉蒋介石以后，下一步怎么办？少帅的回答显然又是个："放掉以后再说！"

再者，当白凤翔师长奉命捉蒋时，他只带一营士兵。这一营冲动的小"少帅"，一到华清池行辕时，不管三七二十一就众枪齐发，把蒋的卫士几乎全部打死不说，把蒋卧室的玻璃窗也打个大窟窿。蒋公如不自后窗逃走，便很可能被流弹打死！

诸位试思：那时如把蒋委员长一枪打死，如何得了？！——至少那就不能"打死再说"了。

老实说，西安事变这样那样，都是牛皮。西安事变的核心是出于中国北方（东北），一个具有赤子之心的爱国青年的冲动行为。

行为科学家说"个性决定行为";而行为之形成,还有个"S—O—R"(刺激、生机、反应)的公式。把张少帅这个"案例"(Case)放入这个公式是再适合不过的了。

读者诸士女:你我的案例也都可放入同一公式而求其答案。只是你我升斗小民,我们的"行为",大不了打打老婆、骂骂儿子罢了,与国计民生无关也。但是你我如手握大兵数十万,那情况就不同了嘛!

"西安事变"的重要性是:事变之前,南京中央对日是"决不能战"!事变之后,则是"决不能不战"!——何以如此?那就不是三言两语可以说得清的了。留待下回分解吧。

第二次中日战争的初步总结

黎东方

　　这第二次中日战争，可以说是起源于甲午年（一八九四）的第一次中日战争。第一次中日战争的结果，鼓励了日本人忘怀于他们祖先所服膺的孔子教训，于是以己所不欲者施于中国人。

　　中国人呢，他们感觉到受够了日本所制造的许多事变，尤其是民国二十年九月十八日的沈阳事变。在沈阳事变期间及其以后，日本抢夺了中国的一大片领土，其面积等于英、法、德、比、荷五国的总和。

　　民国二十六年七月七日的卢沟桥事变，近卫内阁的措施使得中国人无可再忍。近卫内阁决定派遣四个师团两个混成旅团到北平一带，证明了日本确有再行攫取五个中国行省，以制造类似伪满洲国的另一个傀儡国家的企图。

　　北平城在八月四日落入日本之手。次日，严重的对抗，发生于北平之北、长城之南的一个山隘——南口。这对抗竟然持续了三个星期，出乎日本的陆军大臣杉山元之意料。他曾经以为解决整个的"中国事件"，也用不了三个月以上的时间。

杉山元的看法有一部分对。日本军队确实能够在几个月之中便吞咽了华北四个半省：河北、察哈尔、绥远、山西与半个山东，在十二月二十七日占领了山东省会济南。

在上海的作战，对日本军队来说，却没有如此容易。它发展成了一个完全的会战，规模之大，时间之长，战斗之激烈，超过了欧洲历史上多数的有名的会战。聚集在上海战场之上的有一百万兵之多，二十五万来自日本，七十五万来自中国各地。他们从八月十三恶战到十一月十三，足足有三个月之久。华方死伤了十八万，日方也死伤了五万。

那还不是第二次中日战争的全部，只是它的开始，将要再有二十一次会战，与一千一百一十七次像南口那样的大战斗，三万八千九百三十一次像北平之西南十五英里卢沟桥那样的小战斗，第二次中日战争才会终止。

它未如杉山元所预料，在三个月之内，甚至三年之内终止。中国战得比日本所预料的更久，也比日本所能担当得起的更久。

这一次战争是双方力量不成对比的战争，却也是苦斗到底的战争。它很像是一个重量级拳师与一个羽量级拳师比赛。一方是头等强国，有近于两百万吨兵船的海军，有掌握着两千七百架随时可以出动的飞机的空军，有训练精良、装备充足的陆军；另一方是衰老的古国，海军仅有五万九千吨兵船，空军仅有购自外国的飞机三百零五架，陆军仅有未受适当教育的士兵与不甚熟悉近代战术的指挥官，没有坦克，没有水泥，没有陆空协同，而且除了少数的若干师以外，也没有榴弹炮与任何一种大炮。很显然，这次的战争，中国不能打，也不应该打。但是，却不能不打，因为被日本逼迫得别无选择。

中国的希望在于全体人民愿意为此而死。人民一致相信，善恶到头总有报应，老天、上帝、安拉、或观音，最后必将奖善惩恶。人民也一致相信，别的国家也总有一天会来援助我们。中国幅员广大，有许多山可以迟滞、甚至阻止日本军队的深入腹地。这腹地是在一条长线之西。这条长线起自黄河由北向南的一段，连接伏牛山脉，汉水由北向南的一段，长江在岳阳与汉口由西向东的一段，洞庭湖、湘江、大庚岭。

中国自己知道，必须在若干次会战之中失败，才能够在最后一次会战中赢得胜利；必须丢掉许多城市与省份，才能够守住这一条长线。中国必须在此线之东拖住日军，才能够在此线之西赶紧训练与装备一千一百万新兵。

长话短说，第二次中日战争八年又三十八天的历史似乎可以分为四个阶段：

第一个阶段，从民国二十六年七月到民国二十八年四月，日本想拿什么城市，便拿去那个城市，而且将其留在它的手中。

第二个阶段，从民国二十八年五月到民国三十三年三月。日本继续取得若干主要城市，却不能将其留在它的手中，除了极少数的几个（随县、金华、汕头、宜昌、垣曲），而且在长沙吃了三次败仗（民国二十八年十月、民国三十年十月、民国三十一年一月）。在上高也吃了一次败仗（民国三十年四月）。

第三个阶段，从民国三十三年四月到民国三十四年四月。日本对中国施行最后一次猛攻，称为"一号作战"，用了二十二个半师团（五十万人左右），中国在当时却只有五万人机动部队，可以用来应付日本的挑战。中国军队的极大部分戍守着长达两千英里的战线，也不得不戍守。机动部队原有二十五万人，其中的二十万人却已经由于罗斯福的压力，派往缅甸与云南西部，去帮助史迪威成为丛林中的英雄，也帮助蒙巴顿分散日军的注意力，缓和日军对印度因帕尔一带的进攻。于是，日军"一号作战"的二十二个半师团，席卷了华北与华中各地，打下勇敢的中国第十军所坚守了四十七天的衡阳，转而向西，淹没了广西全省，前锋及于贵州的独山，独山距离战时首都重庆仅有三百英里。在独山，已有中国最好的若干部队以一千英里的急行军从陕西赶到，挡住了日军，挽回了狂澜。日军在十二月七日从独山撤退。不过，日军仍然在粤、赣、豫、鄂四省陆续占了几个重要据点。

第四个阶段，从民国三十四年五月到民国三十四年八月。中国把机动部队从缅甸与云南西部召了回来，加上几十个新的美式训练与美式装备的师，开始了总反攻，指向广州、上海、北平。中国军势如破竹，收复了一城又一城，在八月十日收复苍梧。正准备进向广州，忽然美国把原子弹在广岛与长崎投下，使得第二次世界大战与第二次中日战争，同时匆匆结束。

为了取得这个胜利，中国军队曾经伤亡了三百一十二万六千零八十七人，其中有一百三十二万四千二百七十九人死在战场。

平民之因此次战争而死的，比军人更多。在南京有三十余万人被日军屠杀。其他各城市因日本空军滥炸而死的，不计其数。有若干城市，如衡阳、常德、桂林等，都化为灰烬。在两千英里长线之东，几乎没有一城、一镇、一村，免于残破。依照一个保守的估计，至少有三千万人丧失家园或不得不离乡背井。他们携老负幼，辗转流离，奔向长线之西的自由地区，很多人因病或因饥饿而死。

为了进行战争而花费的巨额款项，超过了中国人民的纳税能力。外国的借款与美国"租借法案"物资，略有帮助，但极有限。借款都是短期的。租借物资仅合美金八亿两千五百万，少得不能与美国交给苏联与英国的相比，交给苏联的是九十亿美元，交给英国的是两百七十亿美元。（中国用"反租借物资"还清了此项美国租借物资。苏联与英国有没有偿还过一分钱，未见有官方文件加以说明。）

中国政府没有其他办法，只好印发越来越多的钞票。结果是可怕的通货膨胀，把中国多数家庭的积蓄都冲得一点不剩。民国三十四年七月的重庆物价是战前的两千一百六十三倍，昆明的物价是战前的六千八百九十四倍（根据A.N.Young的统计）。

虽则是日本人直接间接使得中国人吃了这么多苦，中国人却在日本无条件投降以后，不要求日本赔偿，也不曾对放下武器的一百二十八万三千二百名日本兵之中的任何一个施行个人的报复。中国政府不拘留日本兵在劳动营，而立刻遣送这些日本兵与当时在华的日本平民，让他们回日本与他们的家人团聚，用了许多轮船。这些轮船，本是中国自己的军队所需要的。

中共军队是从进入中国东北几省（满洲）的俄国人之手，接到日本武器的。俄国人是在第一颗原子弹已经落在广岛以后的第三天，才进入中国东北的。

在此以前的六个月，于雅尔塔会议之中，罗斯福与丘吉尔允诺了斯大林，以中国东北的两条铁路与两个海港送给斯大林，求他参加对日本作战。

罗、丘二人，甚至对中国连通知一声，都不曾做。

中国应该受到如此的待遇，倘若中国于珍珠港事件以后接受了日本若干次求和之中的一次，也就是让日本有机会抽出那困在中国的一百万以上的日本兵，作为占领印度或加州之用。

马歇尔始则坚持在中国看到一个波兰式的联合政府，继则禁运军火给国民党军队，最终丢了大陆。

中国、日本、韩国、苏联及美国的未来如何，未来方知。第二次中日战争的后遗症，距离痊愈之时尚远。

附录（一）　二十二次会战简表初稿

一、太原会战

时间——民国二十六年九月十日至十一月七日。

参加人数——日方二十万人（史抗）；华方二十八万零四百九十四人（史抗）。

伤亡——日方两万七千四百七十二人（史抗）；华方十二万九千七百三十七人（史抗）。

日方企图——继平津、察、绥与河北省北部之后，攫取山西省。

结果——日方取得山西省沿铁路之若干城市。

二、淞沪会战

时间——民国二十六年八月十三日至十一月十三日。

参加人数——日方七个师团、两个旅团（伊）；华方七十五万人（史抗）。

伤亡——日方五千人（孙）；华方十八万人（孙）。

日方企图——应付华方挑战，并消灭华方最优部队。

结果——日方达到一部分目的；华方之敢战能战，亦取得国际之推崇。

三、徐州会战

时间——民国二十七年二月十二日至五月十九日。

参加人数——日方五个师团（伊）；华方四十五万零八十五人（史抗）。

伤亡——日方三万一千六百二十九人（陈）；华方待考。

日方企图——先为袭取台儿庄以窥苏北，打通大运河；继为雪台儿庄战败之耻，增兵报复；终为对华方大兵团包围，求一举而结束所谓"中国事件"。

结果——华方先取得在台儿庄及其外围之胜利，次做到对峙一月有余，终顺利突围，保存继续抗战之实力。

四、武汉会战

时间——民国二十七年六月三日至十月二十六日。

参加人数——日方十二个师团（伊）；华方一百零一个师（史抗）。

伤亡——日方二十万人（史抗）；华方二十四万三千八百人（史抗）。

日方企图——摧毁华方新的指挥中心，歼灭华方所余兵力，迫使华方放弃抵抗意志。

结果——日方完全失败。

五、南昌会战

时间——民国二十八年三月十七日至二十八日。

参加人数——日方两个半师团（伊）；华方十三个军，每军平均三个师，但在前线者常为两个师（史抗）。

伤亡——日方一万三千人（何）；华方十万零六千五百二十二人（史抗）。

日方企图——取得江西省会南昌。

结果——日方达到目的。

六、随枣会战

时间——民国二十八年四月三十日至五月二十三日。

参加人数——日方三个师团、一个旅团（伊）；华方二十四万九千五百二十六人（史抗）。

伤亡——日方两万一千四百五十人（史抗）；华方两万八千三百零七人（史抗）。

日方企图——打击汤恩伯将军之部队。

结果——汤部队伤亡一万四千七百八十一人，日方所付代价亦大。

七、第一次长沙会战（日方称之为赣湘作战）

时间——民国二十八年九月十四日至十月十九日。

参加人数——日方五个师团（伊）；华方十八万六千二百四十人（史抗）。

伤亡——日方一万三千人（陈）；华方两万五千八百三十三人（陈）。

日方企图——包围关麟征部队，加以歼灭。

结果——日方失败。

八、桂南会战

时间——民国二十八年十一月十五日至民国二十九年十一月十七日。

参加人数——日方两个师团、两个旅团（伊）；华方十五万四千六百四十二人。

伤亡——日方八千人（史抗）；华方六万四千八百三十九人（史抗）。

日方企图——切断华方对越南及他国之通路。

结果——日方达到切断华方广西对越南之交通，但华方仍有由云南经缅甸之国际通路。英方于桂南会战以前，虽曾封锁滇缅路三个月，但在十月间又已开放该路。

九、枣宜会战

时间——民国二十九年五月十一日至六月二十一日。

参加人数——日方七个师团、两个旅团（伊）；华方五十四个师（史抗）。

伤亡——日方四万五千九百一十四人（陈）；华方待考。

日方企图——对汤恩伯部队及其他重要部队，再施打击。

结果——日方取得相当成功，并占有宜昌。

十、豫南会战

时间——民国三十年一月二十四日至二月十三日。

参加人数——日方两个完整师团、一个不完整师团、一个旅团、三个坦克联队（团）、一个骑兵联队（史抗）；华方二十七个师、两个旅（史抗）。

伤亡——日方九千人（何）；华方少于九千（何）。

日方企图——仍为消灭汤恩伯部队。

结果——日方失败。

十一、上高会战

时间——民国三十年三月十五日至四月三日。

参加人数——日方两个师团、一个旅团（史抗）；华方十一个师、一个纵队（史抗）。

伤亡——日方一万五千人（何）；华方多于一万五千人（何）。

日方企图——取得上高城。

结果——日方失败。

十二、晋南会战

时间——民国三十年五月七日至五月二十七日。

参加人数——日方五个师团、四个旅团（伊）；华方十九个师（史抗）。

伤亡——日方两万人；华方待考。

日方企图——摧毁晋豫之间，中条山与黄河北岸之华方据点。

结果——日方达到目的。

十三、第二次长沙会战（日方称之为第一次长沙作战）

时间——民国三十年九月七日至十月十九日。

参加人数——日方七个师团、两个旅团（伊）；华方三十万零四百四十人（史抗）。

伤亡——日方四万一千五百三十七人（何）；华方五万九千零七十八人（史抗）。

日方企图——打击薛岳将军所指挥之各部队，并取得长沙城。

结果——日方使华方若干部队遭受损失，但未能占有长沙三天以上。日方伤亡亦甚惨重。

十四、第三次长沙会战（日方称之为第二次长沙作战）

时间——民国三十年十二月十九日至民国三十一年一月十五日。

参加人数——日方十七万四千人（史抗）；华方二十六万八千六百八十一人（史抗）。

伤亡——日方五万六千九百四十四人（何）；华方三万一千三百四十六人（史抗）。

日方企图——取得长沙，加以占有。

结果——日方失败。

十五、浙赣会战

时间——民国三十一年五月十五日至八月十九日。

参加人数——日方十八万人（魏）；华方二十六万人（史抗）。

伤亡——日方六千零四十七人（日）；华方待考。

日方企图——摧毁浙江衢县等地之飞机场。

结果——日方达到目的。

十六、鄂西会战

时间——民国三十二年五月五日至六月十七日。

参加人数——日方四个完整师团、两个不完整师团、一个旅团（史抗）；华方三十六个师（史抗）。

伤亡——日方两万五千八百三十人（陈）；华方三万九千一百一十五人（史抗）。

日方企图——取得恩施城，由该处进入四川。

结果——日方失败。

十七、常德会战

时间——民国三十二年十一月二日至十二月十三日。

参加人数——日方三十五个大队（日）；华方四十二个师（史抗）。

伤亡——日方四千二百五十一人（日）；华方待考。

日方企图——消灭余程万师，并打击援军。

结果——日方达到目的。

十八、豫中会战（为"一号作战"三个会战之一）

时间——民国三十三年四月十七日至六月十一日。

参加人数——日方十一个师团、四个旅团（日）；华方五十九个步兵师、四个骑兵师（史抗）。

伤亡——日方三千一百七十六人（日）；华方两万人（陈）。

日方企图——结束"中国事件"。

结果——日方失败。

十九、长衡会战（为"一号作战"三个会战之一）

时间——民国三十三年五月二十五日至八月八日。

参加人数——日方十个师团、五个联队（史抗）；华方四十七个师（史抗）。

伤亡——日方六万六千八百零九人（陈）；华方九万零五百七十七人（陈）。

日方企图——结束"中国事件"。

结果——日方失败。

二十、桂柳会战（为"一号作战"三个会战之一）

时间——民国三十三年九月八日至十二月十二日。

参加人数——日方七个师团、两个旅团（史抗）；华方四十一个师（史抗）。

伤亡——日方待考；华方汤恩伯部队七千七百五十一人，其他部队之伤亡未计（何）。

日方企图——结束"中国事件"。

结果——日方失败。

二十一、豫西鄂北会战

时间——民国三十四年三月二十二日至四月十八日。

参加人数——日方六个师团、一个坦克师团、一个旅团，等等（史抗）；华方十四万八千人（史抗）。

伤亡——日方一万五千人（陈）；华方待考。

日方企图——继"一号作战"失败之后又想由西峡口及老河口，深入我方防守线之西。

结果——日方失败。

二十二、湘西会战

时间——民国三十四年四月九日至六月三日。

参加人数——日方三个师团、一个旅团、一个联队（史抗）；华方十九个师，内有两个师留在芷江为预备队（史抗）。

伤亡——日方六千五百人（日）；华方一万三千七百一十三人（陈）。

日方企图——由芷江钻入重庆。

结果——日方失败。

［注一］简号之意义：

（史抗）根据史政局之《抗日战史》（一百册）。

（何）根据何应钦著《八年抗战之经过》。

（陈）根据陈诚著《八年抗战经过概要》。

（魏）根据魏汝霖主编《抗日战史》。

（伊）根据伊藤正德著《帝国陆军的最后 1 进攻篇》。

（日）根据《日军在中国各方面之作战记录》。

［注二］关于若干次"大战斗"，例如"滇缅路之作战"等，笔者将来于发表拙著《细说抗战》之专书时，亦拟列出简表。

附录（二） 关于参考材料之简单说明

笔者过去七年（一九七三年至一九八○年），花了大部分时间阅读许朗轩将军所主编之《抗日战史》一百册。这部伟著所包括的文件极多。

使我在工作上得到帮助的，是刘教授（F.F.Liu）的英文《近代中国军事史》，吴相湘教授的《第二次中日战争史》，魏汝霖教授的《抗日战史》，与何应钦上将、薛岳上将与汤恩伯将军的作战记录，以及孙震、王仲廉、孙元良、关麟征、黄杰、李品仙、石觉、王修身诸位将军的回忆录。我借此机会，谢谢他们与若干位接受我访问的退伍军官与士兵。魏德迈将军在他的马里兰州住宅对我殷勤招待，对我的很多问题做了内行的答复，也令我十分铭感。

加州斯坦福城的胡佛研究所，有丰富的收藏，值得研究此次中日战争历史的人一顾。它有陈纳德与史迪威两位将军与陈诚、宋子文等名人所遗留的文件。它附设的图书馆，藏有不少的中日英三种文字的有关书籍，能令读者在遇到是是非非的项目之时，获得较平实的看法。

　　我深知在台北、东京、华盛顿城，都有极多的有关史料，因此只敢称这篇论文为"初步总结"。我希望在不久的将来，能够写出一部较完全的关于第二次中日战争研究的著作。

从屈辱的马关条约到日本无条件投降

九月来临，秋高气爽，正是郊游好时光——却也有人说：秋风秋雨，愁煞人。

不论如何：九月、九月，在百余年中日两国关系史上，确实是特具历史意义的一月。以往五十九年中，华夏子孙每逢这"九月"都别有一番滋味在心头：

一八九四年"九一七"以后，是愤慨痛恨的"苦"涩味。

一九三一年"九一八"以后，是忍辱负重咬牙切齿声。

一九四五年"九九"：接受日本投降，最后胜利终属于我中国，是喜形于色"甜"在心头的欢呼快乐声。

中国人不分男女老幼，经过半个世纪的艰苦奋斗，终于反败为胜，洗雪了马关春帆楼的耻辱。

如今大局底定，二十一世纪、亚洲太平洋新岁月即将来临。何况自古智慧圣人都出生于亚洲：孔子、释迦牟尼、耶稣基督、穆罕默德，多少年来接受全球千千万万人的顶礼膜拜。

今后，我们黄色皮肤的儿女们，实更应和白、黑、棕诸色人种紧密携手，共同努力为全球人类谋幸福、开万世太平。

远在日本明治维新以前，即距今约一百四十年以前，扶桑三岛就有人狂热地鼓吹侵略中国。吉田松阴（一八三○—一八五九）即其中著名的一人。当时，日本同中国一样，遭受不平等条约的束缚，吉田松阴没有倡导东亚被侵略国家相互支持，共同为摆脱屈辱地位而奋斗，却积极主张侵略周围国家。尤其所著《幽囚录》，其中有云："今宜急修武备……谕琉球朝贡，会同各诸侯责朝鲜纳质奉贡，如古盛时。北割满洲之地，南收台湾、吕宋诸岛，渐示进攻之势……。""割取朝鲜、满洲，并吞中国，所失于俄美者，可偿于朝鲜满洲之地。"同时，桥本左内（一八三四—一八五九）也著论认为如不兼并中国、朝鲜的领土，"日本就难以独立"。

吉田和桥本都是幕政改革派，吉田是著名思想家，明治维新的先驱者。日本著名政治元勋山县有朋、木户孝允、伊藤博文、井上馨等都是他的门徒，深受他的教诲。后来，伊藤博文为吉田松阴所讲学的"松下村塾"题诗，表达对吉田的敬意，诗曰："道德文章叙彝伦，精忠大节感神明。如今廊庙栋梁器，多是松门受教人。"足见吉田对当时日本影响的深巨。而这批门徒秉承师训，一八九四年（甲午）发动对中国侵略战。一九一○年，吞并朝鲜，将其做"渡满之桥"，进一步向我东三省侵略；一九一五年（民国四年）向中国提出"二十一条"，企图一举沦中国为其"保护国"；一九一八年，迫使中国签订"共同防敌军事协定"防俄，巴黎和会上日本要取得德国在山东的特权，激起"五四爱国运动"。中国人的民族意识逐渐增加强固。一九三一年"九一八事变"、一九三七年"七七事变"先后发生，海内外炎黄子孙不甘心做亡国奴，一致奋起对日抗战，志愿牺牲小我成全大我。决心在"以空间换取时间"总体战略最高指导原则下，尽全国力量从事持久消耗战，争取最后胜利。经过八年苦战，终于实现"紫金山下受降台，青天白日压太阳"。又一次以事实证明中华民族是经得起严酷考验的。

笔者撰《第二次中日战争史》自序即指称，这样才显示日本侵略中国的由来久远，结果侵略必败。而国人所称"甲午战争"——这一名称显示不出中日关系升沉演变的历史意义，故应改作第一次中日战争。

近一百年来，中国与日本发生两次战争，这两次战争的原因、进行的经过、最后的结果，以及它们对于亚洲和世界全局所产生的影响都完全不同。但古今中外战史上一项重要原则，不仅没有因此需要修正改变，并且又一次获得证明——这就是在任何战争中哪一方能取得胜利取决于哪一方的错误比较少。

俄日是中国恶邻，钳形夹攻应付难

九十九年前，梁启超评论第一次中日（甲午）战争时指陈：这只是李鸿章和日本作战，绝大多数的中国人没有参与这一战争，是中国所以失败的主因。二十九年前日本藤原彰教授对于梁氏这一论点加以引伸：当时日本已演进为近代国家，中国还在封建君主统治之下，没有国家军队，只有李鸿章个人的淮军云云。但相湘肯定：他们所指陈的只是中国失败原因之一二。主要原因是当时清朝慈禧太后垂帘听政，光绪帝欲有所作为，慈禧却不给予权力，文武百僚一切都必须揣摩迎合慈禧旨意。更加重要的是中国地理形势，处于日本与俄国两恶邻的夹攻中，五十几年前，蒋廷黻教授形容"钳形夹"里，更是一般人所说：不是前门拒狼，就是后门进虎。

一八四一年，中英鸦片战争期间，林则徐被贬谪到新疆伊犁实地观察，比证他在广东对英人的认识，提示警语："百年后为中国患者，其唯俄罗斯乎！"对于中国人尤其三湘人士大有影响。光绪初，俄国侵占伊犁要地，曾纪泽（国藩长子）以出使英法大臣奉命赴圣彼得堡交涉，终于保全若干领土主权。左宗棠更以必死必胜信心命人抬棺同行，率领湘军西征。当时人有诗记之："大将筹边尚未还，湖湘子弟满天山。新栽杨柳三千里，引得春风度玉关。"（对日抗战胜利后，相湘乘车经西安兰州间，目睹左公柳尚存）卒以平定阿古柏叛乱，慑服俄人。新疆从此新建行省，与内地各省一律。一百余年，汉人移居新疆日多。如今甘肃省兰州至新疆省边境与俄国铁轨接通。由江苏连云港经陇海铁路、兰新铁路到俄境直达通车已远至荷兰阿姆斯特丹，是欧亚内陆第二交通要线，沿途所经比西伯利亚铁路人口物产繁盛。

左宗棠不仅谨记林则徐的警语，且认识到海疆的重要，福建省福州马尾造船厂，就是他主持营建的。不幸于一八八四年中法战争中被法国舰队击毁。

当中法战争时，香港码头的华工爱国心殷，不惜损失工资不为法国商轮装卸货物。孙逸仙先生时在香港求学，阅报知这些事情后，"革命思想油然而生"，且拟投效海军，未能如愿，乃决心先医人救人再医国救国。十年以后，中日黄海海战不利消息传出，再也忍无可忍，就到檀香山联合华侨创立"兴中会"。

李鸿章在一八六〇年英法联军攻占北京以后，就认识这是"中国三千年来未有之大变局"：自古外寇都是来自西北、东北陆地，其文化水准远低于中国；如今外夷却是挟坚船利炮侵我海疆。与往昔情形完全不同。中国近代史研究先驱蒋廷黻教授曾撰专题论文刊载《清华学报》，说明李鸿章这一卓识。同时他主编的《近代中国外交史资料辑要》一书中也有专章论述《海防与塞防之争》，因为这是清朝朝野关系国家存亡的主要论题。这一辩论结论是塞防海防同等重要，也就是防俄御日两个国防大计不可偏废。

慈禧误国四十七年，海防塞防同等重要

历来论中日第一次战争（甲午）失败主因，是慈禧将海军经费挪用建筑颐和园，以致中国海军实力不如日本。

但就相湘多年阅览北京故宫档案及李鸿章亲手核正的"尺牍"等直接史料肯定指陈：光绪中，醇亲王和李鸿章与督抚密函研商决定：借用"海防"大题目，将各省集款正项汇存天津洋行生息——每年可得十余万银两，即供每年建筑颐和园用。一八九四年日本出兵侵朝鲜，清廷决定对日宣战的"战费"，就是自存放天津洋行的"集款"中提拨的一百五十万银两。

慈禧坚持要建颐和园，全朝大臣只有顺从慈意，以便老佛爷归政后颐养天年。借用海防大题目"集款"本金确实没有敢动用，只支取息金每年十余万银两做工程款，仍不够用；乃在各省上缴北京的"海防新捐"中按年匀拨十五万银两增加做修建颐和园之用，仍不敷应用。光绪二十三年（一八九七年），清廷户部（即今财政部）奏准自全国土药（即国产鸦片烟，相对外国进口的鸦片烟"洋药"而言）每担（一百斤）征收税厘金六十银两，全国各省每年共可得两千万银

两。山东巡抚李秉衡反对这一措施，但户部坚持原议，并规定各省县普遍设立买卖土药牙行，"不准一县境不设一牙行"。由此可知：颐和园大规模的修建是靠甲午战后公开买卖鸦片烟征收的税厘。这一措施危害国民健康更甚，只惜数十年来未见有口诛笔伐文字。这是慈禧不学无术、绝对自私、贻害国族无法洗刷的极大罪恶（详见《清季园苑建筑与海军经费》，刊载于《近代史事论丛》，传记文学出版社出版。又此文早经一美国学人译成英文发表）。

但即如上述，慈禧与甲午海战失败仍大有关系。

中国兵书《孙子兵法》和古今中外战史显示：知彼知己、百战不殆。日本企图侵略中国已久，对"知彼"下过功夫。朝鲜境内"天佑侠团"的活动以外，一八七二年就已开始对中国进行间谍活动，翌年，日本海军少佐桦山资纪（甲午战时侵占台湾时的海军大将，后出任台湾总督，台湾铁路今仍有华山站）等深入华南，对台湾进行侦察，由于清政府警戒甚严而没有得手。一八七四年七月，日本侵略军自台湾撤出后，来台湾的日本佐贺浪人山口五郎偷渡到对岸福建省，化名薛亮明，不久就和当地民间秘密组织哥老会联系，在福州开设照相馆，做日谍活动据点。一八八六年，日本现役陆军中尉荒尾精奉派脱下军装化装成平民，乘轮到上海，首先拜访在当地经营眼药水和杂货的"乐善堂"上海分店主人、日商岸田吟香，由其协助在湖北汉口开设乐善堂分店，上海、天津等地日本浪人都赶到汉口活动。从此以此为中心，他们向湖南、四川、北京等地，甚至远至新疆、西藏，调查中国的一切事物。

乐善堂据点扩大、人员扩充，是在华活动日谍的重要一支。一八九○年九月，在上海又设立"日清贸易研究所"，从日本招生两百余名学生来沪学习，培养大批间谍，搜集长江流域陆海军情报，是日本间谍活动另一重要据点。

中国虽早有黄遵宪著《日本国志》刊行，而清廷朝野，自始即轻视日本。一八九四年七月四日，当日本对中国宣战前两旬以前，北京即有人倡言："北洋讲求武备近三十年，以中视西或未可轻敌，以剿倭奴足操胜算也。"中国海关总税务司英人赫德（Robert Hart）以客卿旁观者清地位指出："现在中国除了千分之一的很少数人以外，其余九百九十九人都相信大中国可以打败小日本。"

只有曾经东游扶桑的吴汝纶敢于面对现实："中国积弱不能振，专以虚矫之气应敌……及至事起，自应审量彼己，不得轻予一发，而中外以和为耻，不度德量力，攘臂言战。"

当时，正逢慈禧六十万寿来临，满朝文武百僚正逢迎奉献之不暇（如台湾板桥林本源侍郎奉献二万银两，是个人捐款数目最多者），殊不愿因外患引起战争而使慈禧不悦，加以朝廷又有裁减淮军压抑李鸿章议论。李鸿章为迎合慈禧欢度花甲大庆的心意，更不愿自己惨淡经营的北洋海军毁于一旦，自始即坚持消极防御方针。

以往一般人常说：光绪帝主战，慈禧及李鸿章主和。近年新史料出现说明光绪帝曾颁上谕命李鸿章："威海、大连、烟台、旅顺等处，为北洋要隘大沽门户，海军各舰应在此数处来往梭巡，严行扼守，不得远离，勿令一船阑入。"就是说要确实保卫京畿安全。究竟朝鲜只是属邦，京畿是关系中华全国的神经中枢，以主力扼守其门户，理所当然。

李鸿章既意识到以北洋之力决胜疆场实无把握，希望列强调停解决争端，又徒呼奈何地奉诏对日作战，却继续避战求和，以致深陷矛盾之中而不能自拔。

一八九四年九月十七日发生的黄海海战，是中日双方舰队的主力决战，历时五小时余，其规模之大、时间之长，是近代即十九世纪历史上所罕见的。北洋舰队的绝大部分官兵都能英勇作战，奋不顾身，体现了中国军人敢于同人侵敌人血战到底的精神（一九九四年八月，大陆发行海战英雄邓世昌纪念章，且多年以前，即有《甲午风云》《北洋水师》等影片），双方皆有伤亡，北洋舰队损伤略大，但亦给予日舰以重创，并迫使其率先逃跑。因此，当时中外舆论对于谁是这次海战的胜利者，众说纷纭。从全盘战局看，日本联合舰队虽没有达成"聚歼"中国北洋舰队的目的，却基本上掌握了黄海制海权，为下一步实施登陆进攻辽东半岛创造了条件，对整个甲午之战的进程产生了重大影响。

后来，朝鲜及中国辽东半岛之中国守军失利，李鸿章闻平壤之败，痛哭流涕，彻夜不眠；旅顺不守，痛不欲生。

当李鸿章在日本马关被伊藤博文威迫签订屈辱条约，几乎丧失生命。当时，日本作战计划有将大本营迁驻中国东北，大军分途入长城关口直下直隶省（今河北省）之企图。适日本一青年枪击李鸿章伤颊，国际舆论哗然，日军才停止前进，李负伤签字（以上参考引据戚其章主编《甲午战争九十周年纪念论文集》）。

最可恨的是，不学无术又绝对自私自利的慈禧太后却忙着庆祝六十大寿。当时曾有人以"台湾省已归日本，颐和园又搭天棚"联语讽刺。搭天棚者为着演戏祝寿哟。真是天良丧尽、狗彘不如。

当一八九四年九月十七日黄海海战不利消息传出，原来企望李鸿章能推动和平革新的孙逸仙先生认识到此路不通，唯有使用强迫压力了。是年十一月二十四日在夏威夷檀香山联合爱国华侨成立"兴中会"，开始进行国民革命。

一八九五年，康有为领导的"公车上书"，要求清光绪皇帝"全变、速变"，革除旧法旧制，救国御侮。年轻的光绪帝亟思振作，他的师父翁同龢等也努力辅佐推进。"百日维新"出现了。

早在《马关条约》签订时，其中除割让台湾、朝鲜独立、赔款、允许外商在中国内地设立工厂等以外，还有割让辽东半岛一项，引致俄罗斯的忌妒，乃联合法国、德国干涉日本将辽东半岛让还中国，由中国加增赔款三千万银两收回。不久，俄国舰队就以"中国的救命恩人"姿态，借口访问进入辽东半岛要地旅顺口大连湾。旋即要求租借，清廷被迫同意签约。于是英国要求租借威海卫，企图利用渤海湾内这一要地，就近与俄国舰队相互监视。德国也要求"友谊代价"，原拟租福建省金门湾，嗣以距离华北太远，改要山东省青岛胶州湾。法国也要"友谊代价"，租借广州湾。后来英国又要租借广东省九龙，以扩大香港活动范围。列强又进一步将中国各省分划为自己"势力范围"，实行瓜分中国。

俄法德三国联合行动，尤其一八九六年李鸿章在莫斯科签订《中俄密约》后，日本不得不改变政策，转向"示好"中国且联合英国行动，企图排除至少能抵消或减弱清廷中的"联俄制日"势力。一八九八年康梁的维新运动，自始即有日、英幕后支持的国际背景。一八九九年日本初版发行的梁启超撰《戊戌政变记》内容中有详细记载。戊戌"变政"不成，竟出现戊戌"政变"，是俄国人经过北京郊外"白云观"道士贿赂慈禧太后近侍宠臣李莲英伺机影响慈禧，正与许多保守顽固的旧官僚推动"反维新"力量相结合，慈禧第三次"垂帘听政"，光绪帝被囚禁"瀛台"，"维新"六君子被斩首示众。康有为、梁启超是由英日使馆及兵舰接载才保全性命逃到外国。

戊戌政变以后，慈禧及顽固守旧分子更步步往后走，一九〇〇年"义和团"出现，八国联军攻占北京城，慈禧等仓皇西走（这是她一生中第二次逃亡），受尽痛苦到达陕西省西安府。喘息未定，不得不调派坐镇广东的李鸿章北上收拾残局，结果签订《辛丑条约》，中国由此遭受到更屈辱的国耻。

　　真是天佑中华：一九〇五年，以中国东三省做战场的日俄战争结束。孙逸仙先生领导的"中国革命同盟会"在日本东京成立了。从此，海内外炎黄子孙，不分读书人、低层工作的秘密社会分子，紧密携手大团结，尤其各地华侨出力出钱参加国民革命，赞助尤多，孙逸仙先生赞扬"华侨是革命之母"，良有以也。不到七年，武昌一声枪响，揭开辛亥大革命序幕，"兴中会"的宗旨"驱除鞑虏、恢复中华、建立民国"初显得偿。

　　当时，慈禧与光绪帝已于三年前逝世。年甫五岁的宣统皇帝爱新觉罗·溥仪仍在"民国优待条件"下居住紫禁城十三年。才被国民军冯玉祥部迫逐出宫，后在日本庇护下居留天津日本租界内。"九一八事变"后被日本人拥往东三省，做日军卵翼下的"满洲国"儿皇帝。不过十三年，日本无条件向中美英苏四大盟国投降，溥仪被苏军俘虏送往西伯利亚。二十世纪五〇年代，苏联将溥仪转交中共后实行"劳动改造"。读者们如检阅《传记文学》刊载溥仪自己缝补衣服相片，应可了解中国处于日本与俄国夹攻中的辛酸和艰苦，溥仪生平是一最好缩影。

　　关于"九一八事变"前后中日关系，相湘早有《第二次中日战争史》刊行，本文不再详述。

五十年后中日荣辱易位，胡适认系中国进步所致

　　中外古今历史上时常出现非常讽刺且尖锐的对照事实，这在笃信佛教的中国、日本关系史上种恶因得恶果，报应迅速而且显明。一八九五年《马关条约》后五十年，日本向中国无条件投降。比较欧洲普（德）法两国荣辱易位经过逾七十年的时间，要短少二十年。

更显明的是一九三三年五月，迫使中国签订《塘沽协定》城下盟的日本关东军代表冈村宁次少将，与中国军事委员会北平分会何应钦派遣的代表共同签字。十二年以后，冈村宁次已高升至"中国派遣军总司令官陆军大将"，却奉命向中国陆军总司令、陆军一级上将何应钦双手呈递《降书》。荣辱位置变易如此快速，真是"因果报应在眼前"。冈村宁次后来撰回忆录曾有云："这是何等奇缘啊！感慨无量。""我面临这空前的投降虽感不安，但极力保持沉着冷静，默诵白隐禅师夜泊闲话语句，并以将上断头台的心愿处之。"聊以自我解嘲。

这一现象，完全是时间带来改变和进步所致，只是绝大多数人尤其是日本军人不注意认识这些进步及变化的事实，完全缺乏历史的眼光。

《塘沽协定》以后，北京大学等师生以无比信心在中国文化古都北平"危城讲学"，是相湘生命史上永难忘记的悲壮篇章。我们的文学院院长胡适之先生在口讲纸写鼓励我们以外，又撰文公开再三再四说明："平心说来，最近二十年（自民国元年至民国二十年）是中国进步最快速的时代。无论在知识上、道德上、国民精神上、国民人格上、社会风俗上、政治组织上、民族自信力上，这二十年的进步都可以说是超过以前的任何时代。这时期中自然也有不少的怪现状的暴露、劣根性的表现，然而种种缺陷都不能减损这二十年的总进步的净盈余。"他举出这二十年的最大成就是：（一）帝制推翻了；（二）教育革新了；（三）科学研究进步了；（四）家庭有了变化（即小家庭制取代了大家庭制）；（五）社会风俗改革了；（六）妇女的解放；（七）试验了新的政治组织。胡先生特别强调"单就最近几年来颁行的新《民法》一项而论，其中含有无数超越古昔的优点，已可说是一个不流血的绝大社会革命了。"他强调："这些进步大部分都是受了辛亥革命潮流的解放作用的恩惠。""试把孙中山来比曾国藩，相比较，我们就可以明白，这两个世界代表人物的不同了。"

同时，中国兵学研究者蒋百里将军也指陈：一八九四年（甲午）以来中国社会受环境影响发生重大变化，即"知识与武力的结合"：（一）知识分子投身为军人；（二）军人入学取得知识；（三）社会中知识分子与当政分子的合作。中国政治与军队都因此变化而进步。

一九三六年二月十五日，日本华裔贵族议员辜显荣在台北与日本松井石根大将会晤时也提示这一要点。辜显荣强调：中国情势已经大有变化，日本必须认识蒋介石委员长的地位，与蒋氏切实提携合作，东亚大局才可保全。不幸没有引起松井的注意；翌年八月，中日全面战争开始，松井担任上海战场日军司令官。日本投降后，被远东战犯法庭判处死刑。

全民决心做最大牺牲持久抗战

一九三二年五月（"九一八事变"后八个月），"五四运动"主将傅斯年教授（北京大学）撰文倡导积极抵抗日本侵略："中国在开战之初，不能打胜日本，却可以长久支持。支持愈久，对我们越有利。""中国人之力量在三、四万万农民的潜力，而不在大城市的统治者及领袖。中国的命运在死里求生，不在贪生而就死。历史告诉我们：中华不是一个可以灭亡的民族。事实告诉我们：日本绝不是能成大器的国家。"这是中国高级知识分子最早和最有力提倡长期抗日的主张。

一九三三年四月，日本宣布退出国际联合会，胡适博士撰文大声疾呼："我们要准备更大更惨的牺牲！同时，我们要保存信心，才经得起大牺牲。""全世界的贬议是在我们敌人的头上，我们最后的胜利是丝毫无可疑的。"

以空间换取时间，向内陆退军

一九三七年"七七事变"发生，日本出动海陆空军往上海。中国军在华北积极抵抗。是年八月十三日更主动对侵沪日军实行攻势作战。

所谓"以空间换取时间"就是兵学上的"向内陆退军"，也是"后退决战"。克劳塞维茨（Karl von Clausewitz）指陈："这种后退决战法所以能使攻者陷入力尽势穷的状态，如没有要塞和民众协助是不能成功的。"如上述：全国民众已决心牺牲一切、决不做亡国奴。加以一九三七年秋"淞沪会战"发生后，国民政府即宣布移驻四川重庆，以"天府之国"的四川做对日抗战司令塔。

自古论中国形势都以四川省比喻人的首脑，湖北省荆州、襄阳是人的胸部，江苏、浙江为下肢。其地理居中国西部，山河壮丽奇伟，气候温和畅适，物产富饶丰盛，都是其他各省所罕见（对日抗战时，沿海地区被侵占，但四川自贡县有"井盐"提供大后方军民日常需要，只是一例）。南宋时名将余玠充分利用四川峻拔山险建筑坚城十余座，并导使居民生活条件与战斗条件一致，以抵抗曾经横扫欧洲的蒙古骑兵，英勇善战的蒙哥汗被困死于四川境内（西历一二五九年）。

这是四川天时、地利、人和一体发生的非常光辉，符合现代地缘政治学及克劳塞维茨理论。

中国军民忍受一年余惨重牺牲，终于雄据长江三峡之东以保持四川的战略优势。而日军攻占广州、武汉以后却已达到战略顶点、军事攻势终末点，也就是说应用武力"三个月解决中国""速战速决"迫使中国屈服的企图并没有如愿以偿，只得自承陷于长期泥淖战之中难以自拔。

胜也罢，败也罢，就是不与他和

一九三七年八月十三日，中国对日全面抗战展开，国际联合会集会。十月一日，日本坚决拒绝国际调解中日战争。同日，胡适博士在美国旧金山哥伦比亚电台发表题为"中国在目前危机中对美国期望"的演说："果断放弃妥协思想，用明快的眼光来判断是非。"十月四日，美国罗斯福总统在芝加哥发表著名"隔离"演说："切勿以为西半球不致遭受攻击……，吾人如欲避免此不幸之日的降临，绝非严守孤立与中立所能奏功。"国际联合会受这一演说的刺激与鼓励。翌日，正式决议："表示对于中国予以精神上之援助。"但欧美各国都无法也无能力可予中国具体且实际的援助。德国希特勒更接受日要求召回在华德国顾问（都是以私人身份与中国签约应聘来华），更承认伪满洲国，又停止运输中国早已订购的军火武器来华，企图使中国孤立无援而与日本讲和，等于是屈服投降。而中国人却早已抱定"胜也罢，败也罢，就是不与他和"的宗旨！一九三八年十月，广州失陷，若干经香港九龙、广州内运的物资来源也告中断。后来，日军又进占越南与缅甸，将中国对外海洋交通完全阻绝。但中国有列祖列宗传下的广土众民，又"古为今用"，将古代"田赋征实""驿运"等旧制翻新以适应战时需要。（严家淦战时在福建省实行"田赋征实"，后通行于大后方各省区。"驿运"方面，久在台湾省名伶顾正秋女士之丈夫任显群，当时负责实行湘川联运处沿线。）

一九四二年以前，中国用羊毛等物资交换苏联军火，用桐油及锡做偿还美国借款的实物。

美国援助中国受"先欧后亚"的限制

一九三九年九月一日，欧洲大战爆发，美国开始注视中国。一九四一年四月十二日，日本与苏联签订中立条约，在政治上，日本在北方有了安全感，也是对付美国的一种均衡局势，却促使美国加速对中国的援助。

美国早已宣布"要做民主主义的兵工厂"。一九四一年三月十一日，《租借法案》经美国罗斯福总统签署生效。同月十五日，罗斯福总统发表演说："亿万中国苦难的人民在抵抗割裂其国家的奋斗中已表现出非常意志，他们经由蒋委员长要求美国的援助，美国已经说，中国应当获得我们的援助。"

一九四一年十二月七日，日本不经预先警告，突袭美国珍珠港海军基地。翌日，美国国会参众两院通过对日宣战。太平洋战争揭幕，中国与反侵略集团结成一体。

由于美、英人民有血统亲属关系，加以英国首相丘吉尔拥有第一次世界大战经历，又再三强调"美英诸国都是英语民族"，对美国朝野发言举足轻重，《租借法案》援外军事物资一切都是"重欧轻亚"！但罗斯福总统期望中国在"四强"之中与美苏英站立平等地位，并表示美国将尽一切可能的力量来增强中国的地位，使她成为战后远东的有力国家，以便监视日本。罗斯福并且对访美的英国外交大臣艾登指出：丘吉尔日前发表的演说中没有提到中国是"四强"之一，实在是一严重错误。罗斯福更用极坚决语句告艾登：中国是战后的"世界警察"之一。

太平洋阴霾密布，长沙独耀光彩

一九四一年十二月七日，日本突袭珍珠港，同时按预定计划攻击香港。中国军为牵制日军行动，自湖南境内派遣两个军乘粤汉铁路火车南下。十三日，日军决定进攻湖南长沙以牵制中国军行动。第九战区司令长官薛岳上将早已策定："诱使日军至长沙近郊，中国军在长沙东北山区以侧击态势切断日军交通线。"十二月二十四日，日军攻势开始。翌日，英军投降，香港沦陷。乘车南下的中国军立即原车迅速北上（其中有新编第二军军长邹洪率领的部队，邹洪是祖籍客家的台湾出生的军人）。

日军为攻占长沙争先抢进，结果被诱致长沙近郊，而中国军已以侧击态势分别将日军切断包围，经过十日的东突西走才脱离中国军队的包围，反转北上。

战后日本防卫厅编撰刊行的战史丛书第四十七种《香港·长沙作战》检讨作战结果及意义，认为日军自始至终即因种种错误，陷入困难重重的境地。所以致此的最大原因，在对于彼我战力评估的错误，且不顾情报与兵站准备的欠缺，贸然前进，步步走入中国军队的陷阱。全战役中：日军战死一千五百九十一人，伤四千四百一十二人；比较策应对象——香港攻略战，日军伤亡多二点五倍。

这是太平洋战争爆发，日军所向无敌时第一次大失败。对同盟国说来，美英军无力迎击日军，中国军却首开胜利纪录。战后出版的美国陆军战史有云："对中国和她的盟友们说来，长沙是一值得回忆的地名。"美国作家且都尊称薛岳将军是"长沙虎将"或"湖南虎将"。这是中国独力对日抗战四年后，中国愈战愈强的显明事实（相湘当时在薛岳将军幕府，于此知之甚详）。

日军为打击中国军战力，牵制中国军向云南省的集中，决定进攻湖南省常德（相湘的出生地）以威胁长沙、衡阳及四川。日军认定盟军空袭日本本土已达实行阶段，正计划在中国的大陆打通作战，以覆灭中美空军基地。日本"中国派遣军总司令部"得悉日军一度攻占常德报告后即电令前线指挥官：应确保常德城。但日军前线指挥官因伤亡疲劳病患太多，常德南岸中国援军攻击激烈（薛岳将军自长沙派来），日军无力支持，即于十一日夜全线开始撤退。南京及东京日军总部闻讯，非常震怒，严厉命令停止撤退，立即进行对常德再度攻势并予以确保。东京大本营作战部长且飞到南京，力图挽回颓势，但前线日军已无力再作攻击，只有撤退。这正如克劳塞维茨所提示："敌军深入我境，由于攻击的种种困难而渐趋于疲敝。兵力的分散、饥饿、疾病等已经使其实力大为减弱；但促使敌人不得不退却者，还是由于惧怕我军的威力。"

日军主力深陷中国内陆，无法应付美军空袭本岛

一九四三年，美国海空军在太平洋及中国很活跃，空袭日本本土及切断日本海洋交通线的可能性日见增加。日本为策安全，决定对中国积极作战，打通平汉、粤汉、湘桂三铁路线，彻底破坏铁路沿线的飞机场，封杀美国空军活动。

日本为进行这一所谓"一号作战"，将防卫日本本土的地面部队及新式飞机都调到武汉地区，关东军的飞机、重炮队、步兵、工兵以及架设铁路桥梁器材等也都轮运至华北。日本战史记录《第一号

作战：湖南的会战》（第4册）、《一号作战：湖南的会战》（第16册）；参战总兵力人员约五十一万名、马十万匹、火炮一千五百门、自动车一万五千辆。不仅是中日战争七年来空前使用的强大兵力，比较一九〇四至一九〇五年日俄战争的奉天会战，日军兵力二十四万九千八百人超过一倍，火炮多六百门，作战地域与作战距离更远超过日俄战争数倍。日本第十一军参谋长认为这真是"旷古之大作战""世纪之远征"。

一九四四年四月十八日，日军利用新架设铁桥渡过黄河，揭开"一号作战"序幕，战车一个师团、骑兵一个旅团及炮兵、步兵等共计十四万八千人在河南平原奔驰。中国军只有轻武器的步兵应战，自难发生阻击效力。五月八日，日军打通平汉铁路。二十五日，日军官兵攻占"纸贵洛阳"的名城。河南会战即告结束。

是年五月二十七日，日军发动对粤汉铁路攻势，使用兵力三十六万二千人，马六万七千匹，火炮一千二百八十二门，战车一百零三辆，自动车九千四百五十辆，再加海空军协力配合。日军火力与机动力都远超过这一地区的中国军，并且接受以往教训，改采迂回攻击长沙战略：先攻长沙东北山区，海军同时扫除洞庭湖及湘江水雷封锁线，掩护载运十五公分（厘米的旧称）榴弹炮在长沙西岸登陆，与中国军在岳麓山上的十五公分榴弹炮抗衡互轰，迫使长沙市区守军孤立；六月十八日，长沙失陷。日军趁势南下急袭中美空军衡阳机场。

衡阳守军利用河川、城墙、丘陵巧妙地编成阵地线，在夏日炎热高温下挺立战壕，坚强抵抗日军飞机与十五公分榴弹炮轰击下的三次猛烈总攻击，迫使经过市街战特别训练的日军第五十八师团难以前进。日军经过四十七天的苦战后，进占衡阳市区。但如美国陆军战史所指陈，这一胜利并没有为日本解决问题，因为日军在太平洋战况已更加恶化，并且日本当时正准备与美国在菲律宾决战，理应倾全力以赴，并避免在其他地区消耗力量，如今却是反其道而行。

日军自衡阳沿湘桂铁路进攻广西，十一月十日，日军攻占桂林柳州，旋即转向黔桂铁路进攻，十二月二日，占领贵州独山。

独山的失守，自表面看来是中国战区最恶劣的时刻，日军迫近贵阳市，重庆、昆明都遭受威胁；但就全球战场看，却是中国战区"否极泰来"的转捩点（美国邮局自一九四一年起发行太平洋战争纪念邮票。一九九三年发行"转捩点"以纪念五十年前战事的转变）。英国首相丘吉尔就在这一日同意罗斯福总统的建议：将缅甸战场的中国军两个师运回中国，拱卫昆明。这说明中国军自印度与云南两方面反攻缅甸已获胜利，中国对外主要国际交通线已可畅通，中国战区司令部参谋长美国魏德迈将军从此积极展开整理补充中国军队的工作。日本以国家命运为赌注的菲律宾莱特湾决战，却于是年十二月二十五日完全失败。日本海军的水上舰艇实际已完全失去机能，日本本土与东南亚资源地带的联络也已被切断，丧失了进行近代战争所需要物资的支援。同时，日本的伙伴德国在欧洲战场也已呈现预势（另一伙伴意大利已向盟国投降）。

战后出版日本战史，于是役坦白指陈，湘桂作战对于中国是一大打击，自为不争事实，然而作战构想之初，封杀美空军在中国基地以保障本土安全的预计，却因太平洋美军已进迫中国南海东海而幻灭。日本"中国派遣军"主力却深陷中国大陆偏西地区，面对美军自东来攻态度，日军显已处于不利状况。故日军突进桂林、柳州地区的意义何在？实在值得检讨。

但当时东京、南京日本军部没有这样冷静客观的考虑。一九四五年四月，日军进攻湖南芷江，企图消灭当时最大的中美空军基地，结果又徒劳无功。东京且迅速命令日军自湖南、广西等地迅速北撤华

中、华北，迎击美军在中国海岸登陆，并准备对苏作战，自陷于三面
敌阵之中，难以自拔。

是年即一九四五年八月六日晨八时，美国飞机在日本广岛投下原
子弹；九日，美机又在长崎投下第二颗原子弹。

当时，日本还在"痴痴地等待"苏联的调停和平。八月八日夜，
日本驻莫斯科大使满怀希望应召到外交委员会，出乎意外地得到苏联
对日本宣战文告。十日上午，日本外务省收到俄使送来的正式宣战
书。俄军早已分途进入中国东三省，扫荡日本关东军。

日本在世界战史上遭受空前耻辱记录

一九四五年八月十五日，日本向国外广播接受《波茨坦宣言》，
愿意无条件投降。日本南方军总司令官寺内寿一及中国派遣军总司
令官冈村宁次都坚决反对。冈村上电东京有云："几百万之陆军兵力未
行决战即告投降，如此耻辱，在世界战史上尚无其例。"日本国内军
人同样坚决反对投降。十三日下午，美国海军舰炮猛烈攻击日本本土
关东及其东北地区，并用飞机在日本各地散发日文招降文告。十四
日，日本天皇裕仁在御前会议席上挥泪"圣断"决定接受同盟国之
要求，日本无条件投降："余决救助万民，以谢祖宗之灵。"下午十
时裕仁在"终战"诏书上签名用玺。十一时，日本内阁全体阁员在诏
书上副署，迅即公布。十五日，日本陆相、参谋总长、教育总监（土
肥原）畑俊六方在陆军省签署"陆军绝对服从圣断而行动"的誓词。
旋电令海内外军队："圣断已下，全军应服从，一兵一卒亦不得轻举
妄动。"

美国在八月十五日宣布：任命麦克阿瑟元帅为盟军最高司令官，

接受日本投降。盟军先遣部队于八月二十六日空运到东京，另派一个师在二十八日进驻东京。

那时正是台风季节，几次台风使盟军空运日本时间顺延了四十八小时。战后出版的日本战史记载："此项延期大有益于防止混乱。就日本而言，诚属万幸。唯不得不令人慨叹者，应当于决战之际吹袭之神风于战败以后始前来吹袭，颇有讽刺之感。"妄想十三世纪蒙古军东征，日人称之"元寇"船只被台风袭击的历史重演，而不悟现代科技快速进步了。

一九四五年九月二日星期日，东京湾内风平浪静，是中美英苏诸同盟国接受日本无条件投降时日。美中英苏四国受降代表相继登上美国海军密苏里号主力舰，美英海军舰只三百八十艘护卫，另有数百架飞机在高空盘旋掩护。九时八分，完成仪式。当日下午二时，日本裕仁天皇颁布投降诏书："朕今命令帝国臣民，应立即停止敌对行为，放下武器。"

如本文开始引录日本藤原彰教授在评论中日第一次战争文章后，对日本陆军在发动第二次中日战争之初就犯了严重的错误：面对两大敌国（中、俄）始终没有全盘政策。秦郁彦撰《日中战争史》更坦白指出：日本陆军在第二次中日战争中，最初是战争指导混乱、动摇、不彻底，政略与战略更不相配合，后来竟是"无为""无策"！战争第一年使用七十万军队在中国大陆，却没能在徐州会战包围歼灭中国军主力，只有夸耀"战术的胜利"。伊藤正德撰书并愤激地指责日本军人在卢沟桥点燃战火是"亡国战争的开端"！日本军阀深陷中国泥淖八年，十九万战死、九十万人伤病之后，竟又发动对英美的攻击。这样"无谋的战争"，实在是历史上最大的冒险，是军国主义下的日本军人支配政治的恶果。

对日抗战全胜之局，秦汉以来所未有

中华民国三十四年（一九四五）九月九日，中国战区最高统帅蒋介石委员长特派中国陆军总司令何应钦在首都南京主持侵华日本军投降典礼，蒋委员长早已命何应钦电令日本第十方面军司令官兼台湾总督安藤利吉通知台湾耆绅林献堂、罗万俥、林呈禄、陈炘、蔡培火、苏维梁六人到南京参加受降典礼，与祖国大陆同胞分享胜利果实与光荣。

台湾早为中国领土，一八八七年建立台湾省，特派刘铭传为巡抚。《马关条约》将台湾割让日本。日本即将原巡抚衙门拆除移建台北植物园内，另建新厦做总督府。台湾居民眷恋祖国，曾有多次反日抗日运动。

日军入据台湾省之初，一时台人义军蜂起，"台湾民主国"领导抗拒，历五个月之久。后来台民更了解连横（雅堂）先生的大见解："欲求台湾之解放，须先建业于祖国。"且撰《台湾通史》及台湾典故，鼓舞民族精神。罗福星等的激烈抗日要求，林献堂的和平要求，都在维护同胞权利。太平洋战争后期，日本在台湾搜括更多，实行食米配给。林献堂也曾在一九四三年十一月"无米可炊"。

一九四五年八月四日，日本第十方面军司令官兼台湾总督安藤利吉特往台中雾峰访林献堂商谈。十天以后，日本宣布无条件投降。林献堂等恐怕驻在台湾的日军发生不轨行动，八月二十日到台北访安藤利吉，提出台湾治安问题。安藤表示："自应继续负责治安，但在移交时或不免发生若干枝节，届时尚请协助。"八月三十日，日本第十方面军高级参谋牧野少佐请林献堂等前往南京欢迎中国官员。林献堂、许丙、林熊祥、辜振甫于八月三十一日飞抵上海。

当时何应钦已遵蒋委员长命电令安藤利吉通知林献堂等到南京

参加受降典礼。九月八日，林献堂和罗万伡等到达南京（蔡培火已自上海飞往重庆）。而日本第十方面军参谋长谏山春树又通知林献堂等不必参加受降典礼。十日，林献堂等会见何应钦总司令。何应钦曾问："何以不来参加受降典礼？"林献堂等才知晓被谏山春树骗了。十三日，林献堂等回台湾，二十日在台中市报告京沪见闻。二十余年前刊行《林献堂先生年谱》有云："先生此行乘飞机（尚属初次）渡海峡，投向祖国怀抱，旬日来冒尽艰难，仆仆于京沪间。至今始获向国民政府大员倾谈四十年来郁积于胸中之心事，颇引以为慰。"

对中国抗日战争的历史意义的指陈最确切且具权威性的莫如"国立西南联合大学纪念碑"。碑文是联大文学院院长冯友兰撰，中国文学系教授闻一多篆额。其文有云：

中华民国三十四年九月九日，我国家受日本之降于南京，上距二十六年七月七日卢沟桥之变，为时八年，再上距二十年九月十八日沈阳之变，为时十四年，再上距清甲午之役为时五十一年。举凡五十年间日本所鲸吞蚕食于我国家者，至是悉备图籍献还，全胜之局，秦汉以来所未有也。

我国家以世界之古国，居东亚之天府，本应绍汉唐之遗烈，作并世之先进，将来建国完成，必于世界历史居独特之位置。并世列强虽新而不古，希腊罗马有古而无今。惟我国家亘古亘今，亦新亦旧，斯所谓周虽旧邦，其命维新者也。旷代之伟业，八年之抗战已开其规模，立其基础，今日之胜利于我国家有旋乾转坤之功……

稽之往史，我民族若不能立足于中原，乃偏安于江表，谓之南渡；南渡之人未有能北返者：晋人南渡其例一也，宋人南渡其例二也，明人南渡其例三也。风景不殊，晋人之深悲；还我河山，宋人之卢愿。吾人为第四次之南渡，乃能于不十年间，收恢复之全功：庾信不哀江南，杜甫喜收蓟北……

应该郑重指陈：杨振宁、李政道两人就是在西南联大奠立物理学基础而后赴美深造终获诺贝尔奖。只手创刊举世闻名的《传记文学》近四十年的刘绍唐也是西南联合大学高才生。联大人才辈出，杨、李、刘不过是其中三人，却是中国人的智慧与坚毅精神的最佳范例。

现代中国人所以能于五十年间对日本反败为胜，主因是我华人有优良悠久民族文化传统，"多难兴邦"古训，是经过千百年的实践而检验出的真理。辛亥革命以来，精神的解放、新领袖精神的号召、文化教育社会种种进步变化。民国十六年以后十年间（一九二七——一九三七），海内外中华儿女民族意识的增强高涨，以及全国军民"艰苦奋斗建国的十年"（薛光前教授主编，中国台北及美国各有中英文发行）间各种物质建设如铁路、公路、电信、交通的兴筑，农业生产改进与增加，"田赋征实""驿运"古制今用。征兵制度的实行。蒋委员长领袖地位的确立，"足食，足兵，民信之矣。"乃能对日抗战八年，不仅再一次证明中华民族经得起严酷考验，且"后生可畏""来者可追"，秉民族固有道德精神，迎头赶上当代世界新知，乃使对日抗战"全胜之局；秦汉以来所未有也"。这五十年间的败与胜、荣与辱是前人血肉奋斗争取而来的，绝对不是依靠美国援助而来的。君不见：西谚有"天助自助者"乎！如果你是一个扶不起的"阿斗"，美国人会肯帮助你吗？何况，由于中国始终不屈不挠拖住日本军队作消耗战，美国于珍珠港被突袭后，才有机会重振声威哩。

近百年史实证明，经过"西化""俄化"试验，中国人已经从痛苦经验中寻觅到正当坦途。"台湾"经验世人知晓已多。近十五年来，大陆的改革开放，力求面对世界促进中国现代化。欧美日本各国外资争先投入中国，正如孙逸仙先生遗教"国际共同投资开发中国事业计划"中的连云港建设，今已成为事实，且是欧亚内陆第二条铁道交通的东西出海口、联结西欧荷兰阿姆斯特丹港口了。六十余年前，胡适之先生倡导的"充分世界化""全力现代化"，正与今日神州大陆随处可见的大标语："中国需要认识世界，世界需要认识中国"又不谋而合。时事趋向如此，神州大陆的朝野各方面人宜冷静慎思。台湾海峡两岸更须"以和为贵，以忍为高"。一切让时间解决吧。

第二编

汪精卫投敌始末

高宗武探路、汪精卫投敌始末（一）

唐德刚

"八年抗战"实为我中华五千年民族史上前所未有的最惨烈的自卫战争。这场生死搏斗，终以最光荣的全民胜利，敌人无条件的屈膝投降而告终。真是祖宗积德、民族有福。但是这页最光荣的历史之中，却有一段最不光彩的败笔，令人兴叹；那便是汪精卫的腼颜投敌了。

汪精卫以民族革命的元勋和大难未死的活烈士，享名全国。在政府中亦曾任国府主席及国民党党魁，领袖群伦，一时无两。何期于抗战中期，竟以国民党副总裁之尊，私通敌国，妄建伪府？终于误己误国，以大汉奸之恶名，永镌国史——汪氏如不死得其时，其下场必被明正典刑，枪决无疑。睹汪氏沦为汉奸，治史者抚今思昔，能毋慨然。汪精卫于我国民族史中最终如何评价，姑且缓论。至于他何以踏入此一不归歧路，我们也有任务来替他略事剖析，以为将来搞党从政者之借鉴。

十个"边缘政客"的叛国阴谋

汪精卫这个伪政权之建立，实由于日方"终战"心切，不断向汪甘辞引诱；汪的老婆和少数拥护者，又大力推波助澜，精卫渐渐上钩，才制造出伪府来的。在汪氏决定正式叛离重庆，飞往越南，大势已定之后，那位一直暗中骂他"没担当"的周佛海，在河内"补写"日记，才以和平运动"首义"者自居而吐露真言。

周说，汪精卫此次经日方策动，秘密离开重庆，正式决定另组政府与蒋介石分庭抗礼，这一整套阴谋之实现，"全世界的知情者实不过二十人而已"（见《周佛海日记》，一九三八年十二月补写于河内诸条）。这二十个原始的"知情者"阴谋家或策动人，如中日双方各分一半，则汪伪政府之建立的"首义功臣"或"开国元勋"，只不过十个人而已。

在那炮火连天，血肉糜糊，全国军民都激动的抗战岁月里，竟然有十个阴谋家，反其道而行，搞破坏抗战的活动，终于制造出一个拥众千百万的汪伪政权来。这一群本领通天、良心扫地的"十大阴谋家"，究竟是何方神圣？关于这一点，我想读者和作者的好奇心应该是一致的。笔者不学，经过长期思考与分析，谨按他们对汪伪政权"开国"的"贡献"，条列其名次如下：

汪精卫、陈璧君夫妇理该居首。
周佛海、高宗武应在伯仲之间；

梅思平、陶希圣实亦不相上下。

曾仲鸣、陈春圃原属私人尽忠；

董道宁、陈公博只是听命行事。

对这个次序的排列，我深知读者贤达，一定会提出异议。例如陈公博，伪官做得最大，他是继汪精卫做"伪国府主席"之人，怎能"功"在十人之末呢？——其实在重庆时期，陈公博原不想入伙，他是被陈璧君骂进去的。后来在香港，他仍滞留不前。只是受不了高、陶叛汪的刺激，才挺身而入的。最后他一个"从容就义"之死，也算是"难能"。

陈公博的错误，是他不应以"朋友小节"，而伤"民族大义"。史家褒贬，纵在今日，孔子的"诛心之论"，还是有其标准价值的。陈公博比诸其他只上得嫖场赌场，而上不得法场的劣等汉奸来，还是比较值得称道的。

上述这个十人帮，我们如果以"行为科学"的法则，来对他们的政治行为略加分析，我们便会发现他们是属于同一类型的"边缘政客"（Marginal Politicians），彼此有其共同的"次文化"（Subculture）。

什么是"边缘政客"呢？简言之，他们基本上是一群白面书生、知识分子、"文人"（Iiterati）。文人搞政治，在政争上受挫、失意，至少是不得志……有权又没权，在权力的边缘兜圈子，而又自信有经国济世之才。怀才不遇，因而都有一种"吾曹不出，如苍生何"的抱负。其实他们只是一群有共同次文化的边缘集团，是政治圈内一种少数民族，但是主观上他们却误以为他们少数（Minority）的认识，是多数（Majority）的意志；而要以他们的"次文化"强加于全民族，使其成为"主文化"或文化主流。——这就是他们的"和平运动"的意蒂牢结之所在，这也是他们悲剧的根源。

周佛海、高宗武推汪下海

就以汪精卫来说吧，他自从民国十五年（一九二六）"中山舰事变"以后，就与蒋公斗法争权，斗了一辈子。因为抓不到兵权，始终站在下风。如今（一九三八年春季）尘埃落定，以党国第一元老，屈居"副总裁"；其心头之愤懑，直至无法抑制。——据当时在场的汪之爱将张发奎将军事后告我，他简直未看过一个人有那种脸色！

政争失败也就罢了。他却误认为力主"抗战到底"的蒋公，是滥用兵权，误国误民，连敌人的善意求和亦不假辞色，实是武夫的固执。因此他自己遇有机会，就要"挺身而出"，再搞个"宁汉分裂"（一九二七）或"扩大会议"（一九三○—一九三一），来倒蒋谋和了。

至于汪氏之下的第一位策士和谋主的周佛海，原是个依违于两大（汪蒋）之间的边缘政客。孟子说，"其为人也小有才，未闻君子之大道也。"真是佛海的写照。他自觉是个不世出的经济长才，文采风流；日语汉文双绝，更是国民党内发挥三民主义的权威。——佛海初因CC投靠蒋氏。蒋氏对他虽赏识，但蒋公刚愎，幕中又策士如云，区区周佛海不算老几，所以他始终有位无权，怀才不遇。

论文采风流，器宇见识，周本重汪而轻蒋，他认为只有在汪之下，他始才可大用（其实这只是次文化相同的偏见），无奈汪氏也有位无权。如今（一九三八）抗战已到绝望时期，日本既有意拥汪除蒋，为个人野心着想（国家生存次之），无论怎样，纵汪氏不欲，周氏也要全力促其实现。此周佛海这个边缘政客之私衷也。所以他协同陈璧君、高宗武，力推汪氏下海。迨汪氏下海灭顶，自救无力，佛海迅即私通戴笠，图谋回头是岸，其狡黠亦可惊矣。

高宗武虽也是个边缘政客，他的出身则起于"技术官僚"

（Technocrat），以流利日语，干禄公卿。高氏幼年留学日本，回国做教师，为黄郛所罗致，参与《塘沽协定》之签订。当时黄氏部下吃国难饭的"日本通"如李择一等，都只是一些"日本不通"而需索无度的老官僚，甚或饭桶，因而使他们之间的一个精通日语的小喽啰高宗武脱颖而出。——高君是位干才。笔者识高于其耄耋之年，犹见其锋芒毕露，不难想象当年也。

塘沽杂事既毕，高宗武这个器才超人的小青年，立刻就被汪蒋二山头同时看中，一跃而为外交部亚洲司司长，时年二十九，为当时外交部中最年轻、最干练，所负责任也最大的高干。

想起日本人当年侵华的行为，也真是荒唐可笑至极。中日之间的交涉，大事固然不少，而鸡毛蒜皮的小事尤多，简直无日无之。为着这些小事，日本驻华大使川越茂，动不动就"御驾亲征"，到我外交部找外长算小账。后来张群做外长被他弄得不胜其烦，乃和川越大打太极拳。岳军我方政学系之头头，太极之圣手也。只要日本人不动刀、不动枪，川越便莫奈之何。但川越又岂是省油灯，他斗张群不过，乃超越部长办公室，违反外交体制，直接与低一级的亚洲司司长交涉办事。亚洲司司长高宗武原是眼明手快、日语流畅的青年，对鸡毛蒜皮不嫌其烦。此不但能替张群部长排难解纷，对川越大使亦有如响斯应之效。日久，中日之间事无巨细，均由青年司长一肩挑过。蒋汪二公若有垂询，高司长的电话也可"通天"直拨。这样高司长就渐渐变成中日之间不可或缺的红人；中日朝野一致争相接线的电话总机。纵迟至"八一三"前四日，川越大使尚持有日本停战"条件"试图与高协商也。——六十年过去了，人世沧桑，而高公语我，犹以此为荣焉。

人总是人嘛。揭开装模作样的假面具，大家基本上都只是些共有七情六欲的脊椎动物。亲昵既久，则走后门，耍暗盘，就可以无所不为了。——高宗武就是因为这样的关系，他在中国上参密勿，深知蒋汪二公的隐私心事。对敌国他也可交结公卿，也可耍弄鸡鸣狗盗——真是个两头通气（Double Agent）的全才。但是正因为如此，他就不能深入任何一个固定的山头，占据一席有权有势的交椅，而终其生都只是个"政治流浪汉"（Political Drifter），这也是他最后叛汪而不敢投蒋的基本原因。

引导汪公通敌组府，周、高二人实是主谋。周、高以次诸子，"自郐以下"，无须多费笔墨。例如陶、梅两君原是百无一用的教书匠，然囿于学优而则仕的传统，投入政海，但二人皆只是两个低能政客，在汪君改组派的圈子里，只能跑跑政治"龙套"，终身难设一谋。结果陶君迷途知返，及早回头——据高宗武生前告我，他二人叛汪，只在返港轮中偶遇，初无通谋。其后二人以"密约"见报，亦系高君建议，陶君列名，陶教授于立约之初并未参与云。

梅思平于弃学从政之初，原有"百里之才"（当江宁模范县长），然昧于"君子之大道"，终遭枪决，亦可悲矣。睹梅氏之悲惨下场，当今执教鞭而又有政治欲望者，不明君子之大道，还是安分点好。

至于曾仲鸣、陈春圃、陈公博三人，原是汪之死党。汪公得道则随之升天；汪公做汉奸，则陪同枪决，个人意志原甚微弱，而董道宁虽"知情"最早，然抄胥传译之小吏，知情与不知情，皆无关宏旨也。

所以伪朝初立，参与阴谋者虽有十人之多，然汪氏夫妇之外，出谋划策、穿针引线者，周佛海、高宗武二人而已。余子碌碌，不足论也。——吾人欲粗知汪伪一朝开锣情况，则周佛海、高宗武二人的政治行为，实是关键，不可不知也。

"不下桌子不算输"

欲知周、高二人的政治行为，则不得不从"低调俱乐部"说起；欲知"低调俱乐部"是怎么回事，则抗战初期敌我相持之大势，也得略事勾描。请先从敌国讲起：

日本民族久居小岛，只知自己、不识他人，有其小气传统。明治维新后向西方帝国主义学习，推行其"大陆政策"。其实吾人如把整个大陆拱手赠之，彼亦不能治也。——九州四国出不了孔丘，也出不了成吉思汗和努尔哈赤。既无大贤，亦无大盗。搞来搞去，出点小军阀，搞点小儿科的浪人帝国主义，殊可笑也。

吾友西村成雄教授也说，日本民族单纯，历史上无"多民族共存"（Multi-racial Co-existence）之经验；习于自称"帝国"，实不配建立多民族之帝国也。真一针见血之言。

所以"卢沟桥事变"之后，日本并无鲸吞中国的雄心壮志。它只是一点一滴地对中国做蚕食。不断制造事件，随着小规模军事胜利，不断提苛刻条件，不断地就地解决——当年日本侵华就是这样小儿科地没止没尽地搞下去。

且看当年日本参谋本部中国课课长今井武夫对"七七事变"的回忆。今井说：

> 日本军企图把芦（卢）沟桥事件就地解决，期望以当初永定河的一线为作战的界限来收拾事件。不久，向南推进，到了石家庄和德州的一线，屡次增兵，投进了数万军队，不能达到目的，再把第三次作战目标推进到黄河一线，继续进攻。……（见《今井武夫回忆录》。）

日军"继续进攻",果然又自黄河打到长江,打下上海,打下南京,屠杀中国军民三十余万,还是"不能达到目的"。再"继续进攻",打下徐州、武汉、广州、福州……依旧"不能达到目的"!

日本为何不能"达到目的"呢?理由很简单:它碰到一条"硬汉子"蒋介石。蒋认为,你要"和",要"终战",那你就"撤兵"。撤到"七七事变"以前的状态,那么我们就讲和。你不撤兵,那我们就打下去,打到两国同归于尽为止——日本军阀就这样被蒋公"将了军","将"得他们束手无策。

记得抗战中期,我们在沙坪坝听过一次《大公报》主笔王芸生的讲演。王说,抗战是一场大赌博。赌场上的规矩是"不下桌子不算输"。日本之不幸是它碰上了一位无赖大赌客蒋委员长。蒋公如今把裤子都输掉了,但是还赖在桌子上不下去。王做结论时,强调:"不下桌子不算输,只要我们不下桌子,坚持下去,必有翻本之一日——最后胜利必属于我!"

后来余读一位美国青年学者邦克(Gerald E.Bunker)所著之《中国抗战初期汪精卫和平阴谋》一书,说:"日本在中国所作所为,其不得逞者,实受制于蒋介石一人。"(见该书第五十四页)足见说此话者非王芸生一人也。

其实那时输掉裤子的赌徒,也非蒋公一人。站在他背后的全国老幼,都准备把裤子脱下,交给他继续赌下去。赌了八整年,终于翻了本。我国固有文化如果真有其打不倒的潜力,这才是一个具体的表现呢。——王芸生这席话,我记得说得我们千百个青年听众,为之欢声雷动,也热泪盈眶,至今难忘。

我也记得那时敌机也时常在我们头上散发汉奸办的"小申报",宣传敌伪占领区中"歌舞升平"的"盛况"。那时捡得者读之,无不为之咬牙切齿。敌人对我们软硬兼施,诱和、逼和,对后方老百姓的

"抗战到底"的信念，未能动摇于丝毫。——这种抗战时期代表绝大多数群众的真正"民意"，就不是汪精卫那三两个"边缘政客"所能理解的了。他们罔顾绝大多数的真正民意，而去响应敌人；战败服输，割地赔款，大败大赔、小败小赔，与敌人唱同调，"就地解决"。帮敌人解决困难，挖自己墙脚，毁自己长城，这种"低调俱乐部"的哲学，如真能大行于时，那中华民国的国格，也就扫地无余了。

现在再看"低调俱乐部"是怎么回事？

"低调"才是高调

据高宗武告我，"低调俱乐部"一词出于胡适之口，说于他家。后人说，语出于周佛海居处，实非也。胡适之先生这位白面书生，遇事时常妙语如珠，最善于做概念化创造名词。"七七事变"既起，全国各界名人名士麇集首都南京。由于敌人横蛮凶狠，我方亦反应强烈——"焦土抗战""长期抗战"之声，不绝于耳。然斯时亦有少数文人因对抗战没信心而忧心忡忡。其中心人物则是周佛海、高宗武等拥汪主和之边缘政客也。若辈不时齐聚于周、高两家，讨论时事，臭味相投，语调一致，皆以当时甚嚣尘上之抗战言论为不负责任之"高调"，以故汪精卫亦发表其"大家要说老实话，大家要负责任"（一九三七年八月三日，亦即"八一三事件"之前十天）的煽动讲词也。

胡适其时以学界名流，亦不时出入高府，因座中人均不以当时唱高调的主战派为然，故戏呼高家为"低调俱乐部"。戏语定谳，竟致名传史册。——此即"低调俱乐部"一词之由来。

我的老师适之先生君子也。个人随侍多年，深知他喜欢谈政治而不能搞政治。搞政治，他无肩膀也。他青年时文采风流，招蜂惹蝶，但是他不敢学挚友徐志摩公开谈恋爱。他脸皮太薄，搞不出大胆作风也。所以他和这些"低调"人员虽过从甚密，但没有卷入他们的"阴谋"，最后还是顺从全民民意——"苦撑待变""抗战到底"。"苦撑待变"一词亦适之老师之杰作。抗战胜利即苦撑待变之结果也。

"苦撑待变"，所"待"者何？胡适的意思是"待"到英美两国也被迫参加抗日。到那时与英美同生共死。生固是欢，死亦瞑目。

蒋委员长于此则更进一解。蒋公认为，"待"不到英美参加，日本不撤兵，中国也要打到底。何以有此决心？他对沪战期间，受日本政府委托做讲和媒介的德国驻华大使陶德曼（Oskar P.Trautmann）解释说：

> 假如日本不愿意恢复战前状态，他不能接受日本的任何要求。对于某些条件，当然可以讨论并且觅取友好谅解，但是只有在这一点做到之后。他又很机密地告诉我（陶德曼自称），说只让德国政府知道：假如他同意那些要求，中国政府是会被舆论的浪潮冲倒的。……假如他们（指日本）继续作战，中国当然不会有在最后获得军事胜利的机会，但是她也不会放下她的武器。假如由于日本采取的政策，中国政府倾倒了，那么唯一的结果就是共产党将会在中国占优势……共产党是从来不投降的。〔见一九三七年十一月五日"德驻华大使（陶德曼）给德外交部密电"特密第五一六号。施子愉译〕

蒋公这番话，在我们搞抗战史的看来，句句皆是事实，毫无外交辞令。——在那敌军咄咄进逼，兵临城下，割地赔款的条件愈来愈苟，在屠杀做诱和、迫和的威胁之下，任何当国的领袖想来个"肉袒牵羊，膝行谢罪"，都是自杀。而蒋公和国民党当时声望正隆，全国军民正疯狂地同仇敌忾，此时此际向敌人屈膝，岂非下贱？

假如国民党被日本人打垮了，共产党继续领导抗战，老毛（毛泽东）也有其一整套的办法。他要把全国贫下中农（占全人口百分之八十以上）组织起来，以农村包围城市，切"线"打"点"，把那只能占领"点""线"的敌军，彻底拖垮。

当时国共二度合作，蜜月情意正浓。瞻念国族前途，亦殊无悲观必要。在那种所向无前的抗战洪流中，他们这个"低调俱乐部"、十人合唱团的声音实在太微弱了。——除他们自己之外，他们这十来个"边缘政客"，实在不代表老几。所谓"和平救国"反而是一种最不切实际的"高调"。

本来高调唱唱也就罢了，最糟的是他们还要施诸行动——在那每日伤亡皆在五千人上下的惨烈抗战里，这十几位仁兄居然要在后方拆墙脚，来破坏抗战，那就匪夷所思了。

日方看我如水晶球

这种破坏抗战的秘密行动，搞得最起劲的实在是周佛海。他的秘密活动，甚至不敢在南京城里开会。显然是以"跑警报"（躲避敌机轰炸）为掩护，躲在郊区"灵谷寺"中的烈士纪念塔的顶层最隐蔽的所在，策划展开其"和平运动"的密谋。

在这些秘密会议里，高宗武显然也是积极参与者之一；他的重要性可能更在周佛海之上——因为他与当时日本留驻南京的各种工作人员都有直接的往还。其中最重要的人物，除川越大使之外，就是南满铁路驻南京办事处主任西义显了。

读者须知，抗战前以及抗战中，凡日本在华男女，上自富商高干，下及贩夫走卒、浪人妓女，几乎无一不是日本政军两方的间谍，虽然他（她）们的上级是各有不同，甚或相互嫉忌的。——最不可思议的，甚至他们在中国各地推销商品的广告招贴，如"仁丹""肥田粉"等，都暗藏杀机。如"仁丹"二字的排列是可左可右的，然左右之间就暗藏进军路标了。至于日韩浪人以及雇佣汉奸，伪装小贩、技工（如打井、捉蛇）、香客……做各种间谍活动，真罄竹难书！

且看西义显何人欤？他的哥哥西义一，日本陆军中之大将也。他的顶头上司则是满铁总裁松冈洋右也。松冈何人？他是制造"满洲国"的智囊之一。当国际联盟票决日本占领我东北为侵略行为时，率领日本代表团在会场咆哮，终于退出国联的就是他——这个老牌帝国主义者。西义显便是他的左右手。"七七事变"前当日本军队和浪人在华北搞得河翻鱼乱时，松冈把他派到南京来当满铁驻南京办事处处长的闲差事。"满铁"之外，你说他没有其他任务？此不待智者而后明也。西义显那时在南京上层社会圈内很活跃。"七七事变"后，日军强迫我华北地方当局和他们再来一次《塘沽协定》或《何梅协定》，而此时我中央态度强硬，日人摸不透南京的底。这一下近水楼台的西义显就有任务了。

果然于七月底他通过一位亲日银行家吴震修，便在吴家和高宗武杯酒联欢。高宗武既然与蒋、汪二人都很接近，西义显乃问他蒋、汪二人对解决"卢沟桥事件"的态度。高说汪氏力主和平解决；蒋氏沉默，未置可否。

蒋、汪二公是当时中国政府中的两位最高当局，对日和战的决策人。这一则最可靠的绝密情报，对日本今后的对华政策实在太重要了。——而这一情报却是高氏"有意"或"无意"之中向敌方高级情报人员透露的。高是个最机警的人，干的是最机密的事，在这最紧急时刻，他能在"无意中"向敌方透露这种绝密情报？如果是"有意"为之，那就是他们"和运人士"通敌的第一步了。

果然西义显取得这项最重要的情报之后，便马不停蹄地赶往大连，向松冈洋右报告了。松冈自然大喜过望，他乃招呼西义显立刻去东京向日本参谋本部等首脑机关详细汇报，以谋对策。

西义显既然已打通高宗武这条路，松冈叫他在南京那份掩护工作（Cover Job）也不必要了——以后就干脆专做高宗武的工作。

日本人那时在中国做情报工作和特务活动，都是因事因人，组织特别"机关"，分成专案进行的。例如为策动吴佩孚做汉奸，他们便专门设立了"兰机关"；对广西李、白做工作则叫"和知机关"（李宗仁在其回忆录里便频频提到，然李、白迄未知"和知机关"之底蕴也）。——其外他们还有什么"梅机关""松机关""桐机关"……真是用尽心机，花样繁多。

他们后来做高宗武的工作则叫"渡边工作"。这项渡边工作做得极其成功。他们后来竟然义结金兰，拜起把子来；西义显做了"大郎"，高宗武变成"四郎"。——有高宗武、周佛海这种高层核心人物替他们提供绝密情报，日本人对我国府内部的了解，真如看水晶球一般！最后居然成功地把我们第二号领袖挖出去当汉奸。这不能不说是二次大战时，敌人情报工作和间谍活动最卓越的表现，令人翘大拇指。

高宗武说，西义显只是他的一位"普通朋友"。又有谁知道汪精卫那套轰轰烈烈的伪政权，就是打从这个"普通朋友"开始的。

走火入魔的日本现代文明——"高宗武探路、汪精卫投敌始末"之二

唐德刚

　　我国抗战期间，汪精卫"卖身"投敌——"卖身"二字是汪自己的话，详下节——固然是由于他自己对敌情认识不清，政治判断错误，个人权欲熏心，党争失败，感情冲动，失去道德理智的结果。但是敌人的甘辞诱骗，周佛海、高宗武的一牵一挽，他老婆陈璧君的既劝且逼，地方军头的半推半就……才使这位有幻想、无原则的诗人、才子、烈士、政客，一步一步地走上叛国自毁之途而不能自拔。——让我们还是先从日本人对汪的"诱"和"骗"说起。

中国两公，日本五相

拙作前篇已言之，"七七事变"后，主持我中央最高决策的蒋汪二公对日本侵略的基本态度，由于高宗武之泄密而被敌人摸了底。可是在西义显于八月初奉松冈洋右之命，赶回东京，向日本政府各首脑机关汇报时，日方当权派对汪蒋二公的反应就参差不齐了。

我们搞外交史的如果把日本国当成个研究单位，则这个"日本国"在近代世界史上，实在是最穷凶极恶的一个帝国主义。但是我们如把日本帝国主义的权力结构打散了来看，那我们在这个"帝国主义"之内，却找不到一个负最大责任的"帝国主义者"。

一般历史家都知道，现代日本在一九三六年发生了"二二六政变"之后，政党政府垮台，代之而起的便是军人专政了。其实日本人搞民主政治固然出不了杰斐逊、林肯、（老小）罗斯福和丘吉尔那一级的民主政治家；他们搞独裁政权，照样出不了希特勒、斯大林、蒋介石那样"一人说了算"的大独裁者。

因此，二次大战期间日本政府的权力结构不是一个"一鼻孔出气"的"寡头政治"（Autocracy），而是一个众小寡头集体互制，近乎中古欧洲"贵州政治"（Aristocracy）的一种落后政体。在名义上，他们最高的决策机构是所谓"五相会议"，也就是首相居先的陆、海、外、藏（财）五相的集体领导。在五相之上再加个天皇，那就是他们体制上的最最高决策机构，所谓"御前会议"了。

其实在这个所谓"会议"里，日本天皇对国家和战大计虽有其一言九鼎的影响力，但对日常实际政务，他陛下便无法干预，因为他未尝亲政，对行政更无实际经验也。因此，所谓五相会议者，事实上只是五个官僚商量着办事。人数太少，国家大事也很难由投票决定。因此他们五人，人人都享有"决策权"（Policy-Making Power），人人也都享有"否决权"（Vetopower）。如此则制衡有余而领导不足了。没个一元化领导，他们往往就各行其是了。——最糟的还有它那个"直属天皇"，独立运作于内阁之外，专司军令，调度陆海两军的"参谋本部"了。就以他们当年的对华政策来说吧，他们的首相乃至三相四相都同意了的一个政策，其中如有一相或本部提出异议或严重否决，则整个既定政策都要修正、变质，甚至全部泡汤。

"二二六政变"之后，日本军人是一马当先了。殊不知他们文职官僚也可玩弄以毒攻毒、以军制军的把戏。外相、藏相也可遴选"大将"充任嘛。下节我们就要谈到近卫文麿首相组织其二次近卫内阁时，他希望以军制军，乃保荐在日本军人中最有声威的宇垣一成大将出任外相，庶几对华外交可以"一元化"。但是这个美梦哪能做得成呢？宇垣不但对那远在中国战场上胡作非为的中将少将们无法遥控，而且对近在卧榻之侧的军部之内那些对华自作主张的大佐少佐，大将外长也毫无办法——下文当细论之。

日本这种乱草出蛇的落后制度，不但弄得它自己的对华外交，无固定政策可言，连我们中国这样想对它屈服的被侵略者也无所适从。他老人家朝秦暮楚，姑婆分治，你不知道它要的是什么嘛！何人讲话才能算数嘛！

面对日本侵略者这种混乱作风，我国那时一言九鼎、一人说了算的最高决策者蒋委员长，便一再痛斥日寇欲壑难填、得寸进尺、毫无诚意。——因此他以不变应万变，亦明亦暗地正告敌国，不管何人当家，你们要"停战"、要"讲和"，那你就先"撤兵"再说，否则我们就打到"底"。

可是那时我们那位急于利用日本侵华突出自己，谋和代蒋的汪副总裁，虽然也知道敌方没有"一人说了算"的领袖和"一鼻孔出气"的机关，但还是相信日本的"御前会议"的。——因而他也有他的腹案：一、暗中和日本先把"战败国尚可接受"（周佛海语）的秘密条件谈好；二、经过日本的"御前会议"正式认可；三、等到抗战至油尽灯枯之时（必要时还应暗助敌人一臂），我老汪乃和日本人里应外合，公布秘密议定之条件，登高一呼，和平救国。汪认为这时龙云、刘文辉、张发奎都会立刻"起义"响应，然后把"蒋军"残部赶往西北，投奔苏联。根据汪的估计，这时德军应该已占领莫斯科，东方再由汪日联盟合作，就可收回西伯利亚了。然后再由中日联合赶走英美势力，完成大东亚共荣圈，由裕仁、汪精卫平分天下，岂不欷欤盛哉？！——显然这便是汪副总裁的黄粱大梦啊！他哪里想到他的美梦万分之一也实现不了；他自己却从党国第一号元老，堕落成现代中国的第一号汉奸呢？！

为日本帝国主义定位

汪精卫这个梦想也不全是他自己的空中楼阁，他是根据日本人囊括东亚的幻想制订的；而日本对亚洲的梦想，又只是德意日所谓"轴心国家"（Axis Powers）幻想的一部分。——说多了，未免离题万里，但是纵使专搞微观史学，对宏观史学也得略知一二。

用最简略的语言来说，自从十五六世纪，欧洲白人发现了美洲，环绕了地球之后，我们这五大洲便一直在信仰基督教的白种民族主宰之下，至今未变。

白种人主宰有正负两面。正面是他们把人类文明迅速提高。我们的"现代文明"之兴起，实拜白人之赐。白人主宰的负面，则是现代的殖民主义和帝国主义了。——白种民族利用他们特有的科技，对其他所谓有色人种做血淋淋的统治。

但是白人的统治也有其周期性。西班牙、葡萄牙出道最早，首先平分了地球。可是在十七、十八世纪之间，它们的地位就逐渐被后起之秀的英（美）、荷、法、俄等民族篡夺了。后起之秀变本加厉，到十九世纪之末，全世界五大洲都在它们的控制之下，变成了它们的殖民地。——其中剩下的唯一的一块"半殖民地"或"次殖民地"（孙中山语），就是我们中国这块大肥肉了。

迨德、意两国在一八七〇年左右组织了各自统一的政府，形成了新兴的民族国家，它二位向同族前辈学习，立刻便加入了白色帝国主义阵营，向世界各地抢夺殖民地。可惜两国出道太晚，世界膏腴之地早被它们的前辈占领殆尽。德、意愤愤不平，所以它们一直把自己说成"无的国家"（The have not countries），把英、美、荷、法、俄说成"有的国家"（The have countries）。"无"的光蛋、小贼因而一直要向"有"的富翁、大盗要求分赃，要求殖民地重行分配。"有"的大富翁当然不肯。为着防制小贼偷袭，这些已有既得利益而洗手反正的大盗就要"维持世界现状"（Maintaining Status Quo）和"保障世界和平"（World Peace）了。说穿了，岂不可笑哉？

就在德、意于一八七〇年左右出道的同时，我们东方的小日本也颇能为我们黄种民族争口气。在一八六八年它发动了"明治维新"，搞全盘西化。——读者知否？在日本人西化时，连行中医、吃草药，都是违法的。这一禁令，直到二次大战后的二十世纪六十年代，始被撤销，其西化之彻底可知也。

既全盘西化矣，果然时不旋踵，日本对"西方文明"，就"迎头赶上"了——至少可与德、意两国，并驾齐驱。

日本之模仿西洋，最能得其精髓的，也是它最有兴趣的一环，便是西式的帝国主义了。例如德国在初期搞扩张主义时，朝野曾酝酿一种所谓"三B政策"。三B者，匈牙利的布达佩斯（Budapest），马尼亚的布加勒斯特（Bucharest）和中东、今伊拉克首府的巴格达（Baghdad）也。

日本佬东施学西施，在它们的"大陆政策"里，也搞出个"三M"来。三M者，满洲（Manchuria）、蒙古（Mongolia）和闽（Min，福建、台湾）也。——这些虽是一时风气，未必见于官书，但是在二十世纪二十年代后期传遍世界的"田中奏折"，所强调的还不是这些"M"？（《田中奏折》有人说似非田中所撰，然为日人激进派所作则无疑也。）

不过胡适说得好，任何民族都不能把自己的"固有文化"完全抛弃。日本毕竟是个东方国家。不论它对西方学得怎样惟妙惟肖，它也是丢不掉它的东方传统的。因此它学会了西方帝国主义，但是帝国主义这个东西一旦落入日本人手里，由白变黄，它就与老帝国主义不太一样了——"日本帝国主义"较之"欧美帝国主义"是青出于蓝，其凶残暴虐，就远非西方帝国主义可以望其项背了。（作者附注：日本之向西方帝国主义学习，那时是无微不至的。不论在理论上或在行动上，它们也绝未想到要为亚洲兄弟国家争取解放。其时想到帮助殖民地革命的反而是列宁所搞的"第三国际"，虽然为时也极短；日本却是以反共为借口的。所以今日的日本极右派政客石原慎太郎、永野茂门、渡边昭一等还在谰言当年日本是在帮助亚洲国家反帝，真是不学无耻！）

害人害己的爱国狂

吾人试读欧美史便知道，现代西方帝国主义，尤其是在所谓"英语地区"，是一种唯利是图的经济帝国主义，一切向钱看。"炮舰政策"（Gunboat Policy）为的是钱，能搞钱而不需要炮舰，它们也可"裁军""限武"。在殖民地中"浑水摸鱼"为的是钱，如果清水养鱼可以赚更多的钱，它们立刻也可换浑水为清水，并缓缓让步，为殖民地建立简单法治——如此则皇家上国赚大钱，殖民地臣民也可赚点小钱，大家好。君不见近百年来的中国香港、菲律宾、新加坡、马来亚、缅甸，甚至整个印度、中东和若干非拉地区，它们被帝国主义剥削了数十百年，一旦帝国主义者撤退了，当地被剥削者每有"去后之思""甘棠之念"呢？——在下才疏学浅，然亦尝深入观察于印、菲、新诸地区，有感而发呢！

日本帝国主义就不是这样了。它在做帝国主义之时，开口"大日本"、闭口"大日本"，杀人放火，把事情做"绝"。因此它一旦被赶出原先的殖民地，大家就恨不得食其肉而寝其皮了。——谓予不信，诸位去问问朝韩老乡和东南亚人民就知道了。中国台湾也被日本人统治了五十年，听说日本人对某些台胞也有若干去后之思。但这不是当年的异族统治者真有什么"甘棠遗爱"，而是另有别的政治原因呢！

总之长话短说，西方的经济帝国主义被日本学会了就变质了。"日本帝国主义"当然也是一种经济帝国主义；但是这个帝国主义在"经济"之外，它把东方传统里许多杂七杂八的东西也加了进去，什么"八纮一宇""忠君爱国""集体切腹""杀身成仁"等（"二二六政变"时，十八个叛军头头买了十八口棺材，预备十八人集体"切腹"），这些西方帝国主义所没有的东西，也都成为日本帝国主义里面的金科玉律了。

因此，新兴的日本为着经济利益要搞帝国主义，不为着经济利益，只为帝国主义而帝国主义，也要搞帝国主义。换言之，它们为着经济利益要侵略中国，纵使对自己的经济利益有损，它们也要"为侵略而侵略"——这就是所谓"军国主义"（Militarism）了，是一种害人害己的狭义民族主义、"种族主义"（Racism）和"爱国狂"（Chauvinism）的混合体，比诸西方帝国主义，尤其是英语国家的帝国主义，那就更是"画虎不成反类犬"，在西化过程中走火入魔了。

一九三六年所爆发的"二二六政变"，便是这一抽象意蒂牢结的具体化。它也是包含整个日本民族的"民族运动"（National Movement）。上自天皇、元老、大臣、富商、高干、教授、学人，下及贩夫、走卒、浪人、营妓（日裔"慰安妇"）的扩张主义思想，都是大同小异的。据说"日裔慰安妇"在她那短促的慰安时刻，还要劝诱被慰安的日本官兵去替天皇战死，魂归靖国神社呢！

"其言甚辩"的侵华哲学

日本的元老重臣、学人教授一级的扩张主义思想，当然不同于日裔慰安妇，但是他们为着扩张日本而侵略中国的目标，则完全相同，只是付诸实施的手段互异罢了。

简略言之，日本那时的高级知识分子，对日军侵华助纣为虐的借口，则是"中国"一词，原来就只是个哲学概念、地理名词，而不是个政治实体。盖满（东三省）、蒙（内外蒙古）、新疆、西藏，均各有其原住民，实非中国领土。日本帝国替天行道，帮助它们独立，甚或与它们合并，"共存共荣"，如日本之与朝鲜、琉球、中国台湾者，实是天与人归之事，中国人、西洋人何能加以阻止呢？

就以号称开明与和平的元老外交家重光葵来说吧，他率领日本投降代表在密苏里舰上签完降书之后，被关入盟军巢鸭监狱，为他的根深蒂固的侵略思想洗脑（当年日本死刑以下的战犯私称此一洗脑经验为进巢鸭大学）。一洗四年，而重光葵在狱中偷用厕纸，撰写回忆录（书名《昭和の动乱》，后来此书出版了十余种译本。中文版由徐义宗、邵友保合译，改名曰《日本侵华秘史》，一九七〇年香港现代公司出版），还要若隐若现地替此一侵华哲学做辩护呢！——重光葵在此书中，翻旧案说，早在巴黎和会（一九一九）和华盛顿会议（一九二一）期间，日本代表就提出"何为中国"（What is China）的定义问题，而否定只许中国一国向边疆"殖民地区"移民的主权。重光葵在"一·二八事变"之后，被韩国志士尹奉吉炸掉一条腿；后来对盟国俯首投降，入"巢鸭大学"进修，真是九死一生，历尽沧桑。但他还是要出这口鸟气，异时异地，则其他日本理论家的逻辑又如何？就毋烦多事引证矣。

总之，根据这一理论，则不特日本军人制造"满洲国"是替天行道；他们西征热（河）、察（哈尔）、绥（远）——今日"内蒙古"，当年日本人叫"蒙疆"——扶植蒙裔伪"德王"建立一个囊括内外蒙古的"大元帝国"（那时外蒙古还未"独立"），自然更是顺理成章了。等到后来日军攻入长城，侵入华北，再搞个"华北五省自治"，不更是理所当然？试问"关内十八行省"哪一省没有"原住民"，没有原住民的"固有文化"呢？中共进城以后，大陆上（尤其各省）的考古学家，不是更进一步证明几乎中国各省区都有其原始文明？什么"晋文化""楚文化""秦文化""燕文化""鲁文化""吴文化""越（粤）文化""荆文化""巴文化""蜀文化""铜鼓文化"——今日台湾还不是有个"八仙洞文化"？笔者去夏曾承"立委"韩国瑜先生的招待，到"八仙洞"深入地考察了一下，惊叹不已！

在日本侵华时期，日本的汉学家没有今日大陆上各省考古家"考"得那么细致，但是当年日本对汉学的研究（其火候有时且超过中国），足够支持他们军政两界肢解中国的理论，何况现代中国自辛亥革命以后，各省宣布"独立""自治"乃至"联省自治"，就从未停过。如今大日本皇军在"华北"也帮助各省搞点半省自治（如冀东伪自治政府）、一省自治（如策动宋哲元、韩复榘、阎锡山在察鲁晋自治自为）或联省自治（如华北察晋冀鲁绥五省自治），也未可厚非嘛！

大小民族主义的内在矛盾

大体说来，这套理论是盛行于十九世纪，"民族国家"（nation-state）兴起之后，至巴黎和会时期美国威尔逊总统提出"十四条"（Fourteen Points），强调"民族自决"（Selfdetermination）而登峰造极。威尔逊的民族自决原则，原是为解决白种民族之间纠纷的暂行办法。因为彼时白种民族之间有其"宗教死结"，例如耶、伊之间（且看今日东欧波斯尼亚一带）；伊、犹之间（且看今日的以色列和中东）；新耶、旧耶之间（试读西欧史不绝书的各种宗教战争）。他们之间的信仰冲突永远无法解决，民族也就永远无法融合。如此，则不如各家自扫门前雪之能和平共存也。

这套解决白种问题的暂行办法，拿到我们东方黄种民族的国家里来，就凿枘不投了。中国文明自开始以来便是个"多民族的文化"（Multiracial Culture），文化本身自始就是多元的（Cultural Pluralism）。它以"滚雪球"（Snowballing）的方式把所有的区域文化（夏文化、殷文化、周文化、秦楚文化、吴越文化……）都"滚"在一起，"熔于一炉"（Melting Pot），始有今日。——各民族之间，无不能"共存"（Coexistence）之死结，所以时历两千年，共存的"多民族"，就融合成一家人了。

因此，日本在侵华期间所犯的理论性的错误，便是它要利用西方威尔逊所强调的各"民族自决"的小民族主义，来瓦解那时经两千年，久历风霜的"多民族共存"，在经济、文化、政治、族群生活上相互依赖、难舍难分的东方的中华帝国的大民族主义。

试问，满汉蒙藏诸大民族之间，究竟有什么"死结"存在，让他们非分手离婚不可呢？——有之，那就是西方白色帝国主义者，和它们习惯于现代西方"民族自决"的观念，以及戴着有色眼镜的学者专家们，强人从己、不断挑拨的结果。

在理论上，最矛盾的还是日本这个外黄内白的香蕉帝国主义。他老人家自己一面吞没了北海道上的虾夷族（Ainu），琉球、中国台湾的汉人和原住民，并灭亡了整个韩国，早已犯下了"民族自决"之大忌。贼喊捉贼，它又怎能在大陆上玩弄小民族主义来对抗大民族主义呢？以子之矛，攻子之盾，它在理论上已彻底破产，手段上又极其下乘。怎能称霸诸侯，创造帝业呢？终至身亡国丧，岂非自取其咎！

不过话说回头，我们要知道响亮的政治口号一般都比高深的学理更有力量，因为口号可以使人发疯，而真理则否也。耶稣教的先知说得好，上帝要毁灭一个人，必先使他疯狂。——日本当年侵华军阀在自我毁灭之前，所发的那股疯劲，若非抗战过来人亲见亲闻，真难以想象也。——言归正传，让我们再看看，当年日本侵华目标的下限和上限。

日本侵华的底线和极限

上节已提到，当西义显于一九三七年秋奉松冈洋右之命返东京报告，东京当权各派对蒋、汪的反应是参差不齐的。我们也曾分析过这些日方派别，其处理对华军政大事虽方法不同，但大原则则是完全一致的。

我们不妨先看看它们有多少派别和什么原则：

从总的说来，它们当权的大致有"政府"与"军部"两大派。政府那就是以五相组成的内阁了。在一九三六年"二二六政变"之后，"内阁"的权力是远不如"军部"了，但是在体制上内阁毕竟是向外代表日本帝国的。办对华外交，不能不有其原则和政策。"二二六政变"后出任"首相"（内阁总理大臣）兼"外相"的是广田弘毅（一八七八——九四八）。他于一九三五年为对华外交制定了所谓"广田三原则"。一九三七年"七七事变"前，近卫文麿（一八九一——九四五）代广田为首相，而广田仍连任外相，对华政策不变。因此，"广田三原则"也就变成"近卫三原则"了。

近卫三原则是个什么东西呢？它是：一、中日"满"经济合作；二、承认"满洲国"；三、共同反共。其实这"三原则"的一、三两项都是不着边际、可伸可缩的空话。在其后中日交涉中也时有变易。唯独第二条"承认'满洲国'"，日本政府（乃至所有该国朝野任何派系）都是向我坚决要求，半寸不让的——这是"九一八"以后，日本各派对华要求的"底线"，是它们全民一致的。

日本政府和人民坚持这条侵华底线的道理很简单。我们这片储存有"无限宝藏"的整块膏腴之地，其面积是日本本土的一倍以上，而其他自然资源，就不知多少倍了。

朋友，容易了解吧。当年日本那条小饿狼，咬上这块大肥肉，你不打死它，它怎能自动吐出呢？——那时它另外两个小从犯、小强盗，德、意两国，对日本是多么羡慕啊。

以上是日本侵华的"底线"，它们也各有不同的"上限"呢。那时日本"政府"对华要求的"上限"，则是凡经日军占领了的城池疆土，中国政府如要收回，还得另外割地赔款，才能谈和呢！你是"战败国"嘛。

日本对当年侵华战争，自名曰"圣战"，曰"膺惩"。——我们有眼不识泰山，得罪了它们，所以它们要"惩罚"我们，要打得我全民皮开肉绽才过瘾！

以上是日本"政府"对我要求的上、下限。

西化后的日本民族

至于日本"军部"的运作，那就治丝益棼，更是一言难尽了。

日本军人自藩幕时代开始便是个职业化、封建化的封闭集团。他们士为知己者死，各级官佐原都是勇于内战、各为其主的所谓"藩士"。明治废藩之后，他们就直接效忠天皇了。——日本明治维新是和普鲁士统一德意志同时的。两者封建背景极为相似，其职业军人效忠皇室的精神亦复相同，德国现代化的过程和日本西化的过程更是如出一辙——而日本西化又是以德国为模式的。时不旋踵，日本也就变成东方的德意志了。

以最客观、最公正的态度讲授世界现代史，我们实在不能不承认德、日两民族是现代世界上，最有效率、最有组织、最彻底、最勤劳刻苦、最忠君爱国和最讲求卫生清洁的两个民族。——不是过誉吧！

我们呢？朋友，我们和他们恰好相反！不用细说了。我想读者们是不会骂我崇洋媚外，自贬我伟大传统文明之身价的。——正因为这种鲜明的对照，百年前甲午战败之后，我民族对日本真是诚心诚意地"服输"。——对日本战胜、我们战败毫无怨言，并派遣千万文武青年，东渡取经。当年归国的留日学生，可说无一人无崇日之心。其中崇日崇得最标准的归国留学生，恐怕就是蒋中正先生了——蒋公一生恨死俄国，厌死美国，最崇拜德、日！

笔者愧为"天子门生"，对先师做此评论，以质诸"天子近臣"，我想不会有人反对吧。像蒋公这样彻底崇日的中国领袖，他何以又要领导全民抗日到底呢？日本人在战时，除不以他"为交涉对象"之外，某次竟集中飞机九十架，务必炸死他一人，这又所为何来呢？——这就不能怪我们的民族英雄蒋介石，而要归罪于那个万恶不赦的日本帝国主义了。

日本以那样一个可敬的民族，何以一下就变成这样可恨的魔鬼呢？原来有其长者，必有其短；走极端的个人和民族，可以为善，也可以作恶啊，德国佬还不是一样吗？所以我们的孔圣人教导我们走中庸之道呢。——这就是我们的固有文化了，颟顸一点也是庸人有福啊。

日本这个东方封建小国，自从在一八五三年七月被美国海军司令培理（Commodore Matthew C.Perry）打开大门，到一九四五年八月重光葵上密苏里舰向麦帅签降，这一百年间，可说做了一场文化噩梦。——它在西化途中"走火入魔"，做了第一个，也是唯一的一个黄色帝国主义。

半封建的日本军部

谈到日本"军部"，我们稍有历史常识的人都知道，日本侵华期间，他们的军部和"统帅权"是抓在中间阶层官佐，从少佐（少校）到少将，所谓"少壮军人"之手。——在抗战期间我们如提到"日本少壮军人"，真是谈虎色变。在我们被侵略者的印象里，他们都是一群红眉毛绿眼睛、杀人不眨眼、茹毛饮血的魔鬼！试问：

制造伪满洲国的阴谋家杀人犯，不是他们？

在华北率领日韩浪人、中国汉奸横行无忌的，不是他们？

在卢沟桥、廊坊、广安门，横眉竖目的，不是他们？

在南京杀我军民三十余万，强奸我妇女数万人的，不是他们？

把我重庆炸成一片火海，血肉狼藉的，不是他们？

在香港集体强奸，被我护士誓死反抗剪断生殖器的，不是他们？

在陷区我们要向其做九十度鞠躬的那威武哨兵，不是他们？

……不是他们？

……不是他们？

——罄竹难书呢！

面对这样暴虐惨酷的侵略军，你说他们也是人类？

可是在历史书里，日本的"少壮军人"，却有其双重人格呢！且看他们在他们自己"转型期"社会里，所扮演的角色：

在封建藩幕时代，尤其是有名的"长州派"（今日本山口县）和"萨摩派"（今日本鹿儿岛县），他们是一种封建社会里的"义薄云天"的侠客。我国《史记》里面的荆轲、聂政、豫让，三国里面的关张赵马黄，小说书里的林冲、李逵和大刀王五。笔者在纪念甲午拙作中提出的伊东佑亨、东乡平八郎，都是"萨摩藩士"出身。——侠客在东方封建社会里，至少不算是坏人嘛。

这种"藩士"到明治时代，他们就变成日本新建现代陆海军的中坚了。长州派掌握了陆军，萨摩派包办了海军。因此在这一"转型期"中的日本陆海军，一开头就半东半西、半封建半现代了。——对内如关、张之对刘备，那是赤胆忠心的；对外那就"壮志饥餐胡虏肉，笑谈渴饮匈奴血"了。甲午战争时，你看伊东偷袭我"高升号"，射杀落水我军七百人。再看日军攻下我旅顺，实行屠城，把全城老幼数万人，杀得只剩下十余人。这两起大屠杀和后来的"南京大屠杀"一样，"捷报"传入三岛时，日本人民欢欣鼓舞，举国若狂呢！——所以日本这种用现代武器的封建军阀，一开头便是他们国内的英雄，国外的魔鬼！

到昭和时代，日本四岛由于大搞资本主义，大发战争财，国内一致向钱看。政党与财阀相勾结，纸醉金迷，贪污腐化，把日本社会弄得乌烟瘴气——这原是经济起飞社会的通病。但在他们社会中搞除暴安良，正气昂然的"侠客"们，就对此义愤填膺了。他们要杀尽那些颟顸的元老重臣、政党头头。关闭所有有靡靡之音的卡拉OK、娼馆妓寮，恢复王道社会、武士精神……这一来小撮星星之火，终成燎原之势。这一自发的群众运动，原自尉级军官、士官学生开始，蔓延及于少佐、中佐，乃至大佐、少将，终至形成一个可怕的"少壮军人"的集团。老头们或被赶尽杀绝，或则退避三舍，或者乘机利用，壮大自己——如此则昭和之军政便在少壮军人掌握中矣。至一九三六年二月二十六日，政变一起，日本便是少壮军人的天下了。对内，他们以激进改革派姿态出现；对外，尤其是对华，就要重振国威，加强侵略了。这一下，则"九一八""一•二八"《塘沽协定》《何梅协定》"七七""八一三""南京大屠杀"，就次第出现了——最后要搞到中国只剩个地理名词。

其立国也小有才，不明君子之大道也

就在这不断侵略声中，日本"政府"之内，广田外相与近卫首相就意见不一而无法协调，如此则不但我方蒋汪二公乱了手脚，连德国的希特勒（希魔原也希望中日和解一致抗苏的）和德国外交部、德国驻日大使狄克森、驻华大使陶德曼也不知所措，下篇再细论之。

另外，日本"政府"与"军部"也各行其是。政府希望侧重诱蒋，因为蒋有实力；而军部则侧重挖汪，因为中国政府是个双头马车，一马仆则二马不能行，挖出了汪，则蒋自垮，是不战而屈人之兵也。结果双方互不相让，各行其是而互挖墙脚。——在一九三八年及其以后，他们搞出一连串的滑稽剧来，对我方孔祥熙、张群、陈布雷……诱和都各有管道。其后戴笠也插足其间，导演了一套"假凤虚凰"的"假宋子良"的侯宝林式的笑剧来，令人捧腹不止。——读者如不惮烦，我们如有暇，真的娓娓道来，大家会前仰后合的。历史原来比小说有趣。《三国演义》里虚构的故事，哪能比得上《民国全史》里的真人真事？《金陵春梦》《酒畔谈兵录》，凭三分小道消息，做十分瞎扯淡；金雄白的汉奸回忆录，志在自我漂白，居心尤其可诛啊。

再者在日本军部内掌握实权的少壮军人，则南进、北进，海陆两军亦互不相让。至于对华作战，得寸进尺，"捷报频传"，则前线"君命有所不受"的十分骄纵跋扈的战场指挥官，和后方自命目光远大、以苏为假想敌的参谋作业人员，也各行其是。而指挥官之间又有"关东军""华北驻屯军""（总部驻南京的）中国派遣军"和"华南派遣军"等山头，谁也不听谁指挥。大家都是主子，相互嫉忌。中国汉奸要做日本主子的奴才，也不容易做啊！所以周佛海时常自炫日本人要杀他。他不也是帮日本主子毒死李士群吗？

汉奸周佛海和汪副总裁的悲剧，是他们在日本这堆乱草之中，碰到只在纸上搞参谋作业的一条小蛇，而误以为它是一条可以行云落雨的大龙。结果双方都不知彼、不知己。从私欲出发。最后一方毁己误国，另一方遗臭万年，读史者能不慨然？

总结本篇：我们可以肯定，日本侵华百年，是它全民族一致的政治行为。不能只归罪于少数政客和若干少壮军人。至于它全民族何以忽然发生如此一致的侵略行为，那实在是它由东转西，由封建转现代过程中的走火入魔。至于走火入魔，走得如此疯狂，疯狂到南京大屠杀的绝灭人性的程度，而能举国和之，从不忏悔。这就是日本文明中有其若干基本问题了。

恕我大胆地假设一下，那就是传统的日本文明原是自大陆东传的"边缘文明"。他们那种视死如归、集体切腹（胡适所恭维的所谓"轻死的精神"）如大文学家三岛由纪夫所干的那一套，在我们中华文化里，只是出现于"游侠列传"或青洪帮、瓦岗寨里面的东西。不是我们雍容大度，言忠信、行笃敬，己所不欲、勿施于人的东方文明的正统呢！——以他们那一套为立国精神，那就是边缘文化了。

笔者在不同的拙著里也曾不断地强调，近代的中欧德国，所搞那一套霸道的纳粹主义，也是西方文明中的"边缘文化"。——其进锐者，其退速。骤雨不终日。宁馨儿，终不若大智若愚者之有慧根也。

孟子曰："其为人也小有才，未闻君子之大道也。"对个体如此，立国亦何尝不然？为百年大计千年远景，不才深愿现代政治家和有心的读者共勉之，毋再蹈日本帝国主义与汪伪之覆辙。

使中国全土"满洲化"的和战经纬
——"汪精卫投敌始末"之三

唐德刚

在我国传统史学上，有一个最令人伤脑筋的名词，叫作"边患"。我们边患最大的特点便是北方草原上的游牧民族和我们耕田种地的农业民族过不去。游牧民族骑马，咱步行。步行的人斗不过骑马的人。——我们行动迟缓，只能守、不能攻；而守也只是"守株待兔"，挨打、挨揍。他们飘忽不定，来去无踪。动不动就窜入我国境，掳走了我们的老婆孩子，烧掉我们的庐舍，抢去我们的财产。这在我国传统历史上，谓之胡人"扰边"。扰得我们防不胜防，伤透脑筋。因此我们的"爱国领袖"，尤其是秦始皇，想起个最笨的办法来对付他们——筑一条"万里长城"。我可随时开城出击，来他个"步行夺得胡马骑"！你骑着马，咱关着门，你却不能跳墙而入。这办法虽笨，但十分理想有效。所以我们祖宗的长城一筑两千年未废。

这种在我"塞外"扰边的少数民族，从黄帝时代的蚩尤开始，经过无数戎狄、匈奴、鲜卑、羯氐、契丹、女真、蒙古、满洲……到十七世纪才东来的俄罗斯；二十世纪三十年代攻入我（长城）古北口、喜峰口的日本"关东军"——前后大致有数十种之多。斯拉夫族（俄国人）和倭族或大和族（日本人）则是在塞外扰边的最后两族"胡人"罢了。

不能"入主中原"，企图肢解上国

这种扰边扰得最久最凶的边疆民族应该是匈奴人。他们自称"匈"（Hun）人，汉朝皇帝给他加个"奴"字，就变成"匈奴"了。这匈、华两邦隔着条长城，斗了数百年（有人说千年以上）。结果安土重迁的"汉"人战胜，吸收了"南匈奴"，"北匈奴"战败西逃。《汉书》上说他们"不知所终"——其实他们是逃往欧洲。把欧洲也弄得天翻地覆。东罗马为之割地赔款，奉献所谓"匈金"（Huns Gold），以求和解。今日匈牙利人就显然还有东方匈族的血统。笔者为此，一次特地约了两个匈牙利裔学生餐叙，与他们就体型和语言文字、风俗习惯盘道甚久——颇觉这是一篇博士论文的好题目、好素材。

匈人始终未能突入长城，"入主中原"。我国史上第一个入主中原的北方少数民族，应该是鲜卑人。《三字经》上说，"北元魏、分东西；宇文周、与高齐"。事实上，我国隋唐的皇族都有鲜卑血统，民间更无论矣。北魏鲜卑族国势之盛，连东亚满蒙以北地区，至今仍叫"Siberia"，汉文误译为"西伯利亚"，其正确译名应是"鲜卑利亚"也。"利亚"（-lia或-ria）或"尼亚"（-nia）原为西、北亚某些方言中疆土之意也。一般发音把拉丁字母"L、N、R"三音混淆者，非我长江流域居民所独有也。

鲜卑之外，其后契丹人（京戏"四郎探母"中的铁镜公主和萧太后就是契丹人）也有志中原而未逞，然辽帝国当时也盛极一时。俄国人乃至许多东北欧人，至今还把中国叫作"契丹"（Kitai或Cathay）。俄国人后来占领了西伯利亚，所占的便是"契丹的疆土"。——赫鲁晓夫说，长城以南才是"契丹的疆土"，岂不自打嘴巴？

其后蒙古、满洲两个边疆少数民族，扶老携幼，搬进长城，入主中原，建立了元、清二朝，我国现代政治家和历史家，还不是视为当然。——皇天后土，有德者居之嘛。"天无二日、民无二王"的宇宙大帝国，原是咱东方政治老传统。"王"和"日"之下，大家众生平等，为什么只有"汉"人才能做全民之"王"呢？！——已故的费正清教授生前就常把"大清王朝"，说成中国的"外来政权"（Foreign Dynasty），吾东方史家不谓然也。我们认为清朝是我国正统王朝之一，并且在不同的拙著里，笔者也一再肯定，清朝政绩在所谓正统王朝汉唐明之上呢。

抗战时期，日本乃师事西方白色帝国主义，来搞肢解中国的勾当了。（白人不是早已肢解了"奥斯曼大帝国"，也肢解了印度——丘吉尔不就始终认定"印度"只是个"地理名词"？）可是它们搞肢解中国的把戏，却又因为学理矛盾，说起话来，心虚脸红，而又"终战"心切，因此在战争初起时，近卫内阁央请德国居中向我诱和时，竟搞出所谓"忘记了承认满洲国"的一条大乌龙来。害人害己，贻笑史册。

是谁"忘记了"承认"满洲国"呢？——这个"谁"至今还是个

"历史悬案"！荒唐滑稽，也可耻可笑。今且先从它的战争背景说起：

惨烈的"上海之战"

原来在"八一三"沪战爆发之后，敌我双方在上海一地渐次投入最精锐的部队竟至百万以上。战火升级，我方将士伤亡，平均每日均在五千人上下。有时整连整营全部战死而不让寸土。我第二十一集团军远自广西赶来增援，时未竟日，旅长六人便三死两伤。其时我皖省保安部队，亦奉命改编，开往上海前线，投入火海之中。不数日也是旅长以下几乎全旅皆亡。"八一四"之后我青年空军亦奉命出击。京沪晴空，万目所仰，双方搏斗之激烈，也国史所未见。黄浦江上，受伤我机，在众目睽睽之下，万众惊呼声中，撞上敌舰……。朋友，这不是战争电影。那是黄浦滩头，高楼顶上，万目共睹的大战实况！

总之，沪战期间我军反击之惨烈，实世界战史上所鲜见。比诸二次大战中，最激烈的美日硫黄岛之役（Battle of Iwo Jima），且有过之——硫黄岛之战七万美军进攻，死伤率为三分之一。两万日军死守，死伤率为百分之九十五。双方总死伤三万余人；恶战为时亦未逾月。沪战十周。我守军七十万人，死伤率约百分之五十，超过三十万人。进攻日军约三十万，死伤四万余，战死亦近万人。亦是日军自日俄战争后，最惨重的损失。

"硫黄岛之战"使美国对入侵日本本土之战略计划，重加考虑。"上海之战"也使日本近卫内阁对侵华战争，不敢掉以轻心。它急于要"终战"，要把"中国事件""就地解决"。但是近卫先生这位岛国首相，又没有气魄。近卫要终战，却婆婆妈妈要以"战胜国"自居，逼中国来个"城下之盟"——要蒋介石服输，割地赔款。谁知我政府此时态度强硬，不加理会。而国联却正于此时（十月十五日）通电召集一九二二年华盛顿会议时签订的《九国公约》签字国，与后来补签者共十九国，于比京布鲁塞尔集会商讨日本侵华之"违约"问题。意大利已接受邀请，拟按期赴会。德国政府正在两可之间，举棋未定。——这一来日本近卫内阁慌了手脚。它一面力拒比京之会；另一面又图尽力说服德国也拒绝参加，并央请德国对中日之战居间调停，庶几中日可直接谈判，以免在比京对质之难堪也。这样便搞出了抗战初期，所谓"陶德曼调停"那段小插曲来。

"陶德曼调停"中的近卫七条

因此，正当国际联盟龟行蜗步地召开九国会议之时，近卫乃抢先一步，于十月底报请德国驻日大使狄克森（Herbert von Dirksen）电请德国外交部长牛赖特（Baron Konstantin von Neurath），转呈希特勒认可之后，再电令德国驻华大使陶德曼（Oskar P.Trautmann），直接与蒋介石接触，并提出日本所要求之条件，居中调停中日之战。根据后来狄克森向牛赖特于十一月三日所发的密电，当时近卫文麿向蒋公提出的条件，共有七项，简列如下：

一、内蒙古设立与外蒙古相同之自治政府；

二、平津铁路沿线及以南地区设非军事区，由中方管理（双方立约后，华北全部行政由南京主持，但需委派亲日长官）；

三、上海附近建较大非军事区，由国际警察管制；

四、停止反日政策并修改教科书；

五、共同反共，然不抵触《中苏友好条约》；

六、减低对日本货物关税；

七、尊重外侨权利。

（见《德国驻日大使狄克森致德国外交部》，第三四五号《密电》，急，一九三七年十一月三日上午五时，发于东京。）

这份密电显然是经过希特勒认可的。牛赖特乃迅即转给陶德曼。陶德曼立刻转给中国政府。两天之后，十一月五日蒋公便在南京亲自接见了陶氏。这次蒋陶密谈，在座的只有财政部长孔祥熙一人——未几孔氏便继蒋在汉口出任行政院院长。

按当时实际情况来看，正如狄克森所说，"这些条件是很温和的，南京可以接受而不失面子。"（见同上）——事实上，这个近卫七条（我们或可名之曰"近卫前七条"），与蒋公对日政策的底线，所谓"恢复七七事变以前状态"，亦相去不远。蒋之所以未能立刻答应者，盖基于如下数种顾虑：

第一，当时沪战正烈，将士前仆后继，死人如麻。这时后方如突然传出和谈，势必影响民心士气，政府不可不慎也。

第二，布鲁塞尔《九国公约》之会，也正在缓缓上演，我方正企盼国际力量制裁侵略者。如今值此紧要关头，我方忽然自动与侵略者媾和，对国联及其他"签约国"如何交代？

第三，或许也是最重要的一点，蒋公认为日本军政两造，皆诡谲多变，不重然诺。所谓温和七条，安知非甘言诱骗我方，共同破坏比京之会哉。——后来事实证明，日方企图确是如此。

因此，蒋公在疑信参半之间，乃召集留京将领顾祝同、唐生智、白崇禧、徐永昌等咨询意见。众将官咸认条件温和，足可做和谈"基础"。纵是主战最力的桂系巨头白崇禧也说，"只是如此条件，那么为何打仗？"（见汪精卫于一九三九年三月廿七日给国民党中央的公开电报《举一个例》）蒋公乃依众议，以原件转武汉由"国防最高会议"公议裁决。——蒋公原是该会的法定主席。如今蒋公既忙于军事指挥，未能赶往武汉亲自主持，遂由汪精卫代行主席职务。

民国二十六年（一九三七）十二月六日，上午九时，汪精卫便在汉口中央银行，召集了"国防最高会议第五十四次常务委员会议"。出席常委有于右任、居正、孔祥熙、何应钦四人。列席有陈果夫、立夫兄弟及陈布雷、翁文灏、徐堪、徐谟、邵力子、董显光等八人。秘书长为张群，秘书主任则曾仲鸣也。大会在了解上述实际情况之后，自然也就一致同意蒋的愿望，并由中国外交部正式行文予陶德曼，答应由德国居间，调解中日之战，并以近卫所提的上述"七条"为"谈判基础"。——陶德曼得讯也大喜过望。迭电柏林自觉他致力调停中日之战前途至为乐观。

是"忽略"还是"谋略"？

后来汪精卫叛离重庆去组织其伪政府时，曾把上述这份绝密的会议记录公开，来"举例"证明，主张对日和谈的并非他汪某一人。蒋公和诸将领以及参加此次会议的国民党高层领袖，也都是主张对日谋和的——汪精卫既然"举一个例"，他这一个"例"，此后也被无数作家，尤其是左翼反蒋作家，"举"了下去以至今日，作为蒋介石在抗日期间对日暗中求和的铁证。

如今五十多年过去了，我们写历史的人再把当初的关键史料翻出来细查一下。我们发现这"近卫七条"之内，缺少了日本政府和军部一向所最坚持、最热衷的几项要求呢！例如：

一、缺掉要求南京承认"满洲国"；

二、缺掉要求在中国内地驻兵；

三、缺掉要求另加的割地赔款；

四、缺掉要求日侨在内地杂居……

这些都是当年日本人对华，曲不离口的坚决要求，几乎到半寸不让的程度。何以在这次由日本内阁正式提出，通过希特勒和德国外交管道向中国摊牌时，反而一笔勾销，致使白崇禧亦有"何必打仗"之叹，究竟内含何种玄机呢？——是近卫首相向狄克森递送上述"七条"时，"忽略"了他原有的基本要求呢？还是他故意要弄日本式的外交"谋略"，且把蒋介石诱到和谈桌上再说，以后再重行提出呢？

就在这玄机莫测，疑信参半的紧急关头，我政府中有最高决策权的汪、蒋二公，就一信一疑了——汪公坚信这是日本政府在急于终战谋和的局面之下，近卫首相之诚恳的表现，我方自应做诚恳的反应。蒋公则存疑。他认为日本军阀官僚均诡谲不可信。因此纵使我方以"近卫七条"做"谈判基础"，我们也得把德国拉进来作为担保。因为日本对蒋介石可以随时毁约食言，但是若有希特勒那个小胡子出面做中间人，日本小鬼就要三思而后行了。

就当陶德曼还在向德国外交部报告交涉情况时，日本主力援军已于十一月五日在我杭州湾（金山卫）登陆，我上海前线腹背受敌。我大军在被迫后撤时秩序难免混乱。追击的日军自皖南广德包抄，向南京合围。时未经月，我首都已兵临城下。——这时蒋公尚在围城之中，指挥军事，无暇顾及外交，而主政武汉的汪、孔诸公对外交也不敢擅自做主。加以陶德曼与柏林及东京间的电报磋商亦往返需时……迨敌军于十二月十三日攻陷我首都，实行大屠杀，我方武力抵抗，似乎已被敌军摧毁无遗，而比京的谴日之会议亦早已结束。国际联盟与《九国公约》缔约国，对日本违约乱纪未做严厉制裁，甚至连日军在南京所犯的屠杀强奸之罪行，也未能稍加谴责。——这样一来，日本政府与军部的气焰，就不可一世了。

读者知否？就在这"南京大屠杀"，伏尸三十余万，我数万无辜的妇女儿童，被一批入侵的野兽魔鬼强奸残杀的惨烈哀号声中，日本全民则正在举国若狂地庆祝他们侵华的胜利呢！

朋友，我们生为中华儿女——纵使是异种异族的中立国人士——当年目睹斯情，今日读史回忆，稍有心肝，能不叹息流涕？目前且任凭日帝余孽，不顾铁证如山而谰言抵赖！——吾侪幸存华裔，午夜扪思，真何以为人？此即今日海外华族，对日索赔运动，如火燎原之良心背景也。

就在当年"南京大屠杀"的腥风血雨之中，日本政府以战胜国自居，就把上述它们自提的"近卫七条"一把撕掉；另提全套亡国条件，再次通过狄克森—牛赖特—陶德曼的德国管道，限令我国于一九三七年年底（也就是"南京大屠杀"的最高潮期），屈膝投降！

日本要把中国全土"满洲化"

一九三七年十二月二十三日，当日军在南京奸掳焚杀，如疯若狂之时，日本广田外相在东京再度约见德国驻日大使狄克森，请其立电时在武汉的陶德曼，转知中国政府日本新提的对华四项"基本要求"。内容简列如下：

一、日"满"华三国联合反共；

二、在中国境内必要地区建立非军事区和特殊政权（或译特殊机构）；

三、日"满"华缔结经济合作协定；

四、中国偿付日本所要求的赔款。

这四项包罗一切，却含糊其词的"基本要求"，广田要德国人转告中国政府在十二月底以前明确接受，并于限定期内派遣代表到日本所指定的地点"直接谈判"。在谈判期间,日军进攻仍当继续,直至双方和约正式签订为止。在军事行动尚未终止之时,日本对华要求仍将随战局扩大而加剧。

至于这四条的详细内容,广田对狄克森也有所说明,但他警告德国政府"绝不让中国知道"。(见同上狄克森于十二月二十三日致牛赖特第四一〇号密电)

广田说四条中的第一条是要中国承认"满洲国",并暗喻中方废止《中苏协定》,参加日德意反共公约。第二条是,日本所制造的华北自治政府将来不属于南京中央政府,虽然中国可继续对华北享有宗主权。另外在长江流域也设立一非军事区。至于赔款,中国不但要赔偿日本军费、损失费,还要赔偿日本驻华占领军的占领费……这些都是经过日本天皇批准了的"有约束力的日本官方文件",形同"最后通牒"(陶德曼语),没有修改的余地。

另据狄克森所获得的日本情报,由于日本军方和实业界的压力,内阁中人且有认为上述条件太温和了呢!"他们希望这些条件为中国拒绝,以便可以贯彻对蒋介石进行歼灭战。"事实上,日本军方为胜利冲昏头脑,这时"已经预备好占领中国的具体方案,将中国全土使之'满洲化'。对华问题已脱离了外务省。在军部势力之下,组织了兴亚院,由它来管理中国问题"。(见重光葵回忆录,第五章第六节。译文节自中文版。)

狄克森、牛赖特、陶德曼这一伙德国外交官,都认为日本人太过分了,这些条件太苛刻了,中国不可能接受。因此,他们也认为德国调停无益。但是做个"递信员",他们还是把日本开列的"基本条件"递给中国了。此时狄克森也曾问过广田,日本让他递送的两次条件,为何前宽后紧,相互矛盾,自食其言?广田支吾其词,只说是战争形势不同而改变了条件。另外,却利用日本媒体及宣传机构加以侧面掩盖说是上述"近卫七条",在传递过程中把"承认'满洲国'"诸条忘记了、遗漏了。这分明是低级的撒谎,无耻的抵赖。——日本所提的"温和前七条"的真正作用,显然是:(一)抵制布鲁塞尔之会,故作日中直接谈判之姿态;(二)把蒋介石骗上和谈桌再说。因此布会一过,日军再攻克南京,它们就露出真面目了。

日本既露出真面目,对我方蒋公来说,自然有"不出所料"之感。因此对"抗战到底"的决策,就更要坚持。对汪公来说,那就反应复杂了。显然地,他认为日本既决定把"中国全土满洲化",在中国有资格做"溥仪"的,只有他汪兆铭一人,因此他就要做溥仪第二了。

我们写历史的人,今日翻遍史料,我们发现汪之可鄙,是他在后来投敌之时,为自我掩盖,发表了《举一个例》。但是他只举近卫"前七条",而不举广田"后四条",这就是居心可诛的大汉奸了。

日本对华外交中的小手脚

其实当年日本人办对华外交(如"二十一条"和"九一八"交涉期间),耍这种技巧十分拙劣的小赖皮勾当,是史不绝书,没啥稀奇的。只有那些老实头德国人,对他们这小手腕才感觉意外。广田所搞的什么"广田三原则",便是个笨拙而可笑的例子。

笔者在上篇曾提到"广田对华三原则"中的第二条是"中国承认'满洲国'"。可是读者如试翻一般中日史书,便可看到所谓广田三原则者,只是:日中亲善、经济合作、共同反共。哪有什么承认"满洲国"呢?——这就是笔者所说的当年日本人办对华外交中的"小手脚"了。

　　这三原则原是民国二十四年（一九三五）广田外相向我驻日大使蒋作宾提出的。原文说得啰啰唆唆（日文本来就是一种啰唆文字）。简而言之，第二条就变成"实现中日'满'在华北之合作（包括中国承认'满洲国'）"。再把这一句去掉"包括"的内容，缩短成四个字，读起来很抽象，像一条"原则"，就变成中日是"经济合作"了。——这种把最重要内容，放在最不起眼的地方，来蒙混过关，在我们华中方言里，叫作"打马虎眼"。

　　广田要打我们马虎眼的目的盖有二端：第一，南京如承认这"三原则"，那么"承认'满洲国'"的问题，也就跟着蒙混过关了。第二是香蕉帝国主义没白色帝国主义搞"白人的负担"（White Man's Burden）那种尊贵的借口。它强占了中国的东四省，这种强盗行为说起来多少有些脸红，但又故作镇静，内荏而色厉——譬如说"满洲国"本是独立的嘛，何必要你中国来"承认"呢。可是你如能主动承认，自然是受到帝国欢迎的，因为那是对日"满"华共同开发"华北经济"的互利行为嘛。

　　广田先生这种欲语还休的吞吞吐吐说法，当年日本同盟社替他发向世界的新闻稿，就侧重"经济合作"那抽象的一半，而隐没了"承认'满洲国'"那具体的一半。我们今日写历史，则颠倒其次序而书之。具体的"承认'满洲国'"才是广田外相的原意。"经济合作"只是烟幕弹而已。写历史的人要记录下来的应该是历史的本质而不是历史的烟幕。

　　明乎此，我们就可以解答上述的日本"前七条"和后四条"基本要求"，何以前宽后紧，何以前后矛盾了。——其实，在后四条"基本要求"中，它表面上还是不提"承认满洲国"这一条，但暗地向德国强调"承认'满洲国'"才是它最基本的"基本要求"呢。（见同上狄克森、牛赖特、陶德曼间之密电）

不以国民政府为交涉对象

日本这些出尔反尔的条件是太苛刻了。那位旁观者清的陶德曼大使自始至终便觉得，"假如在南京陷落之后，日本对中国提出屈辱的条件，没有一个政府能接受那些条件。"（见同上"陶德曼致德国外交部"，一九三七年十二月十三日密电）

在这些条件被提出之后，孔祥熙也说，"日本现在提出了可以说无所不包的条件。日本也许要求十个特殊政权和十个非军事区。没有人能够接受这样的条件。"（见同上十二月二十四日密电）

但是日本人既然已经提出了，可怜见的中国政府，不得不加以拒绝，但又不敢明言拒绝，还是由外交部长王宠惠请陶德曼大使婉转代为陈说，中方并非拒绝日本的"基本要求"，只是日方这些要求太笼统也太抽象，中国政府无所适从，还是请日方明确列出具体内容，我们才能提出具体方案来。

王宠惠这项答复是一九三八年一月十三日送给陶德曼的。东京得讯，十六日近卫就发出他那历史上有名的"近卫第一次声明"。在这次声明里，日本政府自此就不以（蒋介石的）"国民政府"，作为将来"中日交涉的对象"了。——近卫自认他这一记对华声明，是比正式对华宣战更要坚决的"宣战书"。因而他在日本国会做正式报告时，也得到日本国会全体议员热烈的鼓掌欢呼，誓为后盾！（见重光葵回忆录）

近卫既然与我正式绝交，双方大使也就下旗归国了。我国驻日大使安徽人许世英（号静仁），是笔者先祖和先岳的好友。在他归国途中，"破浪乘风过马关，春帆楼外夕阳殷……"触景生情感慨良多。——春帆楼也是"我们安徽"（胡适之先生省籍情结的口头禅）李鸿章与日本订那丧权辱国的《马关条约》的地方。静仁老后来还把这首感时诗写了个条幅给我保存。也可说是一项历史文物，珍贵无比。

这时日本驻华大使川越茂，"下旗"之后，便不用"归国"了。我国既然已变成彼国的新殖民地，川越就留在上海等候东京的"另有任用"了。

（作者附注：王世杰先生曾告诉我一个小故事。后来陶德曼下旗归国时是王世杰送他上飞机的。战后王在柏林参加外长会议。一次在柏林街上见到一位德国老叫花，遥远地叫他王博士。王好奇地把他叫来一问，原来是陶德曼。这时老陶衣衫褴褛，于思满腮，老得不成个人形。他因阖家生计艰难，想向老友王外长讨两条"美国香烟"，到黑市贩卖以养妻儿。王后来送他两条"白锡包"。——这时前德军参谋总长也在替美军小兵修吉普车为生。德国佬拿得起，也放得下。他们屠杀犹太人，杀得很彻底；他们后来向犹太人赔偿，也赔得很彻底，不像日本人那种小器鬼。）

早期的日制伪组织

"不以国民政府为交涉对象"，第二步怎么办？日本人如有种，那么有蒙古、满洲之先例在——"入主中原"。

无胆入主中原，怎么办？那就搞"中国全土满洲化"，成立第二"满洲国"。

成立第二"满洲国"，首先得找个溥仪。但是溥仪何人？你别小看亨利（溥仪的洋名）那副癞样子，红胡大盗张作霖大元帅曾在天津向他当街下跪。——这位康德皇帝，全世界再找不到第二个！

退而求其次，找吴佩孚。可是熟读四书五经的吴秀才，酸味熏人。比蒋介石更难缠——他要日本先撤兵，秀才后出山。

不得已再求其次。找袁世凯手下的国务总理唐绍仪。唐还没有正式表态，便被戴笠的特工于一九三八年九月三十日一板斧把脑袋劈成两半。（作者附注：关于唐绍仪的最精简也最可靠的传略，读者可参阅哥伦比亚大学所编的《民国史名人传》。唐绍仪是最早期幼童留学的幼童之一，是容闳和孙文的朋友，洋味甚重。他的中文传记，往往语焉不详。）

吴唐以下，他们也想利用一些北洋时代的老军阀、老政客如齐燮元、靳云鹏、汤尔和、王克敏、王揖唐、梁鸿志等数不尽的大小过气人物。但是日方的中国通们也完全了解，这些人只是一堆政治垃圾。他们除掉当汉奸、做日本侵略者的鹰犬之外，起不了丝毫正面作用。

可是随日本占领区逐渐扩大，日军自己管不了，也只好就地寻觅汉奸代理人，不断制造其地方性的伪政权。七七事变之前日人已制造了溥仪的伪满、德王的伪蒙和殷汝耕的冀东伪自治政府。《塘沽协定》和《何梅协定》之后，他们也曾鼓动冀察政务委员会委员长兼河北省主席宋哲元脱离中央。未得逞。

卢沟桥事变后日军占领了北平、天津，日本特务机关便立刻发动当地汉奸组织了"维持会"。一九三七年八月底寺内寿一大将出任日本华北方面军司令，乃着手统一华北各地伪组织，使曾三任北洋政府财政总长和国民政府华北政务委员会代理委员长的老官僚王克敏（一八七三——一九四五），着手组织伪"中华民国临时政府"，供日军驱使。

战火南移，我首都南京弃守之后，日人又觅得失意官僚梁鸿志（一八八二——一九四六）等人，于一九三八年三月底在南京成立伪"维新政府"。稍前并于上海差遣一富商傅式说组织一伪上海大道市政府以做鹰犬。

不幸自"二十一条"（一九一五）以后，日本赤裸裸的对华侵略行为积愤太深。在二十世纪三四十年代可说没一个有自尊心的中国人甘心俯首供日人驱使，甚至连真正的"合作"亦有所不愿。因此倭人这次所遴选的伪职华人如殷汝耕、王克敏、梁鸿志、傅式说等人，均为沦陷区人民所不齿，未陷区军民更恨不得食其肉而寝其皮。因此这些大汉奸在某些特定区域或可充日寇爪牙之使，就全国局面来说，他们纵想做日人的儿皇帝，做刘豫、张邦昌亦难胜任。日方的中国通都是有相当火候之人，他们也深感在陷区中国要找个儿皇帝，亦有不得其人之苦。

伪组织终不敌正组织

再者，在这场民族战争里，邪不压正。当上述这些"伪组织"相继出现时，一些特殊的"正"组织，也正应运而生。甚至如雨后春笋，足使那些局处于大城市之中，敌骑卵翼之下的伪组织，号令不出郭门。

那时国军的正规部队是被敌军打得一败涂地了，但是我地方政府和省级武装所谓"保安队"和少数正规军，仍奉命留在"敌后"的广大农村，尤其是山区，继续抗战，例如河北省主席鹿钟麟、山东省主席沈鸿烈、江苏省主席韩德勤、安徽省主席廖磊，他们都拥众数万乃至数十万。虽然他们的省会（如保定、济南、镇江、安庆等）都被日军占领了，但是他们在各该省区内仍旧发号施令，抽税征夫，来去自如。日本人对他们毫无办法，他们对日军亦毫无畏惧。

阎锡山通敌而不当汉奸

最滑稽的则是山西省的阎锡山。阎那时是第二战区司令长官兼山西省主席。他所指挥的数十万大军被敌军打得如秋风之扫落叶，但是阎老西这个山西王、地头蛇却打死不离战场。他的省会太原和境内名城如大同、娘子关、汾阳、太谷（孔祥熙老家）、洪洞（苏三起解的地方）都被日军占领了，可是阎率领他的那些晋绥军残部和小部"中央军"，却躲在（太行山、中条山等）深山大泽之中与敌人周旋到底。敌军也奈何他不得。

阎老西毕竟足智多谋，更是诡计多端。他看准了蒋阎日这桌麻将，要赌奸、赌猾；却不能按牌理出牌。他乃决定勾结日寇、向蒋摊牌以自保。——日本当然也知道他是条老狐狸，因此也就特设"狸工作"机关，来勾引他投日。

日本人不能毁灭阎锡山，因为老阎毕竟还有十万大军，其中亦不乏志士、死士。困兽之斗，未可小视。

抗战初中期山陕地区，情况复杂。敌军虽侵入山西，尽占点线，然亦进退维谷，攻守两难。阎锡山老谋深算，声东击西，一场麻将，通吃三家。——为重庆外御强寇，他就要向蒋公，既要粮弹，又要救兵了。对付日军的"狸工作"，他也表示愿意公开投敌，只要日方在战略及膏腴地区撤兵，并充分供给粮饷（每月伪储备券一千万日元）；接济弹械（足够装备三十团晋绥军），老阎便可公开叛蒋，一九三九年起，阎日两方竟在临汾、汾阳、太原等地公开谈判。最后阎锡山且不惜抛头露面，亲自出马，与日本山西派遣军司令官岩松义雄、华北方面军参谋长安达、山西派遣军参谋长花谷正等杯酒聊欢，合影留念。（参阅《日阎勾结实录》）

阎锡山所以胆敢如此者，除通吃三家的牌术高明之外，雄厚"赌本"亦是基本要素也。牌桌上三家和中苏两政府均不愿为渊驱鱼。阎老西拉一派、打一派的政治策略就大大地派上用场了。

最可笑的还是日本的"狸工作"。狸工作愈紧张，老狐狸之口则开得愈大。狸工作者不惜填满老狸无穷之欲壑，但求阎老西也能拍发一纸"艳电"。一电既出，则黄金万两，毛瑟千支，岂在话下。

可是阎老西又何惜一纸电文，秘书拟个稿，半小时之事耳。但是电文发出，黄金不来，弹械无踪，山西票号，经验丰富，能上此大当？——你如不出钱，我就不发电。显然，日方狸工作者也深知票号作风。白送黄金，不见电报，皇军岂不面子扫地？但是归还若干城池以示诚意，应邀阎公激赏吧。谁知日军在孝义以西若干据点自动撤退之后，晋绥军接管时竟枪炮连天，"捷报频传""收复失地"，弄得"皇军"上下哭笑皆非。——少壮军人积愤之余，要向老阎再度用兵膺惩。阎致书道歉，并喻以日本对阎不可用兵，已如上述。日军息兵之后，阎老西竟对部属自炫是"一纸退万兵"！岂然哉？岂不然哉？！

日本人在山西斗老阎不过，乃愤而向重庆告其御状。用飞机将阎锡山与日军司令官岩松义雄等之合照，放大万份，在重庆上空发散，以证明阎锡山亦曾做"汉奸"，然究有何益？

笔者论汪伪投敌，而不惜长篇累幅，叙此似乎是题外小事者，一则是，不把整个抗战局势弄清楚，专论汪伪，则极易导致误解。胡适之先生以前总是向我说："他们是爱国的！""他们"者，汪精卫、周佛海一伙"低调"政客也。后来史家亦时有为汪周等辩护，也认为"他们是爱国的"。这些都是因为未见全豹，而想当然耳的缘故。试以汪比阎，我们就可知道，阎日之间的关系，阎是主动的，日本人被他耍于股掌之上而哭笑不得。汪周，尤其是周佛海，与日本的关系就是被动的卖身投靠的妾妇之行了——下篇再细述之。

再者，我们也觉得骄狂的日本政客与军阀，毕竟是一批岛民。他们搞大陆政治（Continental Politics）的眼光、气魄与学识，还不够资格问鼎中原。第一，搞治平大计，他们小视了我们儒家"春秋大义"的民族文化传统的幅度与深度，误认为只凭那点点西方科技和日本武士道的尚武精神，就可以君临上国，真是无自知之明。第二，他们搞法家政治，也棋差一着。日本那些岛气熏人的小政客、小军阀，比诸大陆上的正统法家，到底连"狗"都不如。误己误国，岂不活该！读史者有余慨焉。

从通敌到出走的曲曲折折（上）
——"汪精卫投敌始末"之四

唐德刚

在上篇里我们曾提到，八年抗战期间，日本侵华的总目标是"中国全土满洲化"。换言之，便是在伪满之外，日本人还要在长城以内，再制造一个"满洲国"。日本这个野心，不只是我们中国史家，根据中日两国史料慎重发掘做出来的总结，或政论家和国际关系专才，根据当年客观情势做出的判断；它也是许多正直的日本史家所公认的事实。重光葵在他的有十多种译本的回忆录里，对这项内幕也有明确的透露。

为达到此一共同目标，当年日本的当权派原有"缓进"与"急进"之分。其缓进政策在我们中国人的词汇里便叫作"蚕食"；急进则叫作"鲸吞"。——日本自甲午开始，经过"二十一条"、"九一八"

到"七七"，搞的几乎全是不同形式的"蚕食"政策。

根据当年中国战略家的观察，日本如在七七事变爆发之始，一下就动员大军两百万，突入长城，长驱南下，对我们"鲸吞"起来，那我们三个月也就完蛋了，还有啥八年抗战呢？

李宗仁将军在他的回忆录里就说过，日本人的错误是他们不该把"酱油一滴滴地，滴进大水缸里去"，没止没尽地滴了八年。结果水缸还是水缸，酱油却不见了。

蒋中正先生在他的抗战日记里，也曾多次指出日本人没有把我们鲸吞掉，是因为日本人小器，没有执行这种鲸吞的气魄。——蒋纬国将军也告诉过我说，他父亲就防着日本人，模仿历史上蒙古人南侵之故技，从"后门"（山陕川黔）包抄我军，使我们抗战没个"退路"。所以当年我军最高统帅蒋委员长，七七事变之后，战略地把日军主力吸到上海地区，让它循长江西上，我军可步步为营，逐渐退入四川云云。

日本人不敢打延安

可是我们写历史的人，根据史料的看法，又略有不同。拙文前篇曾约略提及，日本人这族岛民，搞大陆政策固然气魄有限，他们也不是不知道，历史上蒙古人包抄宋军的老战略。他们所以没有如此做，而终于搞成"滴酱油"的结果者，实是势有不能！古人说得好：非不为也，是不能也。

第一，七七事变之后，你要日本一下就动员两百万大军，渡海而来，直入长城。它事实上做不到。——打国际战争，毕竟不是下棋。动员补给运输，谈何容易。两百万大军，一天至少要吃一千万碗米饭、蹲两百万次茅坑……

第二，也是更重要的一点，便是如上文所述，日本侵略者，投鼠忌器——他们在全盘国际战略上，不敢对中国采取从西北迂回西南，对我们中原和东南沿海的"大包抄"。道理很简单：它这样做，便是引蛇出洞。——引蛇出洞的结果，史有前例：

远的有杨贵妃闯了祸，安禄山打下长安（今西安），明皇幸蜀，儿子（唐肃宗）篡位，以卖国条件（子女玉帛属回纥），引进回纥军反攻长安，一下便把安史叛军消灭了。

近的有一九三四年甘肃回军首领，年方二十三岁的小司令（也是一位少帅）马仲英暗中受日谍鼓励，远征迪化（今乌鲁木齐），要与盛世才争新疆地盘。盛督办打不过小司令，乃向苏联乞援。斯大林元帅只派了一团俄军进驻哈密，小司令闻风便一败涂地。最后可能被俄人绑架而去，不知所终。——自从盛世才引进苏军之后，有十一个法国那么大的新疆，若非后来德苏开战，恐怕早就变成外蒙古第二了。前门拒虎，后门进狼。日本人那时"南进""北进"，尚在未定之天，不敢造次，进攻延安，干此打狼引虎之大不韪也。

再者，纵使日本已决定"北进"，在"中国事件"未解决之前，它也不敢冒进。因为在当年中苏日的三角关系里，日本如控制不了中国，它就不能进攻苏联（北进）。——连个不中用的中国也征服不了，它何能打垮苏联呢？此理甚明嘛。而征服中国之道，一定要以华制华。把中国全土满洲化，然后挟中国以征服苏联，与德军在北亚或中亚会师，才是正途。

周佛海吃定日汪两造

以上这种抗战初期国内国外的错综复杂的形势，诸公都有极深的认知和深具信心的掌握——没有这认知，没有这掌握，是吃不了他们那行饭的。诸公心知肚明，默默无声，各运其筹，看谁的本领最大。

那时在中国政海中有个以宰相之才自诩的小政客，他对这一形势也洞若观火，因此也想趁势纵横一番。这个小政客便是周佛海。

佛海深知：

一、蒋公要坚持抗战到底。他不打到油尽灯枯、亡党亡国不止也。

二、日本正急于在中国寻找一个溥仪第二，以便迅速结束"中国事件"，好让它进一步准备"南进"或"北进"。

三、中国南北两个伪政府中的汉奸像梁鸿志、王克敏等，都是扶不起的阿斗。日本要找第二个溥仪，还得在国民党中发掘之。

四、国民党领袖之中，有足够资格，也心甘情愿做日本之第二溥仪者，也只有汪精卫一人。

五、只有在汪精卫这样意志薄弱、能力有限的花瓶领袖之下，搞虚君实相，像周佛海这样的檠檠大才，才能尽展所长。

六、在蒋公抗战到山穷水尽之时，利用敌人吹熄了他那盏偏安的小油灯，由汪氏出山收拾残局，那便是周佛海纵横捭阖天下了。

吾人细读周佛海的战时日记、回忆录及各种公私杂著（周是个笔头甚勤的多产作家），相信上述对周的观察是大致不差的。远在抗战初期的"低调俱乐部"时代，他已在南京吸收朋党，暗中搞破坏抗战的活动。至于他搞了些什么具体事例，史料中尚未多见。可是南京一旦失守，我抗战部队几乎到了溃不成军的程度，周佛海通敌的活动就具体化了。

董道宁是谁派到日本去的

首先我们知道，一九三七年十二月底，当"南京大屠杀"正在如火如荼之时，中国外交部亚洲司日本科科长董道宁，却偷偷地自武汉潜往上海，和当时已回到上海的西义显，以及当时还在上海的日本驻华大使川越茂暗中勾搭。据说他是向川越打听，日本对华的苛刻要求，有无转圜余地。

在川越处得不到确切的答复，他在一月十四日，也就是近卫"第一次对华声明"，不以蒋介石国民政府为"交涉对象"，发表之前两日，他又去上海汇中饭店向西义显探询。西义显为着集思广益，乃把松本重治找来共议对策。松本重治原是日本半官办的"同盟社上海分社"的社长，后来又递升"同盟社中南总分局"局长，新闻业务兼管广州和香港的同盟社各分社。他三人会商的结果，是要董道宁亲往东京一行。其后并决定由西义显于一月十九日先行返日，为董道宁访日预做安排，再由西义显的助手伊藤芳男陪同董道宁于二月中旬去日本协谈。

董道宁此行历时一个月。他在东京拜访了一系列的军部骨干，计有：

> 参谋本部参谋次长多田骏中将
> 参谋本部第一部（作战部）部长石原莞尔少将
> 参谋本部谋略课长影佐祯昭大佐
> 参谋本部中国班长今井武夫中佐

这四位都是当年日本侵华的少壮军人之中坚，但是他们也都是搞参谋作业，热心北进，对"中国事件"主张"就地解决"的所谓"缓进派"。最后影佐祯昭还写了一封主张日中"赤诚相见"的亲笔信，给董道宁转向他早年士官学校的老同班何应钦和张群二人致意。

董道宁于三月初在西义显和伊藤芳男二人陪同之下，离开东京，转道大连去拜访了松冈洋右，才于三月十五日返抵上海。

董道宁成长于日本，说一口流利地道的日语，生活日化，被他的中国友人戏称为"日本人"，而日本朋友则叫他"日华人"。他和日本人相处，真如鱼得水。此次自大连乘轮返沪途中，他竟与西、伊二人以兄弟相称（中国人叫作"拜把子"或"金兰结盟"），奉西义显为"太郎"，董为"二郎"，伊藤为"三郎"，预约高宗武为"四郎"，松本重治为"五郎"——并说这种安排，非以年龄为依归，而是以参加"和平运动"先后为准。于此亦可知他们搞"和平运动"，实非自董道宁访日始也。

果然他们返沪后不出数日，"四郎"和"五郎"就相继在上海出现，他们兄弟五人——两个中国现职外交官，三个日本高级特工——后来都成为汪精卫组织伪府的急先锋和马前卒。

这儿一个有趣的历史问题发生了：董道宁这个小小的科长，先到上海，后去日本，干了这一大串花样繁多的秘密外交，究竟是谁派他去的呢？董告诉松本说，他是高宗武派去的；而高宗武则抵死否认此事，情见乎辞。

高君的否认，我倒不觉得他在隐瞒史实，因为他那时位不过外交部一个司长。"司长"在当年国民党的官僚体制里，不是个所谓"主管"。他既无单独的"预算"可以"用钱"，也没有额外的"编制"可以"派人"。可是董道宁往返中日，却所费可观。同时他的行动又是极端秘密的，连外交部长王宠惠、行政院长孔祥熙都毫无所知。他在上海又往往昼伏夜出，以避免中统军统特务的跟踪。这也说明他的任务与蒋无关。其后种种迹象显示，汪精卫当初亦全不知情。

那么董道宁的秘行，到底是谁差遣的呢？——这里我们就不能不想到周佛海了。

五人核心的通敌小组

周佛海这时才四十岁，是国民党的中央执行委员。"七七"之后出任委员长侍从室第二处副主任兼第五组（研究）组长。同时又是国防参议会的参议员，兼中央民众训练部部长。到武汉之后转任中央党部宣传部副部长，代理部长。又兼汪系改组派主持的"艺文研究会"总干事。其外，周由于是CC系早期核心的"青白社"的成员，并在中央军校做过政治部主任，因此也是黄埔系"复兴社"的骨干。"九一八"之后，当国民党的特工总部中央党部"调查科"（科长陈立夫）一分为二，变成"中统""军统"两大特务系统时，历史渊源也使佛海足踏两条船，身兼两大特工系统的国民党神经枢纽的高干，也是对蒋、汪二公位足"通天"的机要幕僚。

我们试看周佛海这一系列的职位，就知道他在国民政府当年的官僚系统中，算是春风得意，足够显赫的了。说句封建老话，佛海实在是"沐党国之厚恩，承两公之知遇"。按理在此民族危亡的紧要关头，他应知恩报德，肝脑涂地，鞠躬尽瘁，死而后已的。

不幸的是我们读历史的，尤其是身历两朝的治史者，对数不尽的投机官僚、变节党人，也真是阅人多矣。其规律往往是，愈是春风得意（不论地位高低或官职大小），愈是患得患失，顺风转舵也转得愈快！

周佛海是个十分自负的人。诗文皆有可观，甚至可以说才华洋溢，能说会讲。更是位头脑细密，见识卓越，案牍如流的行政高手。

让笔者对他做个大胆的评论：自国民政府实行五院制以后，历届行政院长自谭延闿以次，汪、蒋、孔、宋、孙、翁、张、何……若论宰相之才，可说无出其右。——不幸周佛海也是一位标准的（如司马光所说的）"才胜于德"的小人。不能做治世之能臣，在国族阽危之际，他就摇身一变，去做乱世的汉奸了。因此上述那一系列，有职无权的边缘衙门，在大材小用的周佛海掌握之下，就抗敌不足，通敌有余了。（参阅蔡德金著《朝秦暮楚周佛海》）

所以，我们判断上述董道宁一系列的通敌行为是周佛海指使的。周那时是国民党"部级""特任"高干，平时差遣一两位"荐任级"的科长和使用点小钱，他是可以周转的。到一九三八年三四月之间国民党临时全国代表大会之后，佛海出任代理宣传部长，他就堂而皇之，使用中央宣传部的经常费了。再者，他既兼任艺文研究会总干事，也有一些特别费可以挪用。高宗武就没有这种特权，虽然在通敌的技术阶层上，高比周可能还要重要呢。

总之，他们那时与敌人勾通，主其事者，显然有个"核心小组织"（Nucleus Organization），而这核心小组的成员应该不会超过五个人，他们是：周佛海、高宗武、董道宁、梅思平和陶希圣。董道宁的访日，便是在这小核心组织指挥下的处女航。

高宗武对我说，他对董道宁之行无所知，那就是五十年后的遁词了。

不止此也。就在董道宁访日途中，这位伪善足以惑人，雄辩足以饰非的"天子近臣"（周在侍从室的办公房位于蒋的隔壁），利用他享有机要的身份，并说服蒋公，拨发专款，每月约两千美元，秘派高宗武去香港，组织一个小规模的"日本研究会"，以收集日本情报。为此蒋也秘密批准了。一九三八年二月二十二日，高氏夫妇便使用军委会通行证（以免关卡检查），双双潜往香港。三月初旬高又单独溜往加入上述这个五郎集团——显然一切都出诸预谋！

所谓"艺文研究会"

至于那个神秘的"艺文研究会"，这儿也不妨补叙一笔。原来感性极大的文学艺术，在任何革命运动中都是急先锋。中国的五四运动便是从新文学运动开始的。北伐完成之后，国民党打了天下，原有文艺和学术干部一窝蜂搞党做官。"秀才三年成白丁"，时不旋踵，所谓"以党治国"的封建主政党党部就变成一种各级干部的衙门了。——所谓学术界，那些位高名重的象牙之塔，便被胡适等"党外"学者占据了。其后国民党要收复失地，直至退守台湾，也收复不了。"九一八"后汪、蒋合作，然汪、蒋皆深知以党不能治国，乃又向象牙之塔求助。汪公甚至要三顾茅庐，请胡适带头出山，做"驻德大使"（胡公亲口告我，亦见《胡适日记》）。胡适虽然不干，但是干者自有其人。于是自蒋廷黻（清华历史系主任）以下的热衷学者如陶希圣、梅思平、何廉等人，便纷纷请缨报国；脱青衫、换红袍，下海做官了。蒋廷黻（曾在《独立评论》上撰文颂扬独裁）、何廉等人便投向蒋委员长，陶、梅等人则依附于汪院长。抗战开始之后，国民党文禁大弛。杨朱墨翟之言遍天下，蒋、汪两公都受不了。周佛海之流乃趁势建议成立"艺文研究会"，以借重那些翘尾偏高，然亦未始不愿听命摇摆的名流学者来增加声势。对外以宣传政府和战国策，对内以压制那些日渐喧嚣的左翼文人。这样，周佛海就受命自兼总干事，以陶佐之。汪系新贵梅思平，便被送往香港，以"蔚蓝书店"为门面，做香港分会的主持人了。

梅思平原为北大教授，为汪院长征辟，曾出任江宁（南京）模范县县长，著有政声。至此竟成汪系的核心人物，以艺文党官自诩。

骗蒋和诱汪

既有巨额经费可使，又有掩蔽机关可藏，因此在一九三八年三月下旬，这帮中日五兄弟，便自上海移往香港办公，并缺席邀请敌方参谋本部主持情报的"谋略课长"影佐祯昭大佐（日本的戴笠），做他们的"六郎"。（见松本重治回忆录）

读者须知，这时正值敌我在台儿庄血战。我军伤亡枕藉，血肉糜糊，而躲在后方的高级党人官僚，竟与敌人称兄道弟，杯酒联欢，搞得如此轻松浪漫！

三月二十八日高、董二人联袂飞返武汉。那位地位较低或许不知高级预谋的董道宁，本拟把影佐密函，径送何、张二人。在高氏坚持之下，乃先送周佛海审阅。周决定转汪精卫一览，并鼓励汪采取相对行动。——周之行为，对汪似乎是个不小的震惊。汪认为兹事体大，应立刻报告蒋　委员长知道才是。周又将原函转交陈布雷转蒋。蒋阅影佐密函，亦觉惊异。盖一月十六日近卫已声明不以（蒋的）国民政府为交涉对象，何以时未两月，又有这军部密函？蒋公原也是纵横老手。他可能想利用日本军部以分化近卫内阁，因此对这一绝密情报大感兴趣，乃一面密嘱将此函转汪一阅（蒋显然不知汪已事先知道）；一面召见高宗武慰勉一番，嘱其返港继续工作，且不让何应钦、张群得知此事！四月十六日高宗武就遵命返港继续工作了。

上面这段小插曲，对后世史家，不免有如下的启示：第一，董道宁去沪、访日和中日五兄弟的密谋等，似乎都是周佛海、高宗武等人主动与日本军部情报人员私下推动的。汪、蒋二公显然都不知底蕴。

第二，在此国族危亡之际，汪、蒋二公都还能公忠谋国，推诚相见，并没有尔虞我诈。第三，周、高等人此时在日谍勾引之下，通敌谋和，已有一套完整的计划。一以骗蒋，再以诱汪。蒋公显然被他们编造的一套故事蒙蔽了，一切信以为真——事实上纵在五十年后，汪、周、梅诸人均已死无葬身之地，高君尚说一九三八年三月二十八日他飞返武汉时，便把影佐之函直接交予委员长了。吾人如不查对日本史料，怎知影佐那封信，是由高转周，由周呈汪，再由汪送蒋，由蒋还汪，经过那一个大循环呢？

周佛海那时的谋略，显然是先把日方对华的基本政策和人脉弄清楚了，然后编造故事，蒙蔽蒋公。再利用蒋的权势金钱与敌勾通谈判，搞出个既成事实，才对那情绪低沉、对抗战绝望的汪精卫，赶鸭子上架，来毁蒋谋和，突出自己的。

台儿庄血战后的新形势

高宗武于四月十六日返港之后，便对西义显详叙蒋的"恢复七七事变以前状态"的老请求。当然更反映了汪精卫的态度，和周佛海的计划。西义显随即于四月二十七日飞返东京，向多田骏、本间雅晴和影佐祯昭等报告"渡边工作"的进度。

本间雅晴时任参谋本部第二部部长，他也是后来在菲律宾残杀我杨光泩等"外交九烈士"的冷血杀手、残酷军阀。——战后的中日外交史家，总把当年勾引我方汪伪汉奸叛国的日方军阀和间谍，说成什么"不扩大派""和运派""缓进派"等，这就掩盖了他们残酷的屠夫本性了。这儿我们顺便看看本间雅晴，或可举一反三罢。

西义显"太郎"这一伙搞"渡边工作"的，原是日本军部的爪牙。与日本政府的外务省，虽同梦而异床，并且隔床相忍。就在西义显返东京请示时，中日双方的高层次人事都有了波动。

首先是台儿庄血战之后，日本人发现，华军如指挥得法，纵是几小支"杂牌部队"，也可把日军精锐打得丢盔弃甲，何况"中央军"和"八路军"呢？——"中国事件"专靠武力，短期内是解决不了的。第二，当他们和王克敏、梁鸿志这批老汉奸鬼混了一阵之后，才发现王、梁等当不了溥仪第二。要找有用的汉奸，还得向国民党里去找。换言之，他们发现近卫第一次对华声明，不以国民政府为交涉对象，是大错特错了。要改正错误，近卫就要改组内阁，把外相广田、陆相杉山换掉。果然五月底内阁改组，广田去职，由那自信足以掌握少壮军人的宇垣一成大将出任外相，并企图恢复以国民政府为交涉对象。另外，陆相亦由板垣征四郎接任，积极攻掠徐州，进逼武汉。外交军事，双管齐下。在军事进攻上，他们没太多歧见。在外交谋略上，外相便主张直接"逼蒋"让步，因为蒋毕竟是中国权力重心，蒋如不让步，则一切免谈。但是军部则主张"挖汪"。上节已言之，一旦汪被挖出抗战阵营，则蒋不倒自倒也。——两方各有其如意算盘。

这时在武汉的高层政坛，亦另有发展。第一，国民党在三月二十九日召开了"临时全国代表大会"。在这次划时代的大会里，奠定了国共两党和衷合作、抗战建国的纲领和政策。台儿庄之捷，当然更是锦上添花。第二，国民党此时也正式恢复了单一领袖制。当年全党公选孙文为"总理"，付予"最后决定"的独裁大权，并由本届大会追谥为"国父"，今次则公选蒋中正为"总裁"，汪兆铭（精卫）为"副总裁"。然只有总裁享有"最后决定权"。

国民党这次大会开的是全国归心的。蒋总裁为全国最高领袖地位之确立，也几乎无异于全民票选的结果。——不幸的是，这次大会也注定了蒋、汪决裂的最后一步。当时在场目击者，尤其是汪之王牌爱将张发奎将军，对汪当时之反应，事后告我，真是绘影绘声。汪氏夫妇最后决定与蒋决裂，卖身投敌，显然便是自这次大会开始的。自此以后，汪夫妇便主动出击，与敌方暗中直接接触了。

张群建议汪精卫与日谈和

台儿庄大捷之后新形势的发展，使中日双方各自形成相互摩擦的两派。两派各有对手方，相互秘密竞争，情形就更复杂了。

首先是当宇垣一成大将于五月二十五日继广田为日本外相时，中国的前外长、现任行政院副院长张群忽向宇垣新职发一贺电——张说他以前当外长时，宇垣曾向他发贺电，今次他只是回敬而已。

张之贺电一出，立刻便收到宇垣热情的复电，并建议两国恢复和平谈判。宇垣此电因此便把"近卫第一次声明"的约束破除了。张得电后立即复电宇垣，主张中日立刻恢复和谈，并建议中方和谈代表由汪精卫副总裁出面主持，可是宇垣不同意以汪为中国代表。原因是汪的亲日色彩太浓，可能不为中国抗日军民所接受。同时宇垣也嫌汪无实力，他代表不了中国。他更可能知道军部正在计划挖汪，为避免助长军部入侵外务部，他对汪就无兴趣了，因此坚持要以孔祥熙为谈判对象。孔既是现任行政院长，又是蒋的至戚。他既可代表政府，又能代表蒋公也。

日方既有此建议，中方亦未有不同意之理。说做就做，一九三八年六月初旬，孔祥熙乃密派机要秘书乔辅三为代表，宇垣也指派日本驻香港总领事中村丰一为代表。六月十六日双方代表便在香港秘密和谈了。这一"无人知道的宇垣—孔祥熙秘密谈判"（中村战后有专文记其事），自六月中旬起"谈"了三个月，直至九月初没个结果。宇垣最后被迫辞职，近卫自兼外相才结束了这出小小的滑稽剧。

这一秘密谈判是彻底失败了。失败的原因是宇垣一成的没见识。他虽代替了广田，却没有改变广田的苛刻条件（狄克森评为无人可以接受的条件；孔祥熙也早已拒绝过的条件），此外他还加上一个更荒唐的要求——蒋介石必须辞职下野，原因是"大多数日本人都憎恨他"。（见黄友岚著《抗日战争时期的"和平"运动》页八三，引《宇垣日记》）

宇垣对华外交的失败，在历史家记录之中，不算是什么意外——他失败的原因，是它理无成功之道。历史家应该感觉惊奇的是，张群竟然致电宇垣，正式荐汪精卫出马，对日和谈，这就不平常了。

张群在蒋系内圈中，被昵呼为"四先生"，是黄郛和蒋的盟弟（张可能未攀上陈、黄、蒋那个老的"三结义"）。他一生自己承认的事业，便是唯蒋公之命是听，替蒋跑腿，当小弟。所以此次荐汪出马，与日谋和，实际上是蒋的主意。

蒋氏深知日人诡谲凶狠，与日人谈和，实天下之至艰也。但紧急时期，虚与委蛇，亦未始非缓兵之计。只是偶一不慎，则举国皆曰可杀而沦为汉奸，这又是终身以民族英雄自诩之蒋氏所不为也。所以当年对日交涉，不论敌方如何逼迫，蒋都不入前列，身居二线，搞个双重外交（Double Diplomacy，笔者曾另撰英文《抗战决策论》，细述之）。——在一九三三年《塘沽协定》之时，蒋把"二兄"黄郛送上北平外交前线，苦求黄氏委曲求全，忍辱为国，而他自己在牯岭则对日寇不假辞色要与日偕亡。一次把黄郛弄火了，乃电蒋大发牢骚说："（汝）勿专为表面激励之词，使后世之单阅电文者，疑爱国者为（三）弟（介石），误国者为（二）兄（黄膺白）也。"（见民国二十二年一月二十七日，黄致蒋密电原稿；该电稿后亦收入传记文学社《亦云回忆》下册，页四九二。）

　　笔者在二十世纪五十年代之末，整理黄郛旧档时，发现此一密电原稿，乃抽出交黄夫人沈亦云老太太一阅。不意竟惹起她对此电的回忆。黄夫人说："那时膺白气得狠啰。他说：'你不能教我做汉奸，你自己做民族英雄啊。'他就要辞职不干了。"

　　"黄伯母呀，"我说，"此事如何了局呢？"

　　"蒋先生后来教张岳军去苦劝，说他们是为国为民同生共死嘛……"黄夫人笑着说，"……他后来又送黄伯伯十万块钱……。"

　　黄夫人那时和我夫妇过从甚密。她与先母同庚，视我夫妇如子侄，可说是无话不谈。上述"十万块钱"的小故事，她似乎在《亦云回忆》里并未提到。我们今日写出来，自觉亦无伤大雅。历史就是历史嘛，何况当年黄郛北上，也真是生死交关，受尽屈辱。《塘沽协定》时，黄郛不但暂时阻止了华北日军的南侵；同时他也帮忙阻止了当年台湾总督中川建藏协同其他日本军渡海北上，去浑水摸鱼——因为那时也正是所谓"闽变"的紧锣密鼓之时。

　　人在战场不是人，钱在赌场不是钱。在那场轮盘大赌里，区区十万元，对一掷百万的英雄豪杰们何足挂齿？我们写历史的，阅尽兴亡，如果也把这区区阿堵物，拉上历史台盘，以权衡褒贬，那就是学究了。

　　最后言归正传，一九三八年蒋公原想用塘沽旧例，把满口"和平"的汪精卫抬出做黄郛第二。搞《塘沽协定》，解决不了问题，但《塘沽协定》可以和敌人扯皮，延缓它入侵的速度。再者搞双重外交，亦可收"爱国为弟（介石），误国者为兄（兆铭）"之效，不致因和谈而损"总裁"的民族英雄之形象也。——可是话说到底，张群之建议，若不为宇垣所否决，民国二十七年（一九三八）夏，真由汪精卫公开出面求和，弄得举国皆曰可杀，究比他后来做真汉奸而遗臭万年，还要好一点嘛。

根据前辈可靠的报道，一九二六年中山舰事变前，蒋公曾亲书皇皇大红"盟帖"，恭呈当时的国府汪主席、黄埔党代表，愿与汪金兰结义，拜为弟兄。不幸此帖落入汪妻陈璧君之手。她不但三把两把撕掉，还啐的一声说"蒋介石不配"！陈氏若不如此泼辣，而一九三八年精卫真的做了黄郛第二，并收下十万慰劳金，岂非泽及汪、陈两族之子孙？搞党做官的人，讨老婆可不慎哉！

除蒋是日本各派一致要求

一九三八年夏，胡马窥江，国亡旦夕，中华民族已到最危险的时候。虽日本政府和军部两帮相互嫉忌之甚，二者对华策略却发展出一个共同立场，那就是彻底消灭中国的武力抵抗，并迫令国民政府对日投降。七月八日的"五相会议"中，且确立一基本态度。纵使中国决定向日本投降，日本帝国还有个接受投降的条件呢！那就是"蒋介石必须辞职下野"。——政府决定如此，军部计划亦然。二者的不同是：政府先以外交谈判，直接迫令蒋介石下野，然后由中国行政院长签字做有条件的投降。中方不从，则以武力彻底消灭之。军部则主张双管齐下。板垣、杉山等战将则指挥大军向中国内陆做无限度的进攻，以彻底消灭蒋介石的抵抗能力。多田骏、石原莞尔、影佐祯昭、今井武夫等参谋作业人员和他们指挥之下的高级特工松本重治、西义显等，以及若干职业外交官，如松冈洋右，则侧重所谓"谋略"。利用日本间谍和中国内奸，从抗战中枢分化抗日阵营，来挖汪除蒋。他们认为汪被挖，则蒋必倒（事实上在周佛海、高宗武和汪氏夫妇投敌之前也有此自信）。这是所谓不战而屈人之兵的最阴险的一着，也是他们后来政府和军部联合作业最成功的一着。但是出乎他们意料之外的是，汪被挖，而蒋未倒——这就是个天大的怪事了！

笔者落笔至此，正值美国前国防部长麦克纳马拉（Robert S. McNamara）发表了他的越战忏悔录。"越战"亦称"麦克纳马拉战争"，历时十四年（一九六一——一九七五）。美国投入大军五十余万，炸死越方军民三百余万人。把南越全境炸成石器时代。最后美军还不是丢盔弃甲，被赶出越南？——越南蕞尔小国，何能同中国比？二十世纪三十年代的日本，又何能与二十世纪六十年代的美国比？吾人今日在电视上看到麦克纳马拉，流泪忏悔，我们就知道上述"天大怪事"一无可怪了。

胡适之先生说，苦撑待变。其实，有变可待，我们要把日寇赶出大陆；无变可待，日寇也是要滚出去的。——这种全民积愤的时势，与蒋公那刚愎的个性，真是一拍即合。后来的越南抗美战争，也正是如此。但是像越南对抗美国那样的决心，就不是周佛海、高宗武那三五位患得患失的白面书生、边缘政客，所能具备的了。

从通敌到出走的曲曲折折（下）
——"清精卫投敌始末"之五

唐德刚

日人暗设陷阱，汪氏主动投敌

抗战期间，日本驻香港总领事中村丰一在他的战后回忆录里，曾故神其说地说，他与孔祥熙代表乔辅三于一九三八年夏季的密谈是"无人知道的"。其实他在密谈期间，早已原原本本地告诉了松本重治等日方特工了。那位刚于五月中旬自东京匆匆返回香港的"太郎"西义显，能够提供的情报那就更多了。他已预知近卫内阁即将改组。改组之后将恢复以国民政府为交涉对象。他也了解日本军部和政府都坚持蒋介石必须下野。蒋去之后，由汪某出山，则日本甚至考虑"撤兵"，并废除治外法权，恢复全面和平。

太郎、五郎所揭露的这些日方内幕，应该都是他们做"渡边工作"，诱高入伙的主要内容。可是这些对原来是"两面通"（Double Agent）的四郎高宗武来说，那就是他所取得有关日方的绝密情报了。身怀如此绝密情报，高宗武乃于一九三八年五月底（近卫内阁改组之时）飞返武汉。

这些情报对周佛海太重要了。他乃召集他那五人核心小组（周、高、梅、陶、董），密谋对策。就在这次密议期间（梅自香港赶来，董可能未参加），他们显然说服了那恨蒋已至破裂边缘的汪精卫夫妇，正式做他们的领袖，来通敌倒蒋谋和。——对内，由汪暗中联络地方军人龙云、张发奎、刘文辉等，于关键时刻宣布拥汪倒蒋；对外，则派高宗武秘密访日，与日本军方达成初步谅解，然后再由汪与近卫首相签订正式"条约"，由"五相会议"通过，"御前会议"批准。这样，日汪里应外合，把蒋的国民政府逼成"地方政府"，赶往西北。然后由汪率领龙云、张发奎、刘文辉诸地方军头，通电反蒋，开府西南，护党救国（亦如二十世纪三十年代胡汉民、陈济棠等之所为）。接着再借重"友邦"日本之协助，内驱蒋毛，外并王梁。天下之大定之后，两年之内，日本依约撤兵。中国收回租界，取消领事裁判权。中日"满"三国联盟，经济合作，完成大东亚共荣圈。南御英美，北抗苏联。岂不善哉？（这时汪氏已决心牺牲我东北四省，承认"满洲国"。汪妻甚至公开说明，东北原为满洲人的"嫁妆"，而非"中国领土"，云云。）

以上这套汪伪逻辑，笔者之所以不厌其烦，一提再提者，是因为那不是历史家的推测，而是汪伪十大国家级政客自制的投敌蓝图，而这一蓝图，是在高宗武于一九三八年（民国二十七年）五月底，第二次自香港飞返武汉时，开始实施的。高之随即访日，便是为此蓝图替汪精卫做说客。

其实汪伪这张美丽的蓝图，原来也是日方"渡边工作"（对付高宗武）和"梅机关"（对付汪精卫）的主要内容（梅机关的机关长便是影佐祯昭）。其不同点则是，在日方看来这只是个诱汪之"饵"，在汪看来则是光辉灿烂的政治"前途"罢了。

日本人那时所伤脑筋者，蒋介石麾下之数百万大军也。介石如被毁灭，它贵军部早有周密计划使"中国不再武装"。如此"终战"之后，还怕你风度翩翩的美男子汪溥仪、汪契弟做跳梁小丑哉？！——此则群奸所不知也。

为高宗武访日定案

此次由高宗武做介的汪日勾结，蒋介石早已有所怀疑，有意阻止高氏返港。高亦自揣非汪系近臣，对蒋亦颇有顾虑。但周佛海毕竟本领通天，他骗过了那谦谦君子的陈布雷，还是把高宗武送回香港去了。

蒋公何以疑汪通敌呢？原来在此之前汪曾派其股肱陈公博携带一上海交际花，秘密往罗马一行，有意要找墨索里尼的女婿、时任意大利外长的齐亚诺（Conte di Cortellazzo Galeazzo Ciano）居间和日本沟通。齐驸马是位花花公子，在其二十世纪三十年代之初出任驻上海总领事，嗣升驻华公使，卜居北平（公使馆所在地）时，他夫妇皆善交际。一南一北，各有其东方腻友。少帅张学良就时常偕此意籍贵妇艾达（Edda），驾私人飞机，盘旋于故都上空，卿卿我我（见顾维钧夫人回忆录）。艾达今年（一九九五）春初始逝世，年八十四，小张学良十岁。齐公使在上海征歌逐舞，亦独乐其乐。那时他的玩伴之一，便是"国事已成丢他妈，老子心内乱如麻"的汪系实业部长陈公博也。——公博此时为讨好齐氏，乃密偕齐之往日情妇助阵，也可说是相当下流了。据说汪精卫曾透过此关系，向近卫写过亲笔信。中国官场没有不透风的墙。消息传出，朝野大哗，汪、陈欲经意大利以通日本的秘密，也就曝光了。如今高宗武既代为打通日本军部，汪公自乐于舍远求近。

原来周佛海、高宗武都早依蒋起家的，皆非汪氏之臣。所以在他们通敌谋和之初，汪精卫和他们只是臭味相投，声气相通，有若干默契而已。但是事态发展至此，已骑虎难下。周、高无汪，则群龙无首，通敌谋和难成气候。汪无周、高，亦苦于投敌无门，讯息难通。他们只有狼狈相从，才能随心所欲。这样在一九三八年夏季，汪伪的十人帮，就逐渐形成个牢不可破的班底了。

六月中旬，高宗武衔命返港。首先他要与他的日本兄弟尤其是太郎西义显、五郎松本重治（高氏昵呼之为"阿重"），搞统一意见。来往磋商，甚至与西义显签订《觉书》，共同信守。长话短说，他们的一致意见是，日本暗中助汪代蒋，西义显名之曰"第三势力"。然后在适当时机，由汪发出和平运动之号召，并发动"杂牌军"，尤其是龙云、张发奎、刘文辉、阎锡山等，联合叛蒋独立。在此期间，日军攻势应与汪之政治运动相配合，以促成蒋之下野及汪之复任行政院长。同时中国承认"满洲国"。日本声明中国秩序恢复后，两年内自中国"撤兵"。中日"满"共同反共，平等合作。

兄弟之议既定，高宗武遂于六月二十二日秘密离港赴沪。七月二日夜半在松本掩护下，化装成同盟社记者，由伊藤芳男（三郎）陪同，自上海潜往长崎，转去东京，由日方军部招待，匿居于军部的一所隐蔽的高级招待所。太郎、五郎则乘飞机赶回东京参加密议。

高氏此行在日本的总招待（也可说是总指挥），是影佐祯昭和他的下级今井武夫。在他二人安排之下，高拜访了板垣陆相，国会议员犬养健（犬养毅之子）及其他一系列日本军政要人。他要求拜访外相宇垣一成大将，却被宇垣拒绝了。盖宇垣此时正指挥中村与乔辅三在香港谈判。另外亦有更高级的日谍正与张群代表张季鸾接触；更有燕京大学实任校长司徒雷登，有意做调人。（当年国法不许外国人任中国大学校长，故燕大另有华人"校长"）——司徒为王克敏好友，为着"校务"，他每年都要穿插于北平、上海、香港和重庆等地，做两边的上宾（见司徒回忆录）。他们都主张与蒋介石直接谈判。以解决中日问题。宇垣痛恨影佐等与他唱对台戏，侵外相之权，因此他不但拒见高宗武，七月初宇垣且向国际新闻媒体侧面透露高氏访日之秘密。

高宗武访日原是日本军部绝对保密的，连蒋介石都不知道，这一下可被外务省曝了光。军部大恙，影佐因此亦不许高氏趋访外务省。可见他们政出多门，军政两造关系之僵也。——后来汪精卫在死前口述的自白书中，亦颇有陈述。可叹他当年恨蒋过当，急于投敌，有奶便是娘，结果做了日本军部的儿皇帝，悔之已晚！

其实宇垣那时痛恨军部越权，也是他这个大将老粗头脑不转弯的结果。须知影佐这个搞"谋略"的国际大特务，"挖汪"的目的不只限于"外交"也。他主要的目的是搞军事分化，策动汪精卫再搞个"宁汉分裂"或"扩大会议"，以便军事倒蒋也。

影佐祯昭的供词

高宗武这次访日，可说是甚为得意。宇垣之外，日方军政当权派对他似乎是"言听计从"。在其访问期间（一九三八年七月五日至二十一日），日本内阁根据他的情报，连举行了至少四次以上的"五

相会议"（七月十二日，十五日，十九日，二十二日），制定对华大
政方针，主要的是扶汪代蒋，并载入国家档案。（战后日本外务省与
防卫厅均选编专辑；要件亦有各出版社所选编的汉文译本）。所以汪
精卫后来公开投敌，高宗武这次访日探路之"功"，实不可没。——
战后日本战犯在东京战犯法庭受审时，影佐祯昭的供词便说，此次汪
日的勾结，是出诸高宗武君一人之策划，"日本军部与政府上下，只
是对高君之谋略，言听计从而已"。（见邦克前书，页八四，引《国
际军事法庭》，影佐祯昭供词Kagesa Deposition页一三）——年前笔
者曾将所见的中英日史料摘要影印寄高君请益，并拟再见面详谈。后
来高老传语云：乐于相晤，然对德刚所提问题，不能答复。不能答复
的道理，据他对另一常时过访的晚辈季蕉森（温州人，季父为高的中
小学同学）解释说："说真话对不起朋友，说假话对不起自己。"高
公可能因为对我既不能说真话，也不能说假话。故以不答为宜。其实
高公看过我送给他的史料以后，他也知道说真话不必，说假话无用而
已。高宗武先生为一爽朗健谈之前辈。笔者原拟于其九秩嵩庆时，再
诚恳劝请。盖同一历史故事出于他口，和出于我手，其史料价值则有
"第一手""第二手"之别也。不意未及详谈，而老人遽萎，真是民
国史学界无法弥补之损失也。

其实高司长与张少帅一样。其故事说来神秘，听来更玄。然治史
者如有足够史料，加以反映而细求之，其可靠性，或有逾于当事人残
缺回避之自述也。以上影佐之言，高君生前如全部承诺，有经验的历
史家，或嫌其掠美也。吾人熟读日本侵华史，便知挖汪倒蒋，原为日
方参谋本部一项极精彩之间谍作业。其"智慧财产"（且用一当今术
语）原非汪伪所有。周佛海、高宗武之密谋，充其量与敌方计策巧合
而已。影佐六郎银铛在狱时，一股脑把这大宗智慧产业，都移交与四
郎，只是图谋自救的遁词罢了，读史者何可当真？！

高君在其访日结尾时，曾央求近卫首相作一私函致汪精卫以为征信。然近卫自觉以首相之尊，未便与敌国官吏往还，乃请板垣陆相代劳。宗武得函，仍由伊藤陪同，于七月二十一日自横滨潜返上海。——这段故事系根据松本回忆录及高氏自述，似甚可信。然国内史家和日本的今井武夫均有异说（他们认为高于七月中旬已返抵香港）。笔者未能苟同。有新史料，当续考之。

汪派梅思平为"正式代表"

高宗武此行的最主要任务，是替汪精卫通敌谋和奠基。一旦基础奠立，双方续商大计，汪系人马亲自赤膊上阵，高宗武这位边缘政客、技术官僚的重要性就随之递减。——以后靠边站，渐被挤出圈外，终于逃之夭夭，就不难理解了。此是后话。

果然高宗武于七月下旬返沪。竟一去二十日消息全无。松本重治四处找他，渺无所获。直至八月十日左右始接其来电，说是肺疾复发，在杨树浦医院住院治疗。阿重探疾，且发现他提到蒋、汪二人，有些心思不定。高并要求二人同去香港继续商谈。迨松本于八月二十五日去香港探高时，高忽以病重，不堪烦剧为辞，改荐梅思平以自代。松本为之大惊。盖一不知梅君何人，二因梅君不谙日语，对日本事务一无所知。紧要关头，阵前换将，松本虽特工老手，亦大惑不解。然在高君坚持之下，松本遂于八月二十九日与梅君在香岛酒家开始会谈日汪合作之程序，由汪系前外交部情报司日苏科科长周隆庠任翻译。其后松、梅二人一共密谈至五次之多，才商定了日、汪"合作"第二阶段之主要内容。

松本重治当年对高宗武因肺病而荐梅思平自代，初无丝毫怀疑。

战后他写回忆录《上海时代》，仍坚信不疑。战后中日美史家，也都相信此说。可是笔者早些年接触此项史料时，想到胡适老师"不疑处有疑"之遗教，便觉得其中必有蹊跷——那可能是汪精卫不信任高宗武这个四面通的边缘政客的结果。四面通者：中、日、汪、蒋也。——在蒋公麾下的忠臣孝子，虽CC、黄埔不能兼通也。汪公稍宽，然边缘政客，非汪之死党，交涉如此重大的绝密事件，汪公也决难信任。果然金雄白在做汉奸时，得知周佛海曾亲口说过，高去梅来，是"汪氏以高宗武年纪太轻（那时不过三十三四岁）且学养不足，竟委派梅思平为正式代表，以与日方进行谈和"（见朱子家书第五册，页一〇）。——"年纪太轻"，狗屁也，非死党才是关键！高宗武的政治病显然是从上海开始的，所以阿重找了二十天，也找不着他。再者宗武此行既为宇垣曝光，再不敢回武汉面蒋。在访日中途，他可能就写好了致汪蒋的报告。命周隆庠先期返汉代呈。故《周佛海日记》有七月二十二日"宗武派周隆庠"返汉送报告呈委座之记载。蒋得报大怒。骂说，"高宗武是个混蛋。谁叫他到日本去？！"（见《今井武夫回忆录》）乃将高之经费停发。他二人以后也就一辈子没有再见了。

日孔密谈破裂，日汪密谈开始

这次梅思平代高与松本重治的会谈，梅是汪派的"正式代表"了。但是松本重治又代表老几呢！松本在其战后的回忆录里，含糊其词，来他个妾身未分明。其后中外史家都被他打了"马虎眼"。高宗武先生则说"阿重"是他的私人朋友，自动致力于"和平运动"。其实阿重那时是日本军部的代表，公开的身份则是"同盟社"驻香港的中南分局局长。因为日本"政府"在香港设有总领事馆。"军部"与"政府"对立，就只有利用同盟社做掩护了。

更有趣的巧合则是：日、汪（松本—梅思平）在香港正式开始谈判，完成协议之日（九月四日）；也正是日、孔（中村—乔辅三）在香港谈判最后破裂之时——九月三日乔辅三正通知中村说，宇垣与孔祥熙的谈判，没有再继续的必要了。

日蒋的关系既然完全断绝，日汪的关系就一枝独秀了。——这就是汪精卫叛国的起步！至于梅思平和松本在香港所谈的内容大致与上述《觉书》无异，为节省篇幅，此处不再重复。因为这只是日、汪之间的初步协谈。经汪与日本军部分别研究之后，双方还要更具体的"签署密约"呢。

可怕的战争，可议的陈委员

可叹的是，就在这汪、日私通，两情缱绻之时，我抗日战局迅速逆转。五月十九日徐州失守。六月五日敌军陷我开封。为阻敌西进，我军于六月九日主动炸毁花园口黄河南堤，河水自决口泛滥，豫南顿成泽国。百万灾黎，沦为鱼鳖，惨不忍言。

同时敌舰亦循长江西上。六月十五日陷我安庆；二十二日我马当要塞弃守。七月二十五日敌陷九江。八月四日黄梅沦陷。九月六日敌占广济，二十九日毁我田家镇要塞，进逼武汉。

为呼应南路敌军，自大别山北麓西进之敌，亦于八月底陷六安。九月七日占固始。十月十二日占信阳，南下向武汉合围。

抗战局势发展至此，可说已到存亡绝续的关头。我党政各机关在汪副总裁率领之下，已络绎撤退，迁往重庆。蒋委员长则在敌机狂炸之中，仍亲率前线退下的残兵败卒，在危城之内，做顽强抵抗，直至十月二十五日始弃城南撤，武汉遂陷。同年九月，欧洲亦局势紧张，英、法向德国退让，签署有名的《慕尼黑协定》。英、法无力东顾，日军乃于十月二十一日攻占广州，我海疆尽失。

笔者斯时何不幸，而又何幸，竟亲身卷入这历史上少有的伟大而险恶的浪潮，随之翻滚。记得我们千万青少年随数十万老幼难民西撤时，我个人挤在一条超载的小轮船的甲板之上，自武昌，越洞庭，驶往常德时，舟过岳阳，正值大批敌机低飞轰炸岳阳车站和江边码头。这时江天一色，晴空如洗。举头仰视，但见敌机飞过，弹从机出，如秋风落叶。下面则浓烟烈火，湖水翻金，煞是奇观——那时我们这艘超载的小船，如一弹命中，则数百青少年，将无一孑遗。此次同舟共济而被吓得面无人色的幼童，今在台湾者尚有一刘昌平先生（那时不过十三四岁）。我们偶谈往事，均不胜唏嘘。然此一小经验，比诸我后来在重庆亲历的血肉模糊的"糜烂轰炸""疲劳轰炸"，则又不可以道里计矣。

笔者斯时少年气盛，每在浓烟烈火中，恨不得插翼冲霄，与强敌同归于尽。今日回思，虽激情未已，究系空谈大话。然当年同辈青年在抗日前线与敌寇肉搏而同归于尽者，何止数百万人。当年与抗日烈士敌忾同仇的海内外华裔同胞，当更有数万万之众。——有此种心理背景的海内外华族亿万同胞，今日偶阅华文报刊，读到吕女士率领一批男女华裔，去日本马关，朝拜日皇神社，在春帆楼前，为凶狠残暴的日本侵略军纪功植树、勒石颂德，其心理反应如何，实不难想象。

当然吕女士自有其不同的生活背景，始有此"不幸中之大幸"的偏激的崇日思想。但她也未考虑到，那数以亿计的"不幸中之大不幸"的华裔难友，是否亦有类似的偏激的抗日思想呢？二者同属偏激，然在统计数字上，则有千百与亿万之异；在实力上亦有鸡卵与顽石之别。万一将来两个数目与实力均不成比例的偏激阵营，秀莲式的偏激行为逐渐导致同室操戈，酿成举世喊打的局面，则隔洋观火之侨胞，情何以堪？此吾读报而为之忧心忡忡也。

笔者老朽，幼年时亦尝数见那风度翩翩的，"民国四大美男子之一"的汪副总裁也。再读其举世无双之诗文，聆其激情煽动之演说，对他之崇拜，真正是"五体投地"。二十世纪三十年代某次在钟山之麓的陵园道上的童军行列里，曾见一崭新轿车，自吾侪队前缓缓驶过。忽然有一紧张的小童军指手画脚大叫："汪院长刚过去！汪院长刚过去！"

"在哪里？在哪里？"我辈也跟着四顾大叫。

"跟他妈坐在车里！跟他妈坐在车里！"小童不停地嚷，手直指向那辆漂亮的汽车。

这时车已停下，我们嘻笑地围拢上去。看，哪是什么"他妈"呢？！那车上坐着一位满脸横肉的老太婆，是"他老婆"，陈璧君也。——汪精卫那时穿一袭崭新白哔叽西装，看来三十许人，犹是"一枝花"也；毋怪早年老广要叫他"契弟"？而陈璧君老太则面目可憎焉！

读者知否？汪副总裁的一生事业，就败于这个"陈委员"中常委之手。

周佛海"指导"通敌

民国二十七年（一九三八）抗战第二年夏季，就当汪精卫在其老婆和周佛海等劝逼之下，决心下海，通敌谋和之时，梅思平乃奉召于十月二十一日返渝，报告他与日本军方协谈情形。

在其后一连串的汪系干部会议里，最积极推动汪精卫下海通敌倒蒋的，则汪妻陈璧君也；而出谋划策，做中心调配的，则汪之新股肱周佛海也。——佛海投敌之后，于一九四〇年七月六日以杰出校友身份，访问其母校"日本京都帝国大学"（**另一杰出校友为日本首相近卫文麿**），向学生讲演说：

> ……事变第二年（一九三八）八月间（中日）双方在东京开始接洽，中国方面由我在汉口指导，日本方面由犬养健先生负责进行。因中日双方各有困难，和平运动未能表面化……（见上引《汪精卫集团投敌》页二四，摘自《政治月刊》第二卷第二期）

这段讲演虽是他向日本学生炫耀他亲日之功，事实上也是他通敌行为的夫子自道。

在同一篇讲演里，他也提到他们退到重庆时，"结果我的第二主张被汪先生赞成而采用"。他的第二主张便是劝汪"以在野的立场进而组织（伪）政府，以实现和平运动"。

我们翻阅敌伪第一手史料至此，对汪精卫投敌经过，也就十分清楚了——推汪下海的中心人物是周佛海。

汪精卫最初显然为顾虑一己的光荣历史，对投敌求和，颇为犹豫，然在陈璧君和周佛海等狠推之下，终于下了决心去求和倒蒋。

一九三八年十一月七日梅思平奉命返港与日方继续谈判之前夕，汪夫妇设筵为思平饯行。餐后当汪氏与梅君在客厅门口握别时，陈璧君厉声向汪说："梅先生明天要走了，这次你要打定主意，不可反悔！"

汪精卫连连点头说："决定了，决定了。"（见罗君强著《伪廷幽影录——对汪伪政权的回忆纪实》，选载于黄美真编《伪廷幽影录》一九九一年中国文史出版社出版，页一一）

周佛海这位大汉奸之无耻是，汪精卫之投敌几乎是他一手推动的。后来他向敌人报功，他每以此自炫。可是当他于战后，一九四六年九月下旬（二十一日至二十六日）在南京受审时，为着怕死却说："……至于梅思平何以到香港，何以与高宗武到上海与影佐祯昭订约，我完全不知道，一直到十月我由汉口到重庆，见到梅思平才知道。"（见《传记文学》三八七号转载《周佛海受审侦讯笔录》页一二二）——这完全是蒙蔽糊涂法官，做其狡辩。

一九四六年九月周佛海在南京被审时，笔者也正在南京。失业无事，乃与三两友人前去旁听。当周犯当庭大吹其汉奸理论，什么他不是"通谋敌国，图谋妨害本国"，而是"通谋本国，图谋妨害敌国"时，听众哄堂大笑，并大鼓其掌。那尴尬的主审法官，却慢吞吞地说："周佛海，本庭知道你，多才善辩！"——那一庭审判，极为精彩。几乎弄成罪犯审法官。所以笔者也一直认为周佛海是一位"才胜于德"的小人。

近卫屈从军部的"二次声明"

且说梅思平于一九三八年（民国二十七年）十一月七日奉汪命返港，与敌方继续密谈。密谈些什么呢？长话短说便是：在他们汪、日初期，董、高、西义显、松本重治）协谈之后，双方都感觉到谈判有升级必要。再引一段周佛海的供词：

在（重庆）开会时，我说影佐祯昭、今井武夫他们两个人不能代表日本。梅思平、高宗武也不能代表中国。假使日本人有和平诚意，我们要求日本把这条约在日本开内阁会议时通过。我又说日本内阁常常变动的，新的内阁可以推翻旧的内阁的政策。所以这个条约在日本内阁会议通过还嫌不够，更主张还要在日本天皇御前会议通过。我主张由他们内阁总理发表宣言公诸世界……

周佛海上述这番意见，尽管有点颠倒杂乱，却是梅思平于十一月初返港后的使命。其实为着让汪精卫决心投敌，近卫首相已于十一月三日公开发表其"第二次近卫声明"。其主要内容便是修正"第一次声明"中，不以国民政府为交涉对象的旧政策。重申"如果国民政府抛弃以前的一贯政策，更换人事组织，取得新生的成果，参加新秩序的建设，我方并不予以拒绝"（汉文引自钟恒译，载《汪精卫集团投敌》页九五）。

其实这第二次声明的画龙点睛之句即在"更换人事组织"，也就是蒋介石下野，汪精卫出山主政！——近卫这二次声明，在日本对华政策上也可说出诸不得已，因为他们搞了一大阵"兰机关"（诱吴佩孚出山）、"桐机关"（与蒋直接交涉），乃至土肥原的"特务机关"（联合北平、南京两伪组织"分治合作"），都已走投无路。如今只剩个影佐祯昭的"梅机关"（挖汪代蒋，组织伪府）还大有可为。近卫不得已，也只好支持梅机关，以梅机关的策略为内阁整体的对华政策了。

重光堂汪日密约两件

日方内阁总理既有此以汪代蒋的公开声明，汪派人马也就勇往直前，要与日本政府私订汪日密约了。梅思平衔命返港之后，经过一番积极的秘密筹备，双方代表便于一九三八年十一月十九日至二十日在上海虹口的"重光堂"，正式谈判了。

重光堂是一座小洋房，原是土肥原特务机关办公及住宅之用。如今土肥原工作无成，居处亦迁徙不定。这座幽静的小洋房，便被梅机关占用了。

这一次汪日密谈，双方代表阵容如下：

汪方代表：梅思平（首席）、高宗武（副代表）、周隆庠（翻译）。

日方代表：影佐祯昭大佐（梅机关长）、今井武夫中佐（代表）、犬养健议员（观察员，不参加讨论）。

经过两日两夜的严肃讨论与激烈争辩——汪方主要争辩者为梅思平。高宗武的言辞，据对方观察，多不着边际（德刚按：此一现象不难理解）——最后为首四人签订了一张《日华协议》（均以私人身份签名）。另附对这协议执行的《谅解事项》一件。这《协议》根据日方记录，大致可分为六条如下：

（一）缔结日华防共协定。

（二）中国承认"满洲国"（他们叫"满"、华相互承认）。

（三）中国承认日本人在中国内地居住、营业之自由；日本承认废除在华治外法权，并考虑归还日本在华租界。

（四）平等互惠的日华经济合作；开发华北日本有优先权。

（五）中国赔偿在华日侨损失，但日本不要赔战费。

（六）日华两国恢复和平后，日本两年内自华撤兵。

作者附注：此次会议汪方三人，其后一逃（高宗武），一死（梅思平枪决），一囚（周隆庠），均未留下可靠记录。而日方三人均有回忆录，记之甚详，且均有中文译本。上列六条即节自较有条理的今井武夫于一九三八年十一月二十一日所撰的《渡边工作现况》的报告。汉文由秦祚自《日本外交档案S493号》译出，见《汪精卫集团投敌》页二九〇—二九七；犬养健回忆录中文译本，由江苏古籍出版社出版之《诱降汪精卫秘录》页七四—八八，亦有详细记载，值得参考。

日方"出尔反尔"

上节所记的是日、汪双方私订终身的所谓"密约"。怎样把这密约付诸实施，双方还各有要务要分别完成。这就是所谓"谅解事项"了。"谅解"些什么呢？请先从日方说起：

所谓"日方"，事实上只限于"参谋本部"，甚至只限于"梅机关"。在影佐祯昭和今井武夫二人签署了这纸"密约"之后，他们照例要上报军部，再报"五相会议"通过。最后由"御前会议"批准。据此，近卫首相才能写入他的"第三次声明"。在声明公布之前，依约汪伪一伙十余人包括家属，都应秘密逃出重庆，齐集于安全地区像昆明、河内或香港待命。近卫的声明既发，我们的汪副总裁便立刻通电响应。然后张、龙等杂牌军头也宣布独立，联合反蒋，并与汪伪文职十大班底，共同组织政府，配合日军进攻，以消灭蒋政权而恢复和平。——这就是他们双方一致同意配合行动的"谅解"。

可是日本人说话不能算数。前文已言之，他们一国五相，每相都有决策权，每相也都有否决权，御前会议批准了，也是枉然。不特此也。在那时的日本政府里，纵是个非卿非相的小官僚或少壮军人，只要嗓门大，善于切腹，他不同意时，从旁一声吆喝，则堂堂国家政令，也要为之改辙。因此，汪、日这个密约也就命途多舛了。它碰到陆军中的过激派，他们反对撤兵，因此撤兵之条就要被删去了。它再碰到藏相。藏相说，军费岂可不赔？因此，不赔款之条，也被删去了。——一大圈转下来，再到首相之手，首相据此要向汪精卫发出"第三次声明"了。结果日本既不撤兵，汪伪丢掉东四省不算，还要另外割地赔款，至此汪、日双方所吹嘘的"重光堂精神"，也就扫地无余了。接着中国朝野闻讯大哗。蒋介石更是理直气壮，痛骂日帝贪婪无耻。不用说，那爱好和平的汪副总裁，为之理屈词穷，他灰溜溜的汉奸也就做定了。

但是出尔反尔，对日本来说问题不大。因为他们条件好坏，原为诱汪而设。他们诱汪也只是姜太公钓鱼，愿者上钩嘛。大不了把上钩大鱼，又投入水中罢了。——可是这出尔反尔的问题，对汪伪的影响就太大了。

现在再看看汪伪那一边。

汪伪买空卖空，龙云虚与委蛇

在高、梅当初为汪精卫投敌探路时，二人都夸下海口说，汪先生夫妇已与许多军头，尤其是龙云和张发奎，都获得秘密协议。一旦汪氏与蒋正式决裂，他们就会率部叛蒋拥汪，宣布独立，随汪另组倒蒋政府。汪派这一夸口，在信以为真的日本参谋人员听来，真不啻百万倒蒋大军里应外合。他们认为只要汪氏出山，蒋氏怎能不垮？（见《今井武夫回忆录》有关重光堂会谈经过。）

且看张发奎：张是北伐时四军（号称铁军）军长。宁汉分裂时追随汪主席为蒋之劲敌。其后一直是汪之爱将，拥汪不遗余力。沪战时，为右翼军总司令；保卫武汉时，为第二兵团总司令。武汉既失，旋升第四战区司令长官。拥兵数十万，统辖两广。论地域，张为两广诸将之魁首。论战功，则国民党诸上将实鲜出其右。——因此张大王（奎之谐名）如再度拥汪，则南中国将传檄可定。

再看龙云：龙氏出身西南少数民族（彝族），毕业于云南讲武堂，累迁至滇军军长。自民国十七年（一九二八）出任云南省主席之后，盘踞滇省，俨然是西南之王，今世之孟获也。滇省虽属边陲，产业与文化皆落后于东南，然省区辽阔，两倍于法国。气候土壤适宜，盛产鸦片（所谓"云土"），二战之前，允为东亚鸦片贸易（Opium Trade）枢纽之一。价值之昂，销区之广，号称"乌金"！今日闻名世界之"金三角"，实当年之鸦片边区也。

吾人读史，不能以现时观念，臧否前人。须知国共第一次合作期间，北伐军饷最大来源之一即鸦税也。斯时美其名曰"禁烟特别捐"。中山逝世后，云南王唐继尧（时为中山副元帅）欲假道广西赴广州夺权，所许李、白假道费，即为烟土四百万两，值银圆七百万元（见《李宗仁回忆录》第十六章）。战前驻沪某法国总领事年入数百万，即是包庇黄金荣、杜月笙贩毒之酬劳也。笔者战时任教于立煌（今金寨）之安徽学院，即有伪军军属来我校入学，所携学费即"乌金"也。

总之，抗战初期，我大后方诸省当轴，可能以云南为首富。十余万"滇军"之装备与训练，也是全国第一流。龙主席的座机，也仅次于"美龄号"。八路军朱总司令、中共周副主席"七七"之后，第一次赴南京开会，便是在西安搭龙主席便机东飞的。

战时云南还有件最有趣之事，便是它的"党务"。龙主席也是国民党之中央委员也。辖区省县党部与特别党部，一应俱全。然云南党部，向不把党员名册向中央党部报备。因此，当年国府治下的公教人员，为着"铨叙"年资或其他目的而伪造"党证"，其伪造号码，往往为"滇字"某某号。国民党中央及地方党部，纵不疑处有疑，亦无法查对，真可笑至极。

正因为滇省与中央貌合神离，乃引起汪氏夫妇，起拉龙投敌之邪心。陈璧君竟不惜莲驾亲访，与龙志舟（龙云字）密谈竟夕。龙某亦一代纵横家也。他对汪妻虚与委蛇，谁知这位头脑简单的偏激老太太竟信以为真，觉得龙云、张发奎，真汪公之卧龙凤雏也，得一可以安天下。汪夫妇既有此可得可失之想望，汪家正副代表便向日本特工，加油添醋地说成：汪氏与龙、张二军头已秘密取得协议，一旦汪与蒋公开决裂，则二军头便"挺身而出"，绝蒋拥汪，宣布独立。更值得吾人理解的则是，高、梅二人所夸下的海口，他们交涉的对手方似乎亦笃信不疑。原因是这批日本特工对华工作都经验丰富，皆老中国通也。既然中国现代史上，曾有汪公主持过的"宁汉分裂"与"扩大会议"，则精彩的昔年闹剧，今日为何不能重演呢？！

张发奎、龙云不会附汪

其实汪伪对日方这套说辞完全是买空卖空的。张发奎将军曾亲口告我，他在抗战期间与汪绝无往还。为此老张对汪公反颇有褒辞，说："汪精卫虽然当了汉奸，他对我们抗战将领未做过丝毫策反诱降的工作。"（参见《张发奎回忆录》英文残稿。现藏纽约哥伦比亚大学图书馆手稿室。）张的同事好友亦尝告我，汪、张之间曾为某些私事，早已弄得不相往来，因此，抗战期间张大王绝无投汪之心。据笔者观察，大王自道（张名奎字，看来颇像大王二字之合写，初为士兵误读，遂成绰号），颇为可信。因为张在粤籍将领中，战时算是最有战功和最得意的一位了。他与桂系李、白亦甚亲密。据史迪威说，当年粤桂将领有投史反蒋之意图。通敌谋和则未有也。（见美军战史《史迪威与中国战场》专辑。读者如欲细查，用原著索引一索可得。）

至于龙云，其情况则比较复杂。对龙云来说，汪精卫只是他有备无患的一着"闲棋"。可用不可用，主动权完全操之于龙某之手。蒋公用蚕食、用鲸吞，时时要削龙云之藩，此志舟所深知也。然大敌当前，中央投鼠忌器，不会采取行动。内在安全，龙氏亦有此自信。为着国家民族，为着私人权力，云南都是拥护中央，服从统帅的。沪战期间，滇军亦参战，牺牲极大而战功赫赫。

可是万一中央政权崩溃，贵阳、重庆、成都、西安相继沦陷。云南一隅，难支大厦。到那时好汉做不成，再追随副总裁降敌自保，亦未为晚。如今东南虽失，而天府之国，粮糈尚丰。且把陪都做首都，情势亦并不太坏，而全民抗日，豪情正浓，总裁声望也如日中天。此时此际要背叛总裁，随光杆副总裁去投敌当汉奸，则"龙孟获"再蠢，亦不会上此大当也。

再把话说到底，那时日本人对中国地方实力派做诱降工作，每一个大小山头，都有特设"机关"专司其事。他们之间自有专线的信使往还，称兄道弟。老实说，实力远大于空头副总裁的云南王龙主席要通敌谋和，也毋烦周佛海、高宗武这伙小内奸来从中做介也！主席自有管道啊。所以，一九三八年年底龙云在昆明对汪伪一伙，送往迎来，执礼甚恭。送汪盘缠竟至两千九百万元之多，然于参加"和运"则始终半推半就、若即若离者，下一着闲棋，备而不用罢了。

忆二十世纪五十年代之初，笔者在哥大上学。那时与龙家四、五两公子绳武、绳勋，皆为同学好友。当时哥大中国留学生甚少，所以我们往返殊密，与绳武、绳勋谈乃翁往事，他二人都坚决否认他爸与汪副总裁有任何秘密协议。嗣后笔者翻查史料数十年，并一度与《龙云传》的作者江南细谈。我们都相信绳武、绳勋之言为不虚也。

汪周投敌的真正企图

汪、周一群既与本国杂牌军头并无联合通敌、倒蒋组府之宿约，为何却不断向日方夸下海口，像煞有介事呢？此种政治行为原亦不难理解。因为他们既是一群无地盘、无枪杆，内非宰辅、外乏封疆，真正的无拳无勇的边缘政客、白面书生，凭什么能与一个凶狠的帝国主义私订密约，建立伪府呢？他们唯一的政治本钱便是汪精卫的革命老本了，而这一革命老本之真能派上实际用场的，便是说动杂牌军头和地方实力派共同倒蒋了。舍此，他们便再无其他本钱和日本人平起平坐、讨价还价了。所以，他们对日本人买空卖空，牛皮照吹，死不改口。

日本谋略人员，原亦非等闲之辈。他们对汪伪买空卖空的行为，未始便毫无觉察。然汪毕竟是中国革命第一元老、国民党的副总裁。把他从抗日阵营挖出去，不论实际效验如何，对日本侵华总归有益无损。说句英文叫作nothing to lose（没什么可失去的）。

周佛海、汪精卫原也是聪明绝顶的现实政客，并不全然是"骗人骗久了自己也会相信"的宣传部长——虽然他二人都是当国民党宣传部长起家的。他们也知道，此事可以骗日本人，而不能骗自己。所以，他们后来对抗战军人策反投敌，也就绝口不提了，甚至连对张发奎的信也懒写一封。但是这十位无拳无勇的白面书生，尤其是汪精卫、周佛海，卖身投敌，认贼作父，究竟意欲何为呢？

汪、周二人也是笔者亲身看到的才气纵横、能说会讲、聪明绝顶、著作等身的大政客、大文士。吾人读烂二子之书，经过长期咀嚼默想的结果，终于豁然有悟——原来他们都是胡适的朋友。胡适在抗战时的格言是"苦撑待变"。汪、周二人做了汉奸，也是在苦撑待变，不过，此"变"非彼"变"而已。

原来早在"低调俱乐部"时代，他二人更是绝对的悲观主义者，认定"抗战必败"。小战小败，大战大败，"抗战到底"就是抗到亡国为止，绝无幸胜之理。因此，为国族保存点元气，让人民少受点痛苦，则大败胜于亡国，小败胜于大败。换言之，也就是对日投降则小降胜于大降，大降胜于亡国。所以，他们就要响应日方"不扩大派"（梅机关成员），"就地解决"的号召了。——朋友，心平气和地想想，你能说"汪先生"这套逻辑不对？

但是抗战不是还有另一条路，如胡适所指出的"苦撑待变"吗？胡适之"变"的内容是，"待"到世界大战时，英美与我国并肩作战，共同抗日。但是，"日本人要同英美作战吗？"周佛海在他的日记里、讲演里，不断地自问、问人。他自己的回答是"日本绝对不会与英美开战"。原因是"日本人没那么笨"！殊不知日本人后来忽然"笨"了起来，真的和英美开战了。周佛海为之方寸大乱。一九四二年初夏，一次他抱着他的"渝方俘虏"，老友吴开先（笔者岳父）放声大哭。口中喃喃不停地说，"最后胜利必属于我！最后胜利必属于我……"——这是吴开老亲口告我，活龙活现的故事！最后胜利必属于我，为何要哭呢？因为这个"我"字里，再没有周佛海了。

后来汪精卫临终之前，在日本医院里，口授遗嘱。在遗嘱里，他也做了"等待重庆接收"的无声之哭，哭的也是日本人太笨了。此是后话。

潜离重庆，两头落空

重光堂密约签订之后，日、汪之间的配合行动是：精卫夫妇于十二月初偕同儿女，并干部五人，计有周佛海、曾仲鸣、陶希圣、陈春圃、陈公博等，先后潜出重庆，至昆明或河内"安全地带"聚会。迨汪记集团安全无虞，即由时在香港之高宗武、梅思平通知日方。日本首相近卫文麿乃适时发出他的"第三次声明"。这声明便罗列重光堂协议各条，要中国军民停止抗日。为响应日本首相之和平号召，中国汪副总裁也发出公开通电，声明与蒋绝交，与日谋和；并于西南中国的广州、桂林或昆明，在龙云、张发奎等"杂牌军""起义响应"之下，另组"国民政府"（犹如当年之"宁汉分裂"或"扩大会议"时之所为）。日方为支持汪之组府，也在两广地区做局部撤兵，庶几汪府可享有两广云贵等三省以上的地盘以对抗"蒋政权"。为预防国府中央军的讨伐，他们甚至要求日军先打下贵阳，进逼重庆，拊中央军之背，以保护汪区。

汪伪这一幻想如真能实现，则汪记王国的疆域将大于日本本土或德、意两国疆土之总和。此项养寇自重，裂土封王的远景，对这群一无所有，而买空卖空的十个政治赌徒的诱惑，实在太大了。所以他们就不惜冒最大风险以求之矣。这也就是高宗武告诉我的，汪精卫在"押宝"吧。

至于汪伪逃离重庆的日程，他们在重光堂密谈时，曾有详细的安排，于十二月初旬起，按表行事。孰知事到临头，蒋委员长忽自前线飞返重庆。汪氏疑为事泄，弄出一场虚惊。最后于十二月十八日始飞抵昆明。虽由龙主席大力保证安全，然汪氏夫妇惊魂未定，乃于翌晨乘包机偕周佛海、陶希圣、曾仲鸣等十余人，匆匆飞往河内，完成数月来叛国脱党的心愿。

汪既离渝，依约就轮到近卫首相根据重光堂密约发表他的"第三次声明"了。果然在十二月二十二日，近卫的"第三次声明"就出笼了。可是这声明却与《密约》内容大相径庭。首先它讲明"继续扫荡"抗日的国民政府，并暗示与中国"有卓识人士（汪精卫）合作"。但它既不提"撤兵"，也不提不要"赔款"，却重弹"广田三原则"的老调。内容大致如下：

　　一、中国承认"满洲国"。

　　二、日本在中国特定地点驻兵，共同反共。

　　三、日本人民在中国内地杂居，经济合作。日本有开发华北的优先权。

　　（参阅邦克前书，页一一六——一二三；与日本外交文书原档，及汉译第三次声明，载《汪精卫集团投敌》页三六八——三七〇）

近卫"第三次声明"一出笼，举世大哗。重庆自蒋而下，自然更是一片唾骂声。事隔数十年了，连战后根据日文原档和高宗武口述故事，而撰写其博士论文的美国极开明的后辈学者邦克也说："假如汪精卫离开重庆，是按照这些条件去建议和平妥协，那他就是不折不扣的（卖国）汉奸了。"（见邦克前书，页一一七）

朋友，为响应近卫"第三次声明"，我们的"汪先生"也于十二月二十九日发出了他那举世皆知的"艳电"。自此他就"按照这些条件"——这些连近卫文麿本人都愤恨不已的"条件"或"原则",亦步亦趋地走上不归路,做了中国近代史上第一号"不折不扣的汉奸"了。汪氏叛国的最高潮,那就是他组织伪政府以后,以伪"行政院长"的身份,于一九四〇年(民国二十九年)十一月三十日与日本前首相(时任驻汪伪政府大使)阿部信行所签订的《日本国与中华民国间关于基本关系的条约》,和七种"秘密协议"和"谅解"了。"汪先生"于一日之间连续签署八大文件的内容,读者贤达,我们不提也罢!提起来那就是一组中国近现代史上,最最可耻的一束外交文书;比袁世凯的"二十一条"还要严重十倍罢。真的实行起来,那汪记"伪中华民国"就连溥仪的"伪满洲国",也不如了。高宗武、陶希圣就是事先看到这"条约"草稿,于同年一月四日,叛汪潜逃的。

这组"条约",老实说,连有头脑的日本侵华军阀、政客,也看不下去——因为那内容,实在太过分了。前首相近卫文麿看过就说,汪精卫的和平运动,"成为卖国运动"了(参见黄友岚前书,页二五三,引《近卫手记》)。日本参谋本部中挖汪挖得最起劲的中国课长今井武夫,也说汪精卫自此"也被认为卖国贼而为国民大众所唾弃"(见同上页二五二,引《今井武夫回忆录》页一一二)。聪明绝顶的"汪先生",对此焉有不知之理呢?!据说他在签署这批文件时,也泪流满面。他知道他签的这些是卖国文件。然发自灵魂深处的良知,也使他喃喃自语说,中国太伟大了,他汪某太渺小了。他卖国是卖不掉的,他签署的文件只是他自己卖身罢了。——四年之后,汪不过六十二岁,便在绝望心情之下,病入膏肓。于一九四四年三月被送往日本名古屋帝国大学附属医院就医。他自知不起,乃口授遗嘱,由其妻笔记之。弥留之前,他也抱憾"未能生见……东北之收复耳"(见汪兆铭口授,陈璧君笔录《汪精卫逝世前对国事遗书:最后之心情》，载朱子家著《汪政权的开场与收场》第五册，一九六四年，香港春秋杂志社出版，页一六二）——"但悲不见九州同"，精卫、精卫，你也说得出口吗？！

"恩怨断时论汪精卫"

记得远在二十世纪五十年代之末，我在胡适之先生鼓励之下，曾为《海外论坛月刊》写过一篇两万余言的长文，叫《恩怨断时论汪精卫》。古人臧否历史人物，每说"盖棺论定"。其实历史人物虽盖棺而恩怨未断，还是不能"论定"。制造历史的人物于恩怨未断之时，史家便率尔而论之，每易写出"曲笔"。时至二十世纪五十年代之末，大家对汪精卫那个"汉奸"的恩怨，却早已忘得一干二净了。去古未远，史料山积，笔者不揣浅薄，乃试"论"之，自信不偏不倚也。不幸斯时廉价复印术尚未出现。我们撰文，都以原稿寄印。不意《论坛》忽因内讧关门，我的原稿也就不知所终了。

在该篇拙文里，我认为那位多彩多姿的国之元老，一辈子犯了十大错误。他那九大错误，均有改正自赎、翻本复出的机会，但是他的第十大错误（通敌叛国）实在犯得太绝了，因此他在民族史上便"百身莫赎"了。

胡适之先生说："社会对一个人的报酬，远大于一个人对社会的贡献。"这句格言对汪精卫的一生，是再适合不过的了。我们细翻汪精卫早年的历史，试问他对国家和社会究有多少了不起的贡献呢？可是汪君在成名之后，社会对他的报酬，恐怕近代中国史上，是初无二人了。

吾人生逢此时，阅尽兴亡。近百年来，我们黎民百姓对我们民族领袖可说都不外"敬畏"二字。若说既"敬"且"爱"（包括内心之"同情"），则当年社会中芸芸众生之所仰慕者，恐怕无出汪君之右了。——这是一种群众心理现象（Psychical Reflections of The Masses），与理智和真理未必相契合也。过分的社会报酬，宠坏了汪君，使他犯了九大错误，均能复起而无憾。汪君也被社会宠坏了，宠得使他修身治国失去了原则，不知我儒"有所不为"之道。终至"百身莫赎"，实堪浩叹。

记得张学良将军曾告我一则有关汪的小故事：战前某次张少帅去看胡汉民，谈起了汪精卫。胡说，我胡、汪二人为当年总理的左右手。胡管内政，汪管外交。管内政的人，总是要规规矩矩、老老实实地做事。因此养成过半习惯。可是管外交的人，总是不重实际，专务外表，有时且专讲假话。汪就养成了讲假话的习惯。——胡汉民说，这就是他们汪、胡之别云。岂然哉？岂不然哉？

反侵略也是我们的民族行为

我们论汪，如还另有可议之处，那就是汪毕竟是个患得患失的政客。他没有做一流政治家的见识与涵养；他甚至缺乏传统儒生"有所为，有所不为"的道德规范，已如上述。

重光堂之约，双方曾同意有"日本于和平恢复后，两年内撤兵"一条。日本是否真有意"撤兵"，是另一问题。但是为着诱汪逼蒋，并瓦解中国抗日士气这一谋略，近卫首相也主张依约写入他的"第三次声明"。可是在声明发表前的一次咨询会议里，被新调入参谋本部的一位富永（英文史料查Tominaga）少将，几声吆喝就反对掉了。富永是老几？他只是参谋本部属下的一个"部长"（中国同等官衔叫司长或厅长）。——近卫"第三次声明"，缺少这双方已一致同意的最重要的一条，那么汪精卫"响应"之，就不是"和运"而是"投降"了。汪精卫也就是"不折不扣的汉奸"了。

再说"赔款"。重光堂密约中，讲明了中国不需赔款，可是在这次会议里，被藏相池田成彬一句话就反对掉了。日本既不撤兵，中国还要赔款，那么汪精卫你这个浑球，搞啥和平运动呢？所以国人皆曰可杀；近卫的诱降谋略也就泡汤了。——一个小小的司长和财政部长数声反对，便把首相既定的堂堂国策一下扭转了，岂不怪哉？这除制度的缺点之外，富永与池田的顽固，是有其民族情绪做基础的，而近卫的外交智慧则无也（参见邦克前书及犬养健回忆录，后者有汉译本）。

今井武夫那时在日本侵华少壮军人中，算是最开明的了。在日本投降前数月，蒋公想于战后暗保日皇，乃密召今井前来，听命行事。今井时任日本中国派遣军副总参谋长。乃于七月九日潜至河南周家口与我方第十战区副司令长官何柱国开秘密会议。——这时距日本无条件投降只一个月。蒋公找他来的目的，是想在日本亡国之时，暗援一手。读者知道今井这小军阀这时还在想些什么吗？他还在继续向何柱国要求中国承认"满洲国"和允许日本在中国各地驻兵呢！——死到头上不知死吧！因此，中国政府那时对付日本侵略，不愿屈膝投降，就只有抗战到底。汪精卫、周佛海等之错误，便是妄想在两者之间寻觅一条中间路线，来"和平救国""外交救国"或"曲线救国"。结果两头落空，而以汉奸收场！

现在再回头看看我国当年的抗日阵营。日本侵华既是它们"全民一致"的行为；我们抗日反侵略，又何尝不是我们的民族行为呢？它们自甲午以后，对我国的侵略，层层升级，最后直如疾风暴雨。我们自"二十一条"（一九一五年）以后，抗日情绪亦节节升高，最后也形成狂涛骇浪。（作者附注：甲午战争前后，我民族尚无此种民族行为。所以，李鸿章和光绪皇帝只有投降，也可以投降。"七七"以后，汪、蒋不必投降，也不能投降。）如此相互激荡，至"七七""八一三"已达巅峰。只是他们是利人土地财宝的贪兵；我们是保家卫国的哀兵罢了。然其敌忾之心和疯狂情绪，则互不相让也。——朋友，这是两个民族的生死搏斗。敌人对我俘虏之活解剖，对我首都数十万军民男女老幼之集体屠杀，集体强奸，其疯狂已到绝灭人性的程度。我们自己决黄河之堤、烧长沙之城，牺牲数十百万军民，做顽强抵抗，也不能完全诉诸理智。在这种血肉横飞，天昏地暗的反侵略战争里，你死我活。这种狂涛骇浪，哪是三五位无行文人、投机政客，所能逆转的呢？在此疯狂场合，我们的白面书生，汪副总裁，还好整以暇地说什么，敌人的困难在结束战争，我们的困难在继续战争，岂非活见鬼哉？

周佛海讥笑蒋公说，人家唱高调，他调子就比人家唱得更高。蒋介石的抗战是为着保卫他的政权。至于何以如此呢？这个才胜于德的周佛海，就只知其然，而不知其所以然了。

汪、周二人也都不断地问，"抗战到底"，"底"在何处呢？他们自己的答案便是，亡党、亡国，蒋介石最后还是要投降的。"苦撑"以待英美参战，是绝对等不到的。所以，晚降不如早降。早降不但少受点苦，还可接收点晚降者的遗产，所以，他们就投降"待变"了。

这套汉奸理论，你不能说它缺乏理论逻辑。但是它缺乏道德上的基本原则和民族情绪上的牺牲精神——一切从功利出发，从投机取巧出发，那就难得糊涂了。

重庆有个"浮图关"（后改名"复兴关"），浮图关内有个"中央训练团"，抽训各中央、地方单位的干部，从事抗战。汪副总裁对这个训练团，真气愤至极。把它说成："在糊涂关，训练一批糊涂虫，打它个糊涂仗"，能打出个什么结果来？！

其实副总裁有所不知，小聪明往往不如大糊涂。当年不说"老实话"，不"负责任"（汪公在"八一三"前夕的讲题），专唱"高调"，满口"长期抗战""焦土抗战"——"抗战到底"的人，的确是一批"糊涂虫"。他们绝难与汪精卫、周佛海那样的聪明才智相比。——但是他们是芸芸众生，是群众，是民族。他们之间包括蒋介石、冯玉祥、李宗仁、白崇禧、陈诚、张发奎、朱德、彭德怀、林彪……所统率的五百万抗战将士；数十万在学青少年和他们的老师；数百万工人；数万万汗滴禾下土的农村劳苦大众——一言以蔽之，"抗日救国"是我全民族排山倒海的"民族行为"。顺之者昌，逆之者亡！有"底"我们要打下去，没"底"还是要打下去——没底就是底。

蒋公不是明告陶德曼，他要领导全民打到底。他不打到底，共产党会接着打到底，"共产党是不会投降的"。

在武汉失守前夕，汪精卫一次问冯玉祥："什么叫作抗战到底？"冯说："把所有失地都收回来……并且要日本帝国主义无条件投降，这就是抗战到底。"汪说这岂不是"做梦"？冯说他是在做当主人的梦，汪是在做当奴才的梦。（见王书君著《二次大战风云录》上卷，页二〇五）

这段简短的汪、冯对话，要是有国际外交官，或北大、哥大的教授们在一旁听到了，他们绝对会同情那温文儒雅、满腹诗书的汪副总裁的。冯玉祥那位"大老粗""糊涂蛋"，对国家大事不说"老实话"，身为副委员长也太不负"责任"了。

但是这"大老粗"、"糊涂蛋"，那时又何止冯玉祥一人呢？那"糊涂蛋"，男女老幼，当时有数万万之众，包括十余岁的笔者在内

（那时我也在武汉）——我们被日本人欺惨了。现在全民族都要站起来和那混账的日本人"拼命"！如此而已。要想遏阻这一排山倒海的"民族行为"，啐！汪精卫、周佛海你们这几位汉奸、白面书生算老几？！——这是汪伪悲剧的总根，说句行道话，这就是"行为史学"的结论。

从高宗武之死，谈到抗战初期几件重要史料

唐德刚

绍唐兄：

　　承"中央"研究院近代史研究所所长陈三井兄的盛意邀请，参加即将在南港举行的"中日关系史国际研讨会"。为此次盛会，弟正赶写一篇论文，试订的题目叫"抗战期间敌人向我诱和的第一位牵线人——高宗武的故事补疑"。

　　这篇小文是用英文写的。写完之后，原拟再节译改编成中文稿，寄兄乞正。谁知"眼大于腹"，要想在短短的一个月之内，双语并举，完成一篇严肃的史学论文，纵使不惜工本，用越洋电传，也是来不及了。但是，手头拥有成筐的第一手极珍贵的史料，仍可选出若干，"提供"贵刊选载之。兄或许也有浓厚兴趣也。

陶德曼 "绝密史料"

首先想随函附寄的，便是这四十一通抗战初期德国驻华大使陶德曼受日本首相近卫文麿之托，由希特勒批准，向蒋公诱和的"绝密电报"了。

这些极珍贵的第一手史料原出于《近代史资料》（一九五七年第三期，页六六——一一〇）。原译者为施子愉教授。子愉（字阜园）原是我的哥伦比亚大学同班同学、挚友兼（旧）诗友。他是云南人。云南大学毕业后，考入西南联大国文研究所，是吴宓、沈从文和闻一多的得意门生，所以也是个大大的"红迷"。他谈起林黛玉来是眉飞色舞的。当然他更是个"胡迷"，所以我们经常在一起作胡适体，用通韵（他说是"中华新韵"）的打油旧诗。旧诗之美，美在平仄协调，音韵铿锵。老施最恨的是那批如他所说的"不懂旧诗的新诗人作旧诗"，"谈起来皮肤打皱，受不了，受不了……"。

诗人那时常常在周末来找我一道玩耍。我二人终于变成很亲密的朋友。主要的原因之一，便是我能以正确的平仄声来读他的大作。他要"唱"，"唱"过要我"和"，我也可"和"他一下。这在他看来倒真是个"异数"。他送了我很多诗，我都忘记了。至今只记得那真正"打油"的两句："三千学子尽诗盲，谁解阳春白雪章？……"真是打油不堪。据老施说，"不认识字的人叫'文'，那么不通平仄、不懂（旧）诗的人，应该叫作'诗盲'！"我因为还可以"和"他的诗，应不属于"诗盲"之列，所以我二人都成为拭头巾游西湖的诗人名士了（典故出自《儒林外史》），所以我二人是好朋友。他原是周策纵的同学，我认识策纵就是他介绍的。

老施有两个硕士学位：一个是西南联大的"文学硕士"，另一个是密歇根大学的"史学硕士"。所以特别地到哥大来做"博士生"。

我记得他已考完"德文"（第一外国语）。第一道口试亦已通过，正在准备第二道口试……，他学识兼优，博士方冠已遥遥在望。忽然老施被美国移民特务请去埃利斯岛，隔离讯问一番。回来之后，他老人家一怒之下，便决定放弃博士学位，卷铺盖回国了。

纽约港口的"埃利斯小岛"今日已成为度周末的好去处、风景幽美的"移民博物馆"。但在那个二十世纪五十年代，苏联的《真理报》却说它是"世界上最大的集中营"。其中华裔移民往往一关数十百人。——这个华人专区据说是小岛之中最和平、也最热闹的一区。和平者，华人被隔离审讯时，态度一向最好，不像西（班牙）裔，动辄骂娘，摔椅子也。热闹者，红中、白板之声，终日不绝也。—— 一次，我的另一好友药剂博士朱庭儒兄也被请进去了。那移民局警察习以为常地动了一下粗。老朱火了，一记鹞子翻身，便把他打倒在地。老朱正握拳待其反击，谁知那躺在地上的美国老特务，态度一下倒好起来。他从地上缓缓地爬起来，拍拍灰尘，心平气和地向老朱说："查理，你可佩呢。我在这儿干了四十年，你还是第一个查理对我动粗呢！"——"查理"是当年美国人侮辱华人的称呼。据说起于那部叫《陈查理》的辱华影片。

我另外一位同窗博士生，也被叫入埃利斯岛。他被那隔离审讯问烦了，便抱怨说："你还要问到什么时候？我还要去看游行呢！"

"什么游行？"那移民警察问他。

"纽约市欢迎麦克阿瑟的大游行嘛。"

"你也要去欢迎麦克阿瑟将军？"

他二人的对话因此也就很快结束了。这位朋友"欢迎"过麦克阿瑟之后，从此便不再有特务骚扰，安安心心地读了个博士。——那一段时期是美国历史里，赫赫有名的"麦卡锡参议员的白色恐怖时代"。

子愉兄回国途中一路诗兴甚好。在夏威夷"游珍珠港"，过广州"咏妃子笑"均有可诵。抵武汉后被聘入武汉大学执教。我复他的信，多半也是以"歌行体"出之。说了些什么"……石龟犹怀海，我岂心如铁？……"我要他"若余纸笔钱，告我归何若？"

子愉给我的最后一封信，说他要到恩施去参加"均田运动"，从此便讯息杳然。我写给他的"诗信"也都被原封退回了。打油失伴，望云翘首，能不怅然。想不到若干年后，我在哥大管理图书兼授近代史料学一课，搜编史学出版新作时，竟发现了上述"陶德曼"当年替日本近卫首相向我方诱和的"绝密史料"，而译者竟是"施子愉"，真大喜过望。吃他那行饭的在二十世纪五六十年代，不可能有两个"施子愉"！——吾固知老友学而时习之，尚笔耕未辍也。

日本南京大屠杀

馆长，这儿寄给您的《陶德曼史料》可不是复制自施著原书。那二十世纪五六十年代的老书，在哥大都被锁入"上城分馆书库"，翻箱倒箧找起来麻烦大了。这叠复印史料是采自一本新编史料书，全名是："汪伪政权资料选编《汪精卫集团投敌》黄美真、张云编，上海人民出版社，一九八四年第一版。内部发行"。

这本书是若干年前弟在上海想找找有关开公（德刚岳父吴开先）被捕的史料时，编者黄美真教授送我的。美真是今日治汪伪史的世界级权威，现任复旦大学历史系主任。他送我这本"内部发行"的史料选编，是外界一般买不到的。"奇文共欣赏"，所以"提供"吾兄一阅，贵刊选载之，海外有此需要的读者应该同感兴趣，因为这毕竟是一束惊天动地的绝密史料，坊间不易多得也。

它的重要性在哪里呢？

您不是电嘱我写篇纪念"南京大屠杀"的文章吗？（本年十二月为日军南京大屠杀第五十七周年纪念）弟目前实在太忙，眼大于腹，暂难应命。但是我想以"史料学"教师的老底子，向兄"提供"点关键性史料，其价值与说服力可能远在自己动笔之上也。

"南京大屠杀"开始于一九三七年（民国二十六年）十二月十三日敌军攻破我首都南京。在此后的两个月之中，日军屠杀我军民男女老幼三十四万余人，包括被奸杀的妇女数万人，是日本帝国主义侵华史上，最残酷、最无耻的一次暴行。

可是大屠杀发生前一个多月，日本首相近卫文麿曾要德国驻日大使狄克森转请希特勒认可，由德国驻华大使陶德曼以所谓近卫"七条要求"，向我政府试探和平。这七条要求虽然也很严酷，然比诸当年的"二十一条"和其后的各种无理要求，可算是出人意料地温和了。所以当陶德曼专程跑到南京向蒋委员长面呈此七条时，不特蒋公认为它可以"做谈判基础"，纵连当时主战最力的白崇禧，也惊讶地说，"与其如此，那又何必作战呢？"

陶德曼闻讯大喜，乃回报近卫以和平在望。谁知在阁议中，一般日本军阀和时任陆相的杉山元乃至复任外相的广田弘毅等人，忽然否认七条前议。力主攻下南京，另提亡国条件，逼令中国接受。果然南京被他们打下了。敌军为显威风，乃密令侵华部队不许存活俘虏，见人必杀，这样便搞出最残酷的南京大屠杀来。这一杀，日本人自以为威风十足，中国人被他们杀怕了，此后也就可以接受任何亡国条件了。

果然他们又通过德国人，再向我方提出残酷条件，逼令求和。在这新条件之下，连那一向亲日的驻日德使狄克森都叹息为不可能。陶德曼再向蒋公试探，就被蒋委员长断然拒绝了。

近卫文麿恼羞成怒之后，乃发出所谓"近卫第一次声明"（一九三八年一月十六日），以后中日交涉"不以国民政府为对手"。他们所指的"国民政府"言明了是"蒋介石所领导的政府"。日本人既要蒋介石"靠边站"，那最有资格代蒋的汪精卫，难免就潜发觊觎之心了。

绍唐兄，这段历史本来很清楚，无须多辩。可是，那些对他们本国历史也毫无训练的日本小政客，像石原慎太郎那一干人，至今还在啰啰唆唆乱说一通。我们中国学者写文章，他们照例是不看的。我这次特选一篇日本当年负责人今井武夫所写的文章，让大家都看看，问题便迎刃而解了。今井武夫中佐当年是他们日军参谋本部中的中国课课长，也是侵华的主要分子之一。这篇文章，是他当时所写。

高宗武"口述历史"

汪精卫，尤其是他那"天威咫尺"的老婆陈璧君，既然想里通敌国，乘机代蒋，他和日本人勾结起来，泥足就愈陷愈深了。汪精卫是个并没有太多实力的政客，和日人勾结，因此也就没有太多讨价还价的本钱。一旦走上不归路，他就只有在敌人的喜恶之下，为着自身生存，做妾妇之行，顾不得许多了。

太平洋战争爆发之后，汪精卫居然也向美国"宣战"了。汪本以"反共"为借口向日本投靠的嘛。和美国有什么过不去呢？但是既已做了日本人的奴才，回不了头，又有什么办法呢？话说从头，那时诱导汪氏走向这条不归路的，原是上月在美国逝世的高宗武（一九〇六——一九九四）。所以我想再谈谈高宗武。

高宗武是家岳吴开先的好朋友。他们高、吴两家原有通家之好。

内子（吴昭文）和她的弟妹和高氏夫妇都很熟。高氏蛰居华府期间，社交圈很小，所以他们时相往还，我也就和高君不时往返，诚恳倾谈。但是我和高君第一次夜谈则是以我自己口述历史的本行，对他做正式访问的，谈得相当深入。那时我是从老友马大任兄处取得他的电话，专程单独趋访的。——高是温州人，幼年和萧铮先生等一起在家乡向马公愚学英文。大任则是马公愚的儿子，在沙坪坝和我同班。大任知道我对高宗武有兴趣，他乃主动替我介绍，取得高君同意之后，才通知我的。我们谈了四五个钟头，高先生尚不知道我和吴家的关系。

无独有偶：二十世纪五十年代之末，昭文请"吴国桢伯伯"共进晚餐。吴氏按时抵达，我开门迎客时，吴氏惊讶地问我："德刚兄，今晚您也是客人啦？！"我们相拥大笑。在此之前，我在哥大已和吴氏吃了十多次午餐。

高宗武的故事我所知已多。但是搞口述历史的人所要知道的却只是那"灵犀一点"。而被访问者往往都是口若悬河的。子曰，"有德者，必有言"嘛。但是一旦触及那灵犀一点，则滔滔不绝者便固若金汤，守口如瓶了。——这个经验便是我们搞口述历史者和新闻记者物分别所在了。

记得在二十世纪三十年代初期，汪、蒋二公正吵得不可开交之时，汪公去青岛避暑，蒋公在庐山避暑。我发现驻法大使顾维钧，却长期待在火热的上海。我问顾公为何不回巴黎任所，处理要公。顾氏说，国公更有要公要处理。我说既有要公，何不西上庐山，北去青岛呢？是不是那两个"避暑胜地"都"太热"？顾公讶然微笑。我就没有打破砂锅了。——那时的驻英大使，后来以搞ABCD而闻名世界的郭泰祺，就不谙"避暑"之道，以致长才未展，读史者不免为之不平也。

我第一次专访高宗武先生时，我们谈得很深入。他一再提到某位"哈佛学者"对他的深入访问。后来我把这位哈佛学者费老板（费正清）的学生的大著找到了。它的全名是：Gerald E. Bunker, *The Peace Conspiracy: Wang ChingWei and The china War, 1937—1941*. Harvard University Press, 1972. 简译之应该是《中国抗战初期汪精卫的和平阴谋》。这本书的主要史料便是根据作者所笔录用英文写的高宗武访问记。大致有一百多页。作者如把这"访问记"单独发表之，则不失为一宗有价值的原始史料。但如消化之成为博士论文的基本史料，那问题就多起来了。孟子说，尽信书不如无书嘛。胡适说，读书"不疑处要有疑"嘛。怎能有疑处不疑呢？因此，我读完该书，有时心血来潮，就想动动笔来补疑一下，并向高先生请益。后来黄美真教授送了我一些书，凡牵涉到高氏者，也曾择要复印出来，托定居华府的姨妹吴焕文转送高府。请高先生批注，以便详谈。

今夏（一九九四）在南港与陈三井兄谈及"高宗武的故事"，遂打定主意真地来写篇"补疑"作为这次"中日关系史国际研讨会"的"论文"。因我所拟"补"之"疑"发自高氏的英文口述访问记，和访问者Bunker（邦克）的英文专著，我只有也用英文来写，才能说得清楚些。何况，对这一命题的研究，中文已多如山积而西文尚不多见。再者，弟在以前也曾用英文写过一篇冗长的《中国抗战决策论》（T.K.Tong, *"China's Decision for War: The Lukouchiao Incident"*, in Society and History, Edited by G.L.Ulmen, Mouton Publishers at The Hague, Paris & New York.Pp.411—436.），和此篇拙作正好前后衔接。两篇接起来也可对英语有关此一命题的各项著作做一点补充。主意打定了，我乃电请现住华府为高府近邻的姨妹焕文为我向高公约一时间以便问候。这时正值高公九十华诞（中国人传统做九不做十，高先生今年实足年龄才八十八岁），昭文与我也拟亲往拜寿。高先生向焕妹反映说，"欢迎唐德刚来啊。但是他所问的问题，我可不能回答噢。"

怎知高公此言竟成谶语。余音犹绕梁，而公竟溘然而逝，真不胜其悼念也。

我国八年抗战是五千年所罕有的一件大事，而"西安事变"却是个分水岭。事变之前，我民族还有"玉碎"和"瓦全"的两项选择；然事变之后，则只有在"玉碎"与"瓦碎"之中任择其一了。然选择玉碎者，苦撑待变，说不定还有出头天。蒋公个性坚强，选择了"玉碎"之途，在首都沦陷前夕，曾向陶德曼沉痛言之。

汪公怯懦，受制于闺阃。于"瓦碎"路上，妄求"瓦全"。纵使二次大战成日德全胜之局，汪兆铭如欲做"满洲国"之溥仪，又岂可得乎？！此精卫之所以见弃于全民，而万劫不复也。呜呼！

弟德刚上

一九九四年十一月廿二日于北美洲

第三编

日本侵华罪行再探讨

日本向袁世凯所提"二十一条"与新发现的孙中山"日中盟约"

——为纪念"五九国耻纪念日"七十七周年

吴天威

　　在日本帝国主义的侵华历史上，没有比一九一五年所提出的"二十一条"为我同胞最引以为耻、痛恨万分和牢记不忘的了。忆及二十世纪三十年代，笔者正就读初中（时在北平之国立东北中山中学），每当"五九"国耻纪念日，全校休课一日，师生绝食，如丧考妣，左臂缠着黑布，以志哀思。

　　第一次世界大战爆发之始，日本借口与德国交战，即进占当时德国在华势力范围之我山东省，翌年，趁欧美列强无暇东顾，袁世凯一意称帝之际，日本驻华公使日置益于一九一五年一月十八日亲向袁世凯提出　"二十一条"要求。中日双方代表开会二十五次，历时三阅月，日方威迫利诱，已尽其极；中方仍期拖延折冲，企求挽回少许权益。奈日本毫不让步，必欲鲸吞中国而后已。是年五月六日天皇大正召集御前会议，次日乃向我北京政府发出最后通牒，限四十八小时内答复，否则兵戎相见。袁大总统终于屈服，除对最严重的几条稍作保留外，悉数接受，兹先简述"二十一条"之内容。

"二十一条"足以使中国为日本之附庸

日本提出之"二十一条"要求共分五组，第一组共四条："（一）中国政府允诺，日后日本国政府拟向德国政府协定之所有德国关于山东省依据条约或其他关系对中国政府享有一切权利利益让予等项处分，概行承认。（二）中国政府允诺，凡山东省内并其沿海一带土地及各岛屿，无论何项名目，概不让予或租予他国。（三）中国政府允准，日本国建造烟台或龙口接连胶济路线之铁路。（四）中国政府允诺，为外国人居住贸易起见，从速自开山东省内各主要城市，作为商埠，其应开地方，另行协定"。

第二组共七条要求："（一）两订约国互相约定，将旅顺、大连租借期限并南满洲及安奉两铁路期限，均展至九十九年为期。（二）日本国臣民在南满洲及东部内蒙古为盖造商工业应用之房厂，或为耕作，可得其需要土地之租借权或所有权。（三）日本国臣民得在南满洲及东部内蒙古任便居住往来，并经营商工业等各项生意。（四）中国政府允将在南满洲及东部内蒙古各矿开采权，许予日本国臣民，至于拟开各矿，另行商订。（五）中国政府应允关于下开各项，先经日本政府同意而后办理：在南满洲及东部内蒙古允准他国人建造铁路，或为建造铁路向他国借用款项之时；将南满洲及东部内蒙古各项税课做抵由他国借款之时。（六）中国政府允诺，如中国政府在南满洲及东部内蒙古聘用政治财政军事各顾问教习，必须先向日本国政府商议。（七）中国政府允将吉长铁路管理经营事宜委任日本国政府，其年限自本约画押之日起以九十九年为期"。

第三组共两条："（一）两缔约国互相约定，俟将来相当机会，将汉冶萍公司作为两国合办事业，并允如未经日本国政府之同意，所有属于该公司一切权利产业，中国政府不得自行处分，亦不得使该公司任意处分。（二）中国政府允准所有属于汉冶萍公司各矿之附近矿山，如未经该公司同意，一概不准该公司以外之人开采，并允此外凡欲措办无论直接间接对该公司恐有影响之举，必须先经该公司同意。"

第四组只是一条："中国政府允准所有中国沿岸港湾及岛屿概不让予或租予他国。"

第五组共七条："（一）在中国中央政府，须聘用有力之日本人充为政治财政军事等各顾问。（二）所有在中国内地所设日本病院寺院学校等，概允其土地所有权。（三）向来日中两国屡起警察案件，以致酿成　之事不少，因此须将必要地方之警察，作为日中合办，或在此等地方之警察官署须聘用多数日本人，以资一面筹划改良中国警察机关。（四）由日本采办一定数量之军械（譬如在中国政府所需军械之半数以上），或在中国设立中日合办之军械厂，聘用日本技师，并采买日本材料。（五）允将接连武昌与九江南昌路线之铁路及南昌杭州、南昌潮州各路线铁路之建造权，许予日本国。（六）在福建省内筹办铁路矿山及整顿海口（船厂在内），如需外国资本之时，先向日本国协议。（七）允认日本国人在中国有布教之权。"

以上的"二十一条"归纳起来说，第一组的四条是要求享有德国原在山东的一切权益，独占山东。第二组的七条是将旅顺、大连及南满、安奉两铁路的租期（旅大及南满原租期为二十五年，安奉路十五年）展至九十九年，并扩充在南满及东部内蒙的经济侵略。第三组的两条旨在控制中国经营之最大煤矿铁矿，即萍乡的煤、大冶的铁和汉阳的钢铁厂（汉冶萍的钢铁工业仅次于日人经营的抚顺和鞍山）。第四组仅一条，要求独占中国之沿海地区。以上十四条多为日本侵略已得的权益的延续与扩张，故日本周知欧美列强，但对第五组之七条始终保持秘密，此七条要求中国政府聘用日人为政治、财政、军事顾问；控制中国警政与军械制造；江西及浙江之铁路及独占福建省。此"二十一条"不仅严重地损害了中国的主权，充分暴露了日本帝国主义吞并中国的狰狞面目，更使中国沦为日本的保护国和殖民地，为朝鲜的第二（日本于一九一〇年宣布合并朝鲜）；中国人灭种虽不可能，但亡国是注定的了。

袁世凯鉴于"二十一条"之严重性，首先撤换外交部长孙宝琦，因孙对全部条款公开发表意见，以陆征祥代之，进行与日本会商，提出修正，以期减轻损害，同时向美、英、俄、法等国公使逐渐泄露第五组各款，期能出面干涉或抑制日本。又当时为袁出谋划策者，除外长陆征祥外，尚有外次曹汝霖，参事顾维钧、伍朝枢、章祖申，及袁之日籍顾问有贺长雄、美籍顾问古德诺（Goodnow），中国对前四组要求提出修正案，但对第五组坚持不议；后屡经折冲，对第五组中之第六款关于福建省的问题让步，并达成协议。唯日人并不以此为满足，乃于五月七日提出最后通牒，其要点如下：

　　帝国政府因鉴于中国政府如此之态度，虽深惜几再无继续协商之余地……于无可忍之中，再酌量邻邦政府之情意，将帝国政府前次提出之修正案中之第五号各项，除关于福建省互换公文一事业经两国政府代表协定外，其他五项，可承认与此次交涉脱离，日后另外协商……中国政府将其他各项……速行应诺……期望中国政府至五月九日午后六时为止，为满足之答复。如到期不受到满足之答复，帝国政府将执认为必要之手段，合并声明。

袁收到日人之最后通牒后，立即召集政府军政首要，声泪俱下，激昂慷慨地说："此次日人乘欧战方酣，欺我国积弱之时，提出苛酷条款……终以最后通牒迫我承认。我国虽弱，苟侵及我主权，束缚我内政，如第五号所列者，我必誓死力拒……为权衡利害，而至不得已接受日本通牒之要求，是何等痛心！何等耻辱！"数日后袁亦密谕全国政府官员，儆以国亡无日，勉以卧薪尝胆，发愤图强。由此看来，袁之接受日本"二十一条"要求情非得已，不是卖国求荣，但为寻求皇冠，致遭日本之利诱。

日本原来的"二十六条"

为世人所周知的"二十一条"要求并不是日本原始的全部条件。其原始的文件中，除五组（或号）"二十一条"外，尚有第六组一条及"附记"四款，故实际上是"二十六条"，而非"二十一条"。日本在投降后，始将档案公布于世，但迄今此五条尚无译文，知者不多。今经长春东北师范大学郎维成教授予以译成中文并加以详细分析，今特介绍于此。

第六组一条条文："中国政府承诺，将日本国政府交还给中国的胶州湾租借地，全部作为商港对外开放，并允准日本国在指定地区设置日本独自管理的居留地。"

另外的"附记"是"本件交涉之际，日本可向中国方面允诺如下事项：

一、保障袁大总统地位及一身一家之安全；

二、严厉取缔革命党及中国留学生，并充分注意本国之不慎商民浪人等；

三、在适当时期，审议交还胶州湾问题；

四、考虑袁总统及有关高官奏请授勋及赠与之事。"

显然的，第六组设置之目的是作为交换条件，诱使袁世凯全部接受"二十一条"要求，并使日本控制合法化。在一九一五年因"二十一条"所订的中日条约及换文中，即有一项"关于交还胶州湾之换文"。该换文除第六组内容外，又增加两项："如列国希望共同租界，可另行设置"；"此外关于国营造物及财产之处分并其他之条件手续等，于实行交还之先，日本国政府与中国政府应行协定。"

日本提出之"二十一条"，系以第五组为追求的主要目标。交涉开始，日本即采"总括讨论"和"立即接受全部要求"的方针，在会上施加压力，以中断会议为要挟，在会外增调侵华日军，向山东及东北派兵，动员日侨归国，制造战争气氛，更施小惠以诱袁上钩。日外相加藤高明电训日驻华公使日置益以第六组诱使袁世凯承认日本全部要求；只要中国接受第五组，即使不用文字条约形式亦无不可，日本诱袁之饵即为第六组之"附记"四款，即保障袁之尊位，授勋及馈赠，及压制反袁之革命党及中国留学生。

袁世凯是否接到或获悉第六组及"附记"，抑是否接受日本之馈赠，截至目前，尚无档案可稽，唯王芸生在其《六十年来中国与日本》（天津大公报，一九三三年）第六册中曾提及"另一密约"，其是否与第六组之"附记"有关，有待历史从业者之钻研发掘。

所谓新发现的孙文"日中盟约"书简

西方学术界远在三十年前，业已获悉孙中山先生在"二次革命"失败流亡日本不久，即作书给日本政府首相大隈重信，提出优惠条件以争取"日援"，来推翻袁世凯政权。此一观点早为西方学者所接受。最先为马里厄斯·詹森（Marius B. Jansen）教授于其一九五四年出版之《日本人与孙中山》（*The Japanese and Sun Yat-sen*）中予以揭露。当日本正在与袁世凯进行"二十一条"交涉时，孙于三月十四日致函日本外务省政治事务司司长小池张造，表示关心日本与袁之"腐败政府"之交涉，赞同为争取亚洲之和平，中日间之未决问题应该解决，并认为建立中日联盟为自欧洲帝国主义压迫下，争取自由之唯一途径。革命党人所期望于日本者，不外友好之关系，最后信中附有一"盟约"草案请日政府考虑，此一草约共十一条，笔者转译自英文本如下：（请参阅一九九一年四月二十八日台北《求是报》所载之日文译文）

一、中日两国任何一方，有关亚洲问题，在与第三国达成重要协议之前，应共同协商。

二、为便利军事合作，中国之海陆军将采用日本式的武器、军火及设备。

三、为了同一理由，当中国之海陆军聘请外国顾问时，优先聘请日本军官。

四、为实现政治联合，当中国的中央和地方政府雇用外国专家时，优先雇用日本人。

五、为促进中日两国的经济合作，在中日两国所有之主要城市，设立中日银行及支行。

六、为了同一理由，如中国需要外来援助和开采矿山、兴建铁路，及发展沿海贸易所需之资金，当首先与日本磋商，只能当日本不能提供时，始可邀请其他外援。

七、日本提供必需的援助，以推倒中国的腐败政府。

八、日本协助中国政府的改革，军事制度之调整，及成为一个健全的国家。

九、日本对中国为达成关税自主、治外法权等之条约修改，予以支持。

十、上述各款之内容，经中日两国正当的政府及双方的签署者同意后，任何一方不得与其他任何国家建立联盟。

十一、自本约签字之日起，直至合作期满后延期为止，以后按双方意愿可以续约。

詹森教授的意见是孙先生在"盟约""所提出的条件比袁世凯为取得日本的支持而愿于接受的，还为优厚"。詹森的观点颇遭中国学者的非议，认为是对国父孙中山先生的诽谤，近代史专家前"中央研究院"近代史研究所所长梁敬錞立于纽约《华美日报》撰文予以驳斥，当年笔者亦曾检阅孙致小池张造之函，迄今记忆犹新。该函结尾只签署"孙文"二字，并附有"王统一"的名片，王为何许人，多年无从查悉，今承史学家蒋永敬教授相告王系孙先生委派之海军司令。该函之真实性亦从未建立；此点詹森教授本人亦承认，今日本NHK电视网重提此一旧案，并认为是发现的新资料，实令人不解。虽云如此，"盟约"草案与孙先生于一九一四年五月十一日致大隈重信之信恳请日本协助打倒袁世凯并保证中日之长期联盟，实为一脉相通，并无二致。更要者在一九一九年"五四"以前，孙先生对日本帝国主义尚有幻想，认为有合作可能，同时争取外援，欧美也好，苏联也好，是他的一贯政策。就此而论，其致小池张造函之真实性是毋庸置疑的。

笔者拟提出两点供读者参考。首先分析比较日本向袁世凯所提之"二十六条要求"（非"二十一条"）与孙中山提出的"日中盟约"草案，我们不难发现"二十六条"是具体的，不折不扣地征服中国的步骤；如果接受，则中国便沦为日本的殖民地。相反的，孙先生提出的"盟约"旨在争取真正中日合作，借日本之援助，以推翻一意称帝的袁世凯，建立廉洁革新的共和政府，以摆脱帝国主义的压迫，岂能与袁之多多少少为私欲而不得不接受"二十一条"要求同日而语？其次孙是革命家，在策略上的运用，有时难免屈服于现实，而伤革命之理想，最好一例为列宁于一九一八年三月同德国签订之屈辱的《布列斯特-立陶夫斯克（Brest-Litovsk）条约》，为保全革命则不顾有卖国之嫌，较诸孙之对日"盟约"，真不知屈辱若干倍，同时日本有见识之士，赞助孙之革命运动，乐观中国独立自主、日益富强，正如孙本人高提"大亚细亚主义"者也不乏其人。何况在日本提出"二十一条"要求之最后通牒之前，其侵略与独吞中华之野心尚未昭然若揭。孙始终深信中国之革命运动及未来中国之经济发展，均有赖于外援以抵于成。平心而论，孙之"盟约"只提出原则性之合作，除第二、三、四、六各款关于军事及聘请日人顾问以及经济发展上，类似"二十一条"第五组之一、四、五条外，并未涉及第一组之山东问题，第二组之旅大、南满及内蒙问题，第三组之汉冶萍合办，甚至第四组之日本独占沿海地区，休论第六组之"附记"四款为袁接受"二十一条"之酬劳。袁不欲卖国而做辱国求荣之实，孙既未辱国更无利己求荣之心，故"盟约"草案只能视为孙之革命事业中一不幸插曲而已。

"九一八"事变的内幕
——并论日本篡改教科书之可悲

梁敬锌

在叙述"九一八"事变内幕之前，我想略说一下我和东北关系的起源，和对张作霖父子的看法。

我自大学毕业，就参加了北京司法部收回法权的工作。不久东省特区法院成立，我随罗文干先生前往哈尔滨，收回中东路帝俄时代遗留的各级法庭，因此认识了张作霖父子、王永江、杨宇霆等人。张作霖绿林出身，人所共知，但他卫护疆土、热爱国家，宁可杀身，而不肯负国，这也有史实可以证明。民国十六年第一次北伐时，日本政客久原房之助，正在莫斯科献策于斯大林，欲将中国满洲连同东蒙、朝鲜以及贝加尔湖一带的地区造一缓冲国，由日本、苏联、中国各派监理人一人，共同执掌新国事务。中国首领拟推作霖担任，斯大林同意，久原归商东北当局，而作霖不可，此事距皇姑屯之变，仅有数月。尚非外间所能共晓，故我特为辟出。

至于张学良之爱国，更不待说。东北易帜时学良年尚未满三十，远受东京田中义一之压迫，近受林权助专使之威吓，身家性命危如累卵，而学良不为所动，卒使东三省倾向中央之同心力，战胜了东京分离满蒙之离心力，刻中华民族最荣耀之一页。至于其后"九一八"事变发生后之不抵抗，事关国策，中央地方均有忍辱负重勿挑祸衅之警戒，亦无抵抗防御之安排，并且那时外交财政货币金融也毫无准备，与其后卢沟桥事变发生时之情形大不相同。故不能以七七事变之抗日，比诸"九一八"事变之不抵抗。特学良身负地方之重任，未能事前筹维戒备，自另有可议之处，但若使其全负"九一八"事变不抵抗之责任，则非公允，此点我曾在《九一八事变史述》一书叙过，今可不赘。

"九一八"事变日本称为柳条沟事件，此事经过李顿调查团之审定与"东京裁判"之判决，铁案种种，而内幕重重。原来日本自大正以后西原借款，内阁涉及贪污，少壮军人满怀怨愤，此辈外受法西斯思想之刺激，亟思以崛起革命手段，内除国贼，外拓国土，取威定霸，恢展昭和维新之大业。所谓国贼，指的是日本各政党的长老，三菱、三井的财团。所谓拓疆辟土，目的在于臣服满蒙，驱逐苏联，阻抑英、美，重新分配贫富。

不独少壮军人如此嚣张，高级日本将领亦复目空一世。我在东京裁判资料中发现关东军司令官本庄繁，曾致陆军大臣南次郎密函一件，劝其于一九三一年建立两个新国，以树立日本的基业。一是满蒙王国、二是远东独立国。满蒙王国，包括中国的满洲与东蒙；远东独立国，包括东西伯利亚、上乌丁斯克、后贝加尔湖洲、阿穆尔州而至于白令海峡。本庄函谓两独立国创立之后，不但鄂霍次克海、日本海，成了日本的内湖，中国之东三省，大逾日本内地三倍，后贝加尔湖大逾日本七倍，加以松花江平原、嫩江平原、黑龙江沿岸，都是膏腴之地，矿藏之富，取之不竭，十年之内，日本国力将超美国。

本庄又说此种经营八表之大业，一九三一年确是日本绝好的机会。因为华盛顿军缩条约，美国对日有西太平洋不设防的约束，日本海军强于美国，故日本行动，美国不敢干涉。英国与日本还有旧时英日同盟的余情，也绝不肯对日为已甚之举。至于欧陆诸国，则一九二九年经济恐慌之创痛方深，也无实力足抗日本。日本所虑，固有苏联，然苏联五年计划，现在刚及一半，如果日本毅然发难，苏联亦不敢单独作梗，是诚日本时乎不再之机会，万勿错失。

南次郎如何裁答，我苦无以奉告，但少壮派之秘密结社与阴图革命，则有文献可征。远在一九二一年左右，永田铁山、小畑敏四郎、冈村宁次陆军三少佐于留德时，已在某温泉会合中宣誓，返国整顿陆军人事，共订排除长州军阀之密约，其后十五期生、十八期生之"双叶会"，廿一期生至廿五期生之"木曜会"，廿五期生联络大中少佐各级四十余人之"一夕会"等相率成风，"以下克上"之革命潮流，已澎湃而不可遏。

当时革命计划有国内先行论与国外先行论两说。一九三一年之三月事件，少壮派军人借"樱花社"之结合，拟联络民间团体一万人，在日比谷公园会合召集示威游行大会，由小矶国昭、建川美次两少将，宣布不信任内阁，请闲院宫亲王、西园寺公望推荐陆相宇垣一成出掌政权，则国内先行论之一派也。此事件因宇垣临时变意，遂至失败。而柳条沟"九一八"事变继起，则国外先行论之抬头也。国外先行论虽有柳条沟之成就，而锦旗革命之计划终不可止，于是有十月事件之发生。是故在中国言，"九一八"之事变，自系关东军对华之侵略，而自日本言，"九一八"之事变，只是日本一九三一年革命三事件之一。"东京裁判"证据中西园寺公望政治秘书原田熊雄有日记，曾载其事。他说：

> 诸君如以为九一八事变只是国际的事件，则君等观察，尚未精确。九一八事变乃日本革命之一部分，他们以为能得志于国外者，必亦能得志于国内。我们今日之危机在此。

"九一八"事变我们今知系石原莞尔所策划，板垣征四郎所执行，本庄繁所特准。事变发动前数日，沈阳日本总领事馆已早得消息，总领事林久治郎、领事森岛守人各以密电报告币原外相，币原亟提出阁议，责令陆相南次郎派出专使，持天皇诏敕，戒关东军勿得擅动。乃南次郎所派专使，适为革命同谋人之建川美次，伊密以奉敕消息通知板垣，使其于建川抵沈之下午，赴站迎接，安排艺妓与食宿，并于约谒本庄司令官之前夕，提前起事。建川有意迟延敕令之投递，使外务省失去防止事变之功能，柳条沟事件遂至爆发。我在东京裁判资料中，又发现当年日本参谋部主管课所预定之程序，"满洲事变"原拟在一九三二年发动（今村均日记二卷页一九四），距九一八尚有九个月，按照关东军幕僚所预定之柳条沟举事日期，为九月廿八日，距九一八亦尚有十日，（《太平洋战争之路》卷二）按照重光葵与宋子文同赴东北，商讨悬案之约，其日期为九月二十日，向使三种安排有一成就，则历史上便无"九一八"之事变。是"九一八"之名词，以事变论，固是预谋；以日期论，则系突发。论"九一八"事变者之所宜知也。

"九一八"事变发生之后，军人意气如虹，然内阁使用"临参委命"，制止事变之扩大，多至九次，关东军不得已中止哈尔滨与吉林之进兵，于是板垣等始公言回国革命，十月革命于此开始。迨十月革命再受波折，东京盛传关东军将次独立，参谋部复遣使向板垣、本庄个别敷衍。军人为社会之花，战争是文明之母，以军篡政，视为维新；以下克上，认为忠悃。宪纲隳地，军纪沦亡，识者早知日本必有大乱之局。自一九三二至一九三六年，东京发生白昼暗杀案竟有五次，井上准之助、团琢磨、犬养毅，皆被杀。直至"二二六"事件起，近卫师团叛变，纠合士兵至一千四百人袭击首相官邸，冈田启介首相与西园寺公爵亦几不免，相持三日，叛兵虽被镇压，而少壮佐尉军人仍然得势，我卢沟桥之事变，即于翌年爆发，盖实"九一八"之余波也。

我尝谓"九一八"事变，上结一八九五年三国干涉还辽之余绪，下迄一九四五年东京湾联军会盟之新局，直是一单极之绳梁。莫利逊史学家亦自柳条沟，而卢沟桥，而珍珠港，而广岛、长崎（原子弹下落地）、东京湾，亦只是一来回起讫的旅程，而日本已自挑起侵略而至于惨败，国几不国，军国主义之炯戒，何等昭昭。今日日人倘尚不知警悟，反悍然以篡改南京大屠杀、伪满建立之史实为掩丑之方，其识见之低下，亦正可悲。试思五十年之往事非遥，诸在事之人证犹在，即以"东京裁判"而论，其资料类皆日本霞关、三宅坂原始之档案，其证人类皆当年在职之首相、军官或当事人，其审问之笔录、控诉书、证件、辩护书、自白书，皆已缩制胶卷，分藏于美国各大学之图书馆中，供人阅览。综其页数在四万八千页左右，岂区区一日本文部省核定之教科书所能篡改而掩饰，窃恐其徒见作伪心劳，贻人耻笑而已。

南京大屠杀与日本从军慰安妇

姜国镇著　唐德刚序

　　最近"慰安妇"的问题在日本曝光，韩国和中国台湾都受到很大的震撼，由于百分之八十的慰安妇都来自当时是日本殖民地的韩国，因此韩国就成了最大的受害者，而得到了日本首相宫泽的赔罪。至于其他受害者，众所周知的中国的慰安妇，却因为种种政治因素，不仅得不到赔偿，就连谢罪甚或道歉的字眼也都看不到了。

　　大多数读者或许会觉得奇怪，本文为什么要把"南京大屠杀"与"慰安妇"连在一起？这两件乍看之下似乎毫不相关的事，其实有着非常深的渊源。如果翻开最近才曝光的日军历史档案，我们就会发现日本帝国陆军是在昭和十三年（一九三八），亦即南京大屠杀之翌年的春天，才发布命令要直接管辖"慰安妇"这个组织的。在此之前，原是私人经营的，而且绝大多数都是年纪较大的、曾在伪满洲国的日军军营附近开业的日本职业妓女，为什么"堂堂"日本皇军不顾它的名誉来搞这见不得人的勾当呢？而且所谓"从军慰安妇"（亦即跟着军队行动的卖春妇）实是史无前例的世界奇事。其加诸这些妇女身心的痛苦以及其悲惨的命运，就更不用提了。

要了解日军怎样施行这一可耻的政策，我们得先搜搜它的根源，原本由私人经营的卖春妇转为日本皇军经营管理的慰安妇，是经过了两个重大的过程的。一个过程是以强迫或诱拐手段而得到的大批韩国贫农出身的年轻妇女，来替代以前的日本职业妓女。另一个过程则非常重要，即南京大屠杀和它连带的千万强奸案件，使日军的领导阶层做下了由军方来经营管理慰安妇的决定。

日军慰安妇的产生，源于伪满洲国的建立，亦即从占领我国东北开始。而日本侵略我国东北，又是明治以来军事及经济扩张的必然结果。它从甲午战争获得了我国台湾宝岛和两万万两白银，从日俄战争又获得在南满的权益。不久，又完全并吞了朝鲜。在它一再尝到侵略的甜头之后，再加上大财阀的兴趣，使野心家的胃口越来越大。远在"九一八"之前，日本帝国主义就已把我国的东北视为禁脔。为了保护所谓"日本权益"，满铁（南满洲铁道株式会社）的铁道守备队（即关东军的前身）已在中国领土的东北行使日本政府的"主权"了。关东军与日本参谋本部一面对东北的军阀实施怀柔政策（例如分配日女给中国军阀做妻妾，并让她们收集情报）；另一方面则积极地把韩国农民移往中国东北，并故意制造中、朝两族裔间的纷争（例如万宝山事件），终至引发了"九一八"事变而占领了我整个东北。在这种毫无道德规范的状态下，被占领的东北就成了刀枪、阴谋、鸦片和娼妓的天下了。有些商人就像寄生虫似的聚于军队的周围，专门替日军变卖从民间掠夺来的东西，并做卖春的勾当。随着日军的长期占领东北，士兵的性欲问题以及性病的蔓延遂成为军方领导阶层的烦恼。因为他们所关心的不是军队的强奸和掠夺所带来的社会问题，而是军队染上性病会减低他们的战斗力。这是他们从日俄战争（一九〇四）得到的教训——当时有七分之一的军人患了性病而使他们的战斗力大减。

这些寄生于军营周围的商人受到军方示意后，就想出了"妙计"。他们挂着贩卖手表或毛皮等物的牌子到韩国乡下，却用"招募女工"或"旅馆女佣人"的名义来诱骗妇女去做营妓。受骗的往往是贫农家的少女。上当后，她们就被分送到所有关东军的驻防地去"服务"。

日本占领我东北以后还不满足，这条毒蛇要吞下中国这头大象，于是侵略的魔掌伸入了华北。一九三七年七月七日中日战争终因日军攻打卢沟桥而爆发。虽然日本以"不扩大"声明来欺骗国际，却于八月十三日攻打上海，把"北支事变"改称"中国事变"。其欲扩大战争之企图已昭然若揭。九月十三日，日本政府发表了"国民精神总动员计划实施纲要"及"工场事业管理令"，并发行了"中国事变公债"来做全面侵华的准备。这场掠夺、掠杀及破坏的侵略战争，在日本国内却被称为"圣战"，每天都报道其进军及战果的消息，夹杂着"军舰进行曲"来振奋人心。所以当十二月十三日中国首都——南京陷落时，日本举国欢腾，列岛就沉浸在庆祝胜利的灯笼游行的行列里头了。

在他们狂欢庆祝的当儿，他们可曾想到他们所送走的皇军，里面有他们的父兄、子弟或朋友，将在南京干下人类历史上最野蛮、最残忍、最无耻的行为。由松井石根率领的第十军（柳川平助中将）及上海派遣军（朝香宫鸠彦中将）共九个半师团，于进入南京城后，立即展开了血腥的屠杀。最初三天内，就屠杀了手无寸铁的战俘和难民三万以上（《纽约时报》，但丁）。这种屠杀一直持续至翌年（一九三八）二月六日始稍缓，但"小屠杀"则继续到是年的夏天，这段时期内被屠杀的人数在三十万以上。日军的暴行不仅是屠杀，还包括了强奸、掠夺、放火等，即所谓"三光政策"。尤其是强奸，更是南京大屠杀最大的特征。金陵大学的贝兹博士说："强奸事件……就至少有八千件。……这只是最保守的估计，……学校里，从十一岁的少女到五十三岁的妇人都是强奸的受害者……三分之一的强奸都是在白天众目睽睽之下干的。一有抵抗，就马上用刺刀或枪弹杀了她们。被强奸的女性甚或是站在一旁的小孩儿都是日军枪刺下的牺牲品。"一九九〇年十二月十七日在德国外交部档案里发现了一九三八年一月十五日德国驻华大使馆参赞罗森的报告，今摘录一段："日军占领南京已经有一个月以上了，可是带走及强奸妇女的事情还是（与以前同样的）层出不穷。由此观点来看，日军已在南京立下了耻辱的纪念碑了。甚至在本该受到保护的国际委员会在南京所设立的安全区里，都发生了数百件野兽般的强奸事件，而这些都可以毫不费力地从德国人、美国人或中国人口中得到证实。"连当时与日本同盟的德国外交官都如是说法，就可见一斑了。

另外，从日军方面得到的证词暴露了许多荒谬至极的所谓"理论"——譬如："强奸妇女愈多的士兵是愈勇敢的士兵……如果报告到军事法庭，他们都会给逮捕而影响到我们的军力……。"就这样地，在日军占领期间的最初三个月内的强奸案多达八万余件，造成了历史上空前绝后的人间地狱。

南京大屠杀之后不久，上海的日军司令部即接管了以前为民营的妓院，称之为"军人俱乐部"，从此开始就有了由军队大量直接经营，而且是有组织的、有规律的"卖春管理"。

一九三八年年初，上海派遣军司令部为了急于开设"慰安所"，通过东北的卖春商人，征集到一百零四名慰安妇，其中朝鲜人八十名，日本人二十四名，她们随即接受了上海陆军兵站病院的妇产科医师的身体健康检查。一位名叫麻生的妇产科医师回忆当时的情景说：

"我被征调的时候，实在不知道为什么他们在战场上会需要妇产科医生。而且要给我一个'特别任务'。"他到达指定的场所，才知道这个特别任务就是管理这些慰安妇的健康。而且还不是她们的身体健康，而是检查有无性病的发生和防止性病的蔓延而已。做完这个"健康检查"之后，他曾向军部写过一篇报告。他的报告书虽然当初没有引起日军领导层的注意，可是对后来慰安妇的发展起了很大作用。他在报告书上写道："半岛人（即朝鲜人）的妇人都年轻健康，甚少染有花柳病；而内地人（指日本来的职业娼妇）则多染过性病。虽无急性症状，确都有过数年为娼的经验，而且年龄都超过二十岁，甚至有四十来岁者……"。

就在这种情况下，第一个军队直辖的"军人俱乐部"于上海军工部附近的杨家宅开始营业了。不久之后，"军人俱乐部"的名称被改为"陆军慰安所"，并且定下"利用规定"。诸如：入场者必须携带"慰安所外出证"，入场以前必须先付钱并领取"保险套"，时间限定为三十分钟等。

刚开始，因为日军对慰安妇的管理生疏，再加上卫生设备落后，而且军部也不希望得个"日本帝国军队带着娼妓作战"的污名，于是与卖春商人订立了一个秘密协定：由这些商人来经营慰安所，而由日军不监督并发给许可证，提供设施及运输工具，给予这些商人以军官待遇，要以每二十九名军人提供一位慰安妇的比例来征集慰安妇。最后而且是最重要的，就是日军竟令朝鲜总督府征集朝鲜的未婚女子来充当慰安妇，并且言明不得诱拐日本妇女来充数。从这个"协定"来看，我们不难看到麻生医师报告书所起的影响了。如果以日本妇女来充当的话，首先，他们不愿让自己国家的少女给军队蹂躏；其次，他们怕在国内引起抗议。因此"既健康又年轻而且没有性病危险"的殖民地朝鲜妇女就成为任人宰割的羔羊而走上了悲惨苦难的道路了。这里面的辛酸史可不是笔墨可以形容的。

纵观"从军慰安妇"的历史，我们大体上可以把慰安妇的来源分为四类：一为占百分之八十的朝鲜妇女；二为日本的职业妓女；三为被强迫带走的中国妇女（其中当然包括来自台湾及香港的）；四则为从其他占领区（如东南亚）"征召"来的妇女。这四类中，除了第二类外，都是强迫或诱拐来的。而中国妇女更为凄惨，因为她们原已尝尽了家破人亡等一切战争带来的灾难，还要被迫去当军妓，每天供上百的敌人寻欢作乐，其悲痛的心情不但不是言语可以形容，恐怕也不是我们所能想象的。

日本于甲午战争后，一直到败降为止，在中国的所作所为可说是集贪婪凶残之大成，从平顶山万人坑、南京大屠杀、三光政策、七三一部队活人生化实验，到鸦片贩卖、奴工、强制劳动、慰安妇等，都是在人类历史上罕见的集体犯罪，是对人性的严重挑战。这是中国人，亦即所有的炎黄子孙不能亦不应忘记的。反观日本的保守派及"新国家主义"者，不仅不对过去的滔天大罪反省，反而想歪曲历史、颠倒黑白，例如石原之否认南京大屠杀等。至于慰安妇的问题虽然最近才曝光，不过二十年前已曾有人撰书报道。尽管如此，日本政府还是一再否认这个历史事实，直到最近才因日韩建交及世界舆论之哄传，不得不向韩人道歉并洽商赔偿。虽然日本对中国慰安妇问题采什么态度犹在未定之天，只希望它对韩国的态度是个好的开端。最重要的还是受害国自己要坚强，不能为了政治或经济的顾虑而低头。不然的话，永远不能有平等的关系，也永远不能澄清史实，更不能对九泉下的千千万万受难者有所交代。

本文只是帮助大家了解一下，"慰安妇"问题并不是一个孤立的事件，它是日本侵略史的一部分，而且与南京大屠杀有着深切的关系。

日本侵华"南京大屠杀"五十三周年
——国人亟应注意日本否认侵华、否认南京大屠杀历史事实的阴谋

吴天威

"南京大屠杀"五十三周年纪念与过去不同者,在于近来日本人明目张胆地否认铁证如山、惨绝人寰、史无前例的"南京大屠杀",先是一九九〇年五月日本作家、国会议员石原慎太郎与渡部升一合著之《日本还要说"不"》出版,说"南京大屠杀""绝对不可能",是一种"误会";继有载于本年(一九九〇年)十月份美国《花花公子》(*Playboy*),石原慎太郎的专访,称"南京大屠杀""是中国人捏造的谎言,用以损坏日本的形象"。石原等如此丧心病狂,抹杀我三十余万无辜的同胞惨死于日本蓄意造成的"南京大屠杀"的史实,其"人性"安在?其居心为何?

　　恰当此时，日本最大报纸之一的《读卖新闻》，于十月披露日皇明仁做太子时，于一九四八年致其美籍英文导师伊丽莎白·葛瑞（Elizabeth Gray）女士的信，当时只十四岁的明仁，在信中批评东京审判："控诉日本人战争罪行的审判是不公平的，这等于胜利者的审判。"明仁天皇批评东京审判一经公布，京都大学退休教授相田有次首先响应说："事实上，东京审判只不过是胜利者对失败者所取的报复而已""皇帝的观察是正确的"。果真如此，则东京审判处死"南京大屠杀"主角松井石根、谷寿夫等当然是不公平了。

　　石原等的否认"南京大屠杀"和有意泄露明仁天皇对东京审判的批评绝非偶发之事，而是在日本军国主义复活声中一系列的行动。为否认对华侵略而篡改历史教科书，为东京审判之日本甲级战犯翻案，而将十四战犯之灵位移入东京靖国神社，以供日人参拜。此十四人实为自"九一八"事变以来，对华侵略和发动战争的主谋和执行者，包括关东军的宪兵司令，后任战时首相的东条英机；谋我华北提出所谓"广田三原则"的首相广田弘毅；"皇道"派领袖，支持石井四郎发动细菌战的陆相荒木贞夫；"九一八"事变主谋之一，后任战时陆相之板垣征四郎；最恶名昭彰诱迫溥仪做"儿皇帝"的关东军特务机关长土肥原贤二及曾任驻华武官和我国台湾日军司令官，直接指挥"南京大屠杀"的日军华中方面军司令官松井石根。

　　这些人丧尽人性，残暴至极，虽每人都有长期在华居留之历史，但待我华人远不如猫狗，均成为主使屠杀我数千万同胞的刽子手。这些无人不晓的、为世人所唾弃的甲级战犯，竟一变而为受日本人民崇拜的民族英雄，"大和魂"的代表，绝非一朝一夕之事。明知自一九八二年以来，中国及亚洲其他国家对于日本修改历史教科书，将"侵略"二字改为"进出"的敏感与愤怒，日首相中曾根康弘竟于一九八五年八月亲至靖国神社参拜，如此肆无忌惮地搞军国主义复活，不啻对我海峡两岸政府的藐视，更为对我中华民族的绝大污辱。

今年八月十五日，虽然海部俊树首相本人，为避免国际舆论的批评，特别是中国与韩国，乃未亲往靖国神社参拜，但其十六名阁员前往，如海部有意制止军国主义复活，或考虑中国人和韩国人的反应，为何不阻止其阁员前往参拜？事实上，他继承中曾根及前副首相金丸信的衣钵，明地暗地致力于复苏军国主义。

日本政府及其领导人之蛮横态度，充分表露对中国七十年之侵略与掠夺，所造成的连年战祸及涂炭我亿万生灵，无丝毫同情之心或悔过之意，休谈"道歉""赔罪"与"赔偿"。近年来更变本加厉，想一笔勾销日本侵华的历史。一九八八年五月日本内阁阁员奥野诚亮公然否认日本对华侵略，虽经北京抗议，仍不撤销其谬论。奥野之所以有恃无恐，实以其有坚强之后盾所致。翌年，裕仁天皇葬礼（二月廿四日）前夕，首相竹下登抛出类似之谬论："日本是否对华侵略问题，有待未来之历史家做决定。"虽然后来竹下收回其荒诞之说，但其用心之毒狠，妄图歪曲"侵华"史实之目的已昭然若揭。

日本侵华的罪行与暴行是罄竹难书的。远在一八九四年的甲午战争，日军侵入旅顺时，即进行三昼夜的血腥大屠杀，我东北同胞两万人死难。日军于一九三〇年镇压台湾山地同胞之雾社事件，即违反日本本身签字的一九二五年《日内瓦议定书》，用毒瓦斯杀戮我同胞九百余人。一九三二年在抚顺之平顶山，将全村三千余人驱聚一处，以机关枪扫射消灭，几无幸免，迄今尸骨尚存。

日本于一九三七年发动卢沟桥事变，我全民在蒋介石委员长领导之下，奋起抗战，日本在华暴行日益加剧，尤其是华北，彻底执行"杀光、烧光、抢光"之三光政策，制造大、小惨案无数。最近在各处所发现日人杀害我同胞之"万人坑"即有八十余处，但日人之残暴、丧失人性，确已登峰造极，在哈尔滨、济南、南京等地以我同胞做活体细菌实验。哈尔滨之平房一地，我三千余同胞被做实验品而死亡。

日人在侵华期间制造的所有惨案，如以"规模之大，受害人之众，持续时间之久及杀人手段之残酷"而言，当以"南京大屠杀"为最。日军于十二月十三日晨侵入南京，"大屠杀"遂开始，持续至翌年二月中旬，在此两阅月，日军官兵疯狂地进行"杀、奸、烧、抢"，被杀者有三岁孩童及七十老叟，被奸者有九岁幼女及七十老妪，成千上万手无寸铁的男女老少被绑缚，加以枪杀、刺死、火焚、抛入长江或溺死于池塘。日军官兵不分昼夜地在大街小巷寻捉妇女，轮奸后仍难免被处死，奸淫事件达八万起之多。进驻南京周余（十二月十三至廿一日）的日军第六师团长谷寿夫中将怂恿其所部任意屠杀，结果该师团屠杀我同胞达二十三万人。谷本人除亲手杀人外，强奸我妇女十余人。

日军在南京与大肆奸杀并行的，便是烧抢。自十三日起，日军每天肆意放火，烈焰四起几使昼夜难辨，纵火暴行持续月余，南京城郊百分之六十二建筑物焚成废墟，城内三分之一，包括全部商业区，化为灰烬。"皇军"官兵，上下其手，任意抢掠。继谷寿夫的第六师团负责南京城防的第十六师团，仅次于前者，曾屠杀我同胞十四万人。而其长中岛今朝吾中将当众以战俘试刀，亲手砍下两名战俘的头颅。他盗窃蒋介石委员长的私有财物及其掠夺的其他古董等打成三十二箱寄回京都，当时日军士兵亦将所掳掠的物资寄回日本家中，经数月的焚烧与抢掠，中国首都南京被洗劫一空。

"南京大屠杀"这样有目共睹铁的事实，遍载于当时出版的中外报章杂志，如《纽约时报》、上海《大美晚报》《密勒氏评论报》（*Millard's Review*）、东京之《日日新闻》，以及身临其境之记述；同时迄今人证物证犹在，不容丝毫有所歪曲。日本在投降后的二十年似有悔过之意，从未闻有歪曲"南京大屠杀"的言论。一九七一年后，日本经济日愈繁荣，自信足以经济独立，不忧资源之贫乏；外交上可不再仰美国的鼻息，乃逐渐刮起东京审判（远东国际军事法庭）的翻案风。漏网战犯及军国主义复活的御用文棍开始制造舆论，称过去所载所述之"南京大屠杀"为"虚构、渲染和膨胀"，进而否认"南京大屠杀"。

一九八〇年以来，日本更升为超级经济大国。日本对美国之贸易出超由一九八〇年之七十亿美元，增至一九八五年之四百亿美元，再增至一九八九年之五百亿美元。而日本自一九八八年以来，对外援助，主要是第三世界，已超过美国；殊不知日本每年贸易出超已逾一千亿美元，再以所赚之十分之一回馈各落后及开发中的国家，其正渴望得到日本的资金与技术，日本是谋大利再施小惠，何乐而不为。受惠者岂肯为历史说一句公道话。

近来中东风云突紧，日本当局窥伺时机不可多得，乃图提高其国际地位，增加其在国际上之影响；梦想恢复其数十年前帝国主义时代之权威，再成为军事政治大国，横行于亚洲之时机即将降临。为制裁伊拉克之强占科威特，美国大举增兵波斯湾，联合国及西方均予支持；主要是英、法、埃及等国出兵派舰，日、德出钱。日本宣布出资四十亿美元，几为德国之一倍。应该指出的是，日本为增加其影响力，收买人心，决定以其出资之半数用于援助因中东危机受经济影响的国家，尤其是埃及、约旦及土耳其。

海部首相领导的自由民主党想趁中东的紧张局面，来实现日本成为军事政治大国的理想，遂独出心裁地提出创立"联合国和平合作团"的法案，并主张日本"自卫军"参加合作团，借以打破自第二次世界大战结束以来，日本武装部队不能派往海外的禁令。日本出兵中东或派兵至海外，违反日本自一九四七年五月三日开始实行之新宪法中之第九条，其条文为：

> （日本）永远放弃作为国家主权发动的战争、武力威胁或使用武力作为解决国际争端的手段。为达到前项目的，不保持陆海空军及其他战争力量，不承认国家的交战权。

日本拟出兵中东并非经联合国或美国的邀请，故实无此必要，其出兵之目的与美、英、法、埃及等国之出兵迥然不同。正如东京明治大学坂本吉一教授评论所说："自卫军没有去参与维持和平行动的必要，而是日本政府观察中东的危机是一个派遣自卫军到海外去的好机会，借使日本终被承认它不仅是一个经济大国，也是一个军事政治大国。"这种直接违背宪法的举动难为日本平民所接受。民意测验结果有半数选民反对设立合作团的法案，三分之二反对派遣自卫军加入合作团。新闻界也表示反对，同时国会下议院之其他四党（社会主义党、公明党、民主社会主义党、共产党）一致反对。海部首相及其执政党之创立"联合国和平合作团"之提案始无形中瓦解。

日本今日已成为世界上之超级经济大国是毋庸置疑的。就经济成长率、外汇储备、国外投资及占有全世界市场价值，甚至世界上私人最大富翁而论，每一项目日本都居首位。有此经济实力，自难久安于国际政治上和军事上的次等地位。

日本军国主义复活的另一象征，可见于一九八九年十一月十二日明仁天皇的登极典礼及廿三日"大尝祭"（登极后之大感恩仪式）。为此仪式日本不仅大兴土木，耗资一千五百万美元，而其真实意义在恢复日本传统，尊重和信奉日本"神道"国教，重申日本天皇为太阳女神（天照大神）之后裔。海部首相在此仪式中所扮的角色纯为天皇之臣属。此次日本政府不顾日本宪法第二十条规定之"政教分离"，亦违背宪法第一条规定"主权属于全体人民"的本意。不怪日本右派又高唱"皇帝是活神";为了取缔此一观念,裕仁天皇曾于一九四六年元月一日发表宣言"否认他是神"。提高日皇的地位本身就是违反日本宪法和民主政治的,但是天皇是日本帝国主义的最高权威。日本执政党及右派梦想恢复日本帝国主义的黄金时代,所以他们不遗余力地高举天皇的地位。

日本无法立即成为军事大国,是过去侵华及侵略亚洲其他国家,以及发动太平洋战争的结果。所以日本朝野致力于篡改日本侵华历史,历史教科书不提、少提或篡改侵华史实,致使中年一代的日本人对日本侵华历史模糊不清,年轻一代几乎一无所知。如是日本人可抛弃道义责任、可解脱精神上的负担,方能"勇往直前",迈向军国主义复活之坦途。

石原慎太郎之否认"南京大屠杀",和他同"索尼"(Sony)公司董事长盛田昭夫于一九八九年合著《能够说"不"的日本》,及一九九〇年他同渡部升一合著之《日本还要说"不"》,以及今年十一月初石原给日本《经济新闻》的专访,这些言论都是为日本走向军事、政治大国铺路。简言之,石原、盛田、渡部等人的观点是:第一,日本实际上已具备超级军事大国的条件。美国前国务卿基辛格(Kissinger)已提出这样的警告:"日本的军事大国,是建筑于科技的领先。"石原与盛田已经明白告诉我们日本的第五代电脑,尤其是半导体的制造技术,已超美国五年,日本在这方面研制的成功可使美、苏氢气弹和洲际飞弹(ICBM)失效,这便是他们认为持有的在军事上已操胜算的"王牌"。不怪石原提议把广岛原子弹纪念碑的铭文"但愿此祸不再有",改为"不让对方再为祸"。第二,石原和盛田为日本走向军事大国铺路,乃唤起日人改变他们的意识形态,不要再畏首畏尾地不敢向美国人说"不"。日本已有足够的经济实力和高超技术在世界领先。现在日本已成为亚洲的中心，应与美国携手，由日、美两国领导世界迈入廿一世纪。

日本企图再一次独占亚洲，进而实现与美国共同称霸世界的美梦，但本身必须做思想意识的准备，这就体现在歪曲日本侵华历史，对东京审判翻案，来摆脱历史、法律和道义上的责任。石原和渡部一面宣扬应绳之以法的头号战犯天皇裕仁之无辜，一面硬是否认"南京大屠杀"。

今天石原等的行为正如日本在侵华时期，上下其手，文武皆同。盛田还宣传日本受中国儒教的影响，如何讲仁爱和信义，能"以心换心"。以盛田的年岁（一九二一年生），他不会忘记"皇军"侵入南京时，立即进行疯狂的屠杀，即使我三十余万同胞齐跪哀求，恐亦难得饶命；鉴于当时三岁的孩童和七十岁的老叟亦难幸免。可为明证。

今天我们沉痛地纪念五十三年前的"南京大屠杀"，我们仿佛看到三十余万手无寸铁的受难同胞，跪在面目狰狞、手持屠刀的日本"皇军"面前，听到他们祈求饶命痛苦的哭泣，但是他们终于被枪杀、被活埋、被火焚或被抛入扬子江的史实，永远留在活着的中国人的记忆中。

我们今天悼念"南京大屠杀"无辜受难同胞的英灵，不是要为他们报仇，是不敢忘记他们悲惨的牺牲和我们民族的耻辱。我们一定要为死者申冤，为人类伸张公理与正义，向日本要求"道歉"与"赔偿"。为纪念"南京大屠杀"死难的同胞，我们要兴建一座远比广岛原子弹死难者的纪念碑更雄伟、更坚固、更永恒的纪念塔，让它的光芒永远照耀我中华民族的子孙，和世界上世世代代的人，使他们牢记这古今中外绝无仅有的人类历史上最丑恶、最残酷的"南京大屠杀"，"永远不许它再发生"。同时我们郑重向世界，特别是日本宣布，我们永远反对，并以全力制止日本再成为一个军事大国。

南京大屠杀的事实岂容抹杀
——驳日本众议员石原慎太郎之两度狂言

李恩涵

日本众议员石原慎太郎最近又再发狂言，继去年（一九九〇）在美国《花花公子》（*Playboy*）十月份中发表谬论，妄言"南京大屠杀是中国人污蔑日本形象的谎言"之颠倒黑白的言论之后，又于日本通俗性杂志中销路最广的《文艺春秋》一九九一年二月号内发表专文，除再度重复他以前所说的"南京大屠杀为虚构"的谬说之外，甚至又新创"南京大屠杀为美国一手所导演之中国政府的政治宣传"的"新说"。他在该文中更进一步痛骂美国之以原子弹轰炸日本，并攻评第二次世界大战之后同盟国远东国际军事法庭之审判日本最高战犯是"无权威性与妥当性"，声言要对审判日本战犯的各国法官，"追究责任"。其论说来势之汹汹，措辞之尖刻无理，以及其目空一切、蛮横雄辩之情状，简直与二十世纪三十年代之日本军阀政客，极相类似；其不同点只是：二十世纪三十年代日本军阀政客所挥舞的是飞机大炮，今天石原之流所挥舞的是号称"经济超强"的"银弹"与号称"科技大国"的"科技"。石原慎太郎之两次发言，使我们深深认识到近年来日本新军国主义的气焰，已经相当狂妄了，而且研究日本当代政治社会的人士都可察觉到，这些对于南京大屠杀与战后美日关系的种种曲解与谬说，绝不只是石原慎太郎个人的意见，而是代表着日本政治、社会、舆论界，包括日本政府中高级官员的一大批极右派新军国主义分子的意见——他们首要的目标是要推翻战后东京大审日本战犯时所确定的"日本侵略有罪论"，甚至他们大概还要想向美国报仇。这绝对是日本政治社会中的不祥之兆，可能也是它将走上第二度的国家毁灭之途的第一步，也未可知。这绝对是一件值得我们警惕和严肃对待的事。

石原慎太郎之两次谈话与文字中之痛骂美国：骂美国对日本的态度蛮横，控制日本的卫星通信与国防生产，威胁说要不再听美国的支配，甚至要追究美国过去以原子弹轰炸日本的旧账等。他闪烁的言辞中所流露的反美、仇美的种种心态，应是美国人的事，美国的当政者与学者自会予以答复；但他与他的这一批同路人企图否定或部分否定南京大屠杀，其说法不顾事实与不负责任，我们有必要坚决予以驳斥。就严肃的历史事实而言，石原两次发表言论所表现的各项论点，都是早经有资格的史学工作者根据中、日、英文中不同来源的资料，严予驳斥过了（参阅洞富雄《决定版·南京大屠杀》，东京现代史出版会，一九八二；洞富雄《南京大虐杀の证明》，朝日新闻社，一九八六；藤原彰《新版：南京大虐杀》，东京：岩波，一九八五；李恩涵，《日军南京大屠杀的屠杀令问题》，"中研院"《近代史研究所集刊》，十八期，一九八九年六月，页二八九—三一三；李恩涵

《日军南京大屠杀的屠杀数目问题——战时日军暴行的研究之三》，台湾师大《历史学报》第十八期，一九九〇年六月，页四四九—四八九等），"科学性"的可靠资料已经证明，石原慎太郎的一些说法是错误的；而且他在这方面的种种说法，都只是承袭日本社会学术界的一批修正主义者、新军国主义者的种种谬说而来，毫无创新之处，而这些谬说也早被日本与中国学术界社会界人士所批驳得体无完肤，无多大真实性可言了。但我们为了正其视听，还是应该将这些似是而非的谬说，归纳一番，并逐项予以简单地驳斥才行。综括而言，石原有关南京大屠杀的一些似是而非的论点，可以归纳为下列六项：

（1）他否定东京大审判（一九四六—一九四八）对于南京大屠杀的定谳；他也想进一步否定整个东京大审判对日本"侵略有罪"的定谳，要追究美国以原子弹轰炸日本的"罪行"；

（2）他认为南京大屠杀为中国的"政治宣传"，无正确的资料与证据；他又说，该事件之被提到东京大审判中审判，为美国一手所导演，美国为自己的利益而指控日本，是美国"种族主义者"的一项阴谋；

（3）南京大屠杀的屠杀数目，无三十万人之多。中国防守南京的军队只有五万人，南京当时的人口只约有二十万人，总共不过二十五万人，日军何能屠杀三十万人？

（4）南京大屠杀的各项正面证据，都是不负责任之说，应该根据第一手资料探讨，才是上策；

（5）他又东扯西拉，曲解性地引证当年身在南京报道南京大屠杀的前《纽约时报》记者蒂尔曼·杜丁（Tillman Dudin）在五十三年之后的随便说法："到（一九三七）十二月十五日死亡人数约二万数千人。"又引当年《芝加哥每日新闻报》记者阿奇博尔德·T. 斯蒂尔（Archibald T. Steele）在五十三年之后的最近说法（？）：处死的俘虏"约为五千至二万人，而被屠杀的市民，则为数千人"。

（6）石原慎太郎甚至暗示杀俘为正当："当时的日本陆军根本不准备对投降的士兵加以处置"，又认为杀"便衣兵"为有理由。

让我们对石原这些说法，逐渐予以反驳：

（1）他企图否定一九四六——一九四八年远东国际军事法庭（The International Military Tribunal for Far East）对日本军队制造南京大屠杀的判决与定谳，是自不量力的。〔该军事法庭判决日军进占南京的前华中派遣军总司令松井石根有罪，判处绞死刑；前日本外相、首相广田弘毅因对南京大屠杀有"罪恶的疏忽"而有罪（为有罪的三项"诉因"之一），判绞死刑。〕事实上，战后同盟国上述军事法庭之审理南京大屠杀一案，是特别认真严肃的。它费了大约三个星期的时间，听取了来自中国曾经目睹过南京大屠杀惨剧的中、美籍十余名证人亲临法庭做证的证词（这些证人包括美籍大学教授、传教士与医师等专业人士多位，许多人都拥有博士学位），接受了一百件以上目睹亲历者的书面证词和其他文件，当庭反复查询，最后该法庭才在"判决书"中确定了下列三项事实：

A）日本之侵占南京是事先预谋好的；

B）侵华日军制造了震惊中外的南京大屠杀；

C）日军在南京所犯的种种战争罪行，是得到日本政府的默许与支持的。

该"判决书"中，更根据可靠的证据，历述南京大屠杀的种种惨状，认为在最初的六周之内（实际大屠杀断断续续达八九周之久），日本军在南京城内外屠杀的平民与战俘，合计达二十万人以上。该军事法庭认定这个二十万人以上的屠杀数目，实际上是个很保守的估计，绝无夸大之处，因为只是根据南京红十字会等慈善团体的具体埋尸记录合计，即达十五万多具尸体了；其他为日军各部队将尸体投入长江而毁尸灭迹的，或径自在当地埋尸或投入池塘中又再埋尸的，数目也很庞大；"二十万人以上"只是一个估计的最低数目而已。石原慎太郎要想利用日本旧军人团体"偕行社"所编《南京战史》（东京：偕行社，平成元年一九八九，非卖品）所称只屠杀三万一千六百人来取代上述军事法庭慎重所得的屠杀数目，是徒劳无功的。因为《南京战史》或偕行社其他的所谓"证言"的屠杀数字，都只是日本旧军人又为新军国主义分子的一面之词，没有什么真实性的价值可言；而《南京战史》的许多统计表，只是包括部分参加南京之役战斗的联队战斗报告，而不是全部参加战斗的联队战斗报告的综合，这完全是一种"假历史资料"的"假科学统计"，无真正价值之可言。该书编辑亩本正己等这些"漏网小战犯"的这个出版物，正是"假历史"的一个样板，真是可耻之至（参阅李恩涵《日军南京大屠杀的屠杀数目问题》，页一九—二〇）。

至于石原要想否定东京大审判日本战犯的所有定谳，否认日本国家与这些最高战犯犯了"破坏和平罪"（"侵略有罪"）、"违反人道罪"与"一般性战争罪行"等罪行，这谈何容易，除非新日本再度发动战争，将美、中、苏、英等国完全击败，否则，要想翻案，是绝不可能的。石原慎太郎和他这一伙的日本新军国主义分子常常攻讦东京大审判为"战胜者的审判"；又想要确定美国之以原子弹轰炸日本，日本人被炸死三十万之多，也算是"屠杀"。他们所提到的这两件事，都与南京大屠杀无关；而美国之以原子弹炸死三十万人与日本军在南京屠杀三十余万名中国人，也是两件性质不同的事，根本无法相抵。（美国之以原子弹轰炸日本，是在战斗中对于号称"一亿玉碎"的军民综合体的"膺惩"，为一种战斗行为；日本军之南京大屠杀则为战斗结束之后对无武装与无抵抗能力的战俘与非战斗人员的平民的一种"无差别屠杀"。）而且，石原上述的两项论点，在东京大审判的"判决书"中早已有了定谳，予以答复了：

（A）同盟国在东京之审判日本最高战犯（包括日本前首相四人、陆海军相、外相等二十八人），当然是战胜国对于战败国的审判，这是战胜国的权力，而战败国日本应该交出战犯，这些战犯应该受审，也是日本的"投降条件"（Instrument of Surrender）中所明确记载的。此外，东京国际军事法庭之审判日本最高战犯的法律依据，是一九二八年后所有文明国家所公认的各项国际公约、协约、协定及国际保证等以及自然法中公平、正义的法则。这与日本在一九二八至一九四五年对外侵略期间所表现的凶恶、残暴、蛮横与下流的种种无任何正义公理可言的暴行与蛮行相比较，实有文明与野蛮的天然之别吧！

（B）美国的一位法官在东京大审判时，对于日本的一位辩护人之指责美国动用原子弹轰炸日本一事答复说：美国之运用原子弹轰炸日本，是根据"报复"（Reprisal）的权利，而且远东国际军事法庭现在是审判日本，不是审判美国。决定以原子弹轰炸日本的决策者美国总统哈里·杜鲁门（Harry Truman）在决心惩膺日本时说：

> 日本人对珍珠港的袭击和杀害战俘的肆无忌惮的做法，更令我感到不安。他们所懂得的唯一语言，似乎就是我们（美国）现在正在对他们进行的轰炸。当你面对野兽时，你就得使出对付野蛮的办法。（参阅美国彼得·威登著、王秋海等译《广岛悲剧：美对日使用原子弹纪实》，北京：农村读物出版社，一九八八，页二七二。）

这就是美国对日本遭受原子弹轰炸后叫苦连天的答复。本文作者不知道石原慎太郎之再度严肃地提及此事，是否是在暗示日本也要用原子弹来报复美国？本人倒希望他在两度威胁痛骂美国之余，能够明确地说出来——我倒想要看看自诩"优秀体制"、要"联苏制美"的种族主义者石原慎太郎，有无胆量再进一步地说出来！

（2）石原慎太郎说南京大屠杀为中国的政治宣传，无正确的资料与证据，是他信口开河、胡言乱语的另一证明。南京大屠杀的正确资料与证据，屠杀之当时的官方、民间的资料、证据，与中文、西文各重要报纸、杂志的报道等，实在很多很多；战争结束之后，我国政府与民间的各项详确的调查证据，也很多很多。即以第三者中立国家的中立人士在事件发生之后不久所发表的现场报道，即有英记者田伯烈（H.J.Timperley）在一九三八年上半年所出版的《外人目睹中之日军暴行》（*The Japanese Terror in China*：*A Documentary Record, London*：*Victor Collancy, 1938*）一书，另外上海英文*North China Daily News*（《字林西报》）、*Shanghai Evening Post and Mercury*（《大美晚报》），香港*South China Morning Post*（《南华早报》）等报纸，以及美、英著名通讯社Allied Press（联合出版社）、Reuter（路透社）与著名报纸如*Manchester Guardian*（《曼彻斯特卫报》），*New York Times*（《纽约时报》），（London）*Times*（《泰晤士报》），*Chicago Daily News*（《芝加哥每日新闻》），*Los Angeles Times*（《洛杉矶时报》）与著名杂志*Life*（《生活》，Jan.15,1938），*Amerasia*（《亚美》，Dec.1937；Feb.1938），*Readers'Digest*（《读者文摘》，July 1938）等，均有广泛报道。其他英国外交文书、德国外交文书（在东京大审判时，即有呈堂的德国外交文件的报道此事；最近所发现的《德国驻华大使馆文件》，其中有关南京大屠杀的文件，计达一九〇页）等；这怎能胡说南京大屠杀是中国的政治宣传呢！（另参阅李恩涵《日军南京大屠杀的屠杀数目问题》一文。）

至于石原慎太郎说该事件为美国一手所导演，这倒是本文作者第一次听说过——这又是石原因反美、仇美心理而胡乱栽诬的又一证明。他大概是因为东京大审判审判到南京大屠杀一案时，很多美籍教授、传教士和医师出庭做证与提出很多书面证据。其实他们都是目睹大屠杀惨案之一部分的证人，基于维护人类正义与国际公理的热情，纷纷自己出钱前往东京出庭做证，坦诚讲出自己所见所闻的一部分大屠杀的真相而已。石原也许忘记了，在审判中，英国、德国驻华官员的一些正式外交报告，也曾在法庭上呈堂作为证据（更不要说最近在德国政府档案局所发现的《德国驻华大使馆文件》中大量的报道南京大屠杀的文件了），难道石原慎太郎还要说"南京大屠杀是美、英、德合力所导演的中国政治宣传"吗？

（3）石原慎太郎又说南京大屠杀无三十万人之多，"短短时间内，杀害三十万人为不可能"；又说：南京的中国防卫军队只有五万人，当时南京人口只有二十五万人。所以，屠杀三十万人等于将全部军民都杀光了。这是不可能的。

这些说法，都是近二十多年来日本新军国主义者故意制造的一些"假前提"，妄图以这些"假前提"来做简单的逻辑推理，来推翻南京大屠杀的事实。事实上，南京大屠杀并非短时间内所进行，而是长达八九个星期之久（一般所谓屠杀期间为六周，实为错误，而是自一九三七年十二月十三日或十二日起，至一九三八年二月中旬或上旬，长达八九周）。

我国防守南京的兵力，绝非只有五万人，而是有十三个建制师与十七个建制团，总共约十五万人。南京沦陷前的人口，绝非石原所说的二十五万人，而是五十五万人左右（抗战爆发前，南京的人口约一百万人，因战争发生，其中的一半稍少，已内撤后方各省与疏散往郊邻各县）。两者合计，南京沦陷时的我军民总数，为七十万人左右，怎么会只有三十万人呢？（参阅孙毛巍《关于南京保卫战的几个问题》，见《历史研究》，一九九八年第七期，《社科信息》，页五五—六〇）

至于南京大屠杀的屠杀数目，确为三十万以上或三十万人左右。我国国防部军事法庭于一九四七年二月至四月审判日本B级战犯、南京大屠杀主犯之一的谷寿夫时，经过绵密慎重的调查，查明我国被俘军民（包括市民与难民）被日军用机枪集体屠杀，又于屠杀后焚尸或丢尸入长江灭迹者，主有十九万多人；其他被零星屠杀，其尸体经慈善机构收埋者，亦达十五万多具，合计被害军民总数，达三十万人以上（参阅李恩涵《日军南京大屠杀的屠杀数目问题》一文，页四六三—四六四）。

日本现代史学者主持正义最力的前早稻田大学教授洞富雄的研究统计，则指出屠杀的总数为二十五万人至三十万人。其中包括：A.战俘与我官兵于停止抵抗后被集体屠杀者（包括所谓"便衣兵"），计五万人到十万人；B.一般平民于抓"便衣兵"时被屠杀的，约十万人；C.防御战与在战斗之后的退却中战死的，约为十万人；总共合计为二十五万人到三十万人（参阅洞富雄《决定版·南京大虐杀》，页一五〇—一五一）。近年，洞富雄教授根据新发现的资料，对于上述估计做一修正，认为南京城郊被杀害者，不下二十万人，加上周围地区，全部被杀害者则近三十万人（参阅李恩涵《日军南京大屠杀的屠杀数目问题》，页四七一）。

（4）石原慎太郎又说：南京大屠杀的各项正面证据，都是不负责任之说，应该根据第一手资料探讨才是上策。

　　这是谎言与谰言。有关南京大屠杀的各项正面证据，很多都是第一手资料，在中文、日文、英文中很多很多，都是亲见亲闻或亲受其害、死里逃生者的"证言"。美、英、德等中立国家的外交文件，也足以证明这件震惊世界、骇人听闻的大屠杀事件。再加上近月来所发现的《德国驻华大使馆文件》中的有关文件，更足以证明南京大屠杀的事实与其严重性。这不是石原慎太郎之流与其他日本新军国主义者的妄言否认，所可否定得了的事。石原之流的这类毫无正义意识的行动，只会激起全世界中华民族的愤怒，并决心与他们这些新军国主义者周旋到底吧!

　　（5）他所引证前《纽约时报》记者，现在加州圣迭戈退休的杜丁（Tillman Dudin）与《芝加哥每日新闻》前记者阿奇博尔德·T. 斯蒂尔（Archibald T. Steele）的话，不知是否真实；即使是真实，他俩所提到的数字，也只是他俩就其所见所闻的一部分屠杀的估计数目而已。（注意：屠杀战俘与难民，主要系在南京城北的下关、与自下关至燕子矶的沿江狭长地带与幕府山至长江岸的草鞋峡一带；这两位美国记者，身在南京城内，如何知道!）

　　杜丁和斯蒂尔正是南京大屠杀的两位见证人，而且杜丁是第一位向世界报道日军屠杀战俘二万人与集体屠杀平民一万三千人的人。他也在此后《纽约时报》所登载出来的通讯中，详细报道了日军在南京的种种野蛮暴行：大量地屠杀俘虏，在市内尽量掠夺、焚烧，大规模地对全市妇女进行强奸与对一般市民进行屠杀等（详情参阅洞富雄编《日中战争南京大残虐事件资料集》，第二卷，东京：青木书店，一九八五，页二八四—二九五，杜丁的其他报道，参阅同书，页二九五—二九八）。杜丁上面所提到的屠杀三万三千人的数字，只是日军占领南京之最初几天内他所听说到的屠杀我军民的一个数字，而不是南京大屠杀长达八九个星期的屠杀总数。石原却信口开河地说成是二万数千人，又说，"俘虏处刑的为五千人至二万人，而被屠杀人数，则为数千人"。这是他胡言乱语、说话毫不顾及事实的另一项证明。

（7）石原慎太郎暗示"杀俘为正当"（他们一般是说杀"便衣兵""败残兵"与"未经处理过"的"投降兵"）的说法，非常严重，这正是他在重复着当年日寇侵华时所说的一种荒谬可恶的论调的。而时至南京大屠杀发生的五十三年多之后的今天，又是在日本投降四十五年多之后的今天，石原与日本的许多新军国主义分子仍然在重复着这种谰言，确是一件严重的事。这是否意味着在将来如果日本与美国或者中国再度进入战争时，美国或中国重占东京或京都时，这两个国家的军队可以如日军当年在南京一样，大规模地屠杀日本战俘、便衣兵与败残兵呢？请石原慎太郎和其他新军国主义者的"翻案派"回答这个问题。本文作者要严重警告石原之流这些"目光如豆"的新军国主义者：请仔细看看在美、苏、中、韩的环绕下，你们这些报仇主义者反美、仇美的想法与做法，这些国家是不会装聋作哑、袖手旁观的。石原慎太郎如果将来真正要尝尝类似南京大屠杀的事件在日本本土发生的滋味，他自己的言行，正是提供了一套说辞的最佳支持点了。中国古语说："一言丧邦"，石原慎太郎的这句话，正是一最佳的例证吧！

南京大屠杀之屠杀无战斗意志与无战斗能力的"败残兵""便衣兵"与一般平民、难民，绝对是违反当时有效的战争国际法的，实毫无疑问。它不只违反了日本参加签订而且也批准了的一九〇七年《海牙第四公约》（*The Hague IV Convention*，其全名为"*Convention with Respect to the Laws and Customs of War on Land*"）的许多许多条文；也违反了日本曾参与签订、虽未批准但曾答应过"在细节上做些修正性"遵守的一九二九年《关于战俘待遇的日内瓦公约》（英文名为

Convention Relative to the Treatment of Prisoners of War, Geneva）与日本曾参与签订也批准了的《一九二九年日内瓦红十字公约》（*Geneva Red Cross Convention for the Amelioration of the Condition of the Wounded and Sick of Armies in the Field, 1929*）等国际公约的许多许多条文。这便是在东京审判日本最高级战犯时同盟国各国控诉他们犯了"破坏和平罪""一般性战争罪行"与"违反人道罪"等三大罪名的国际法的主要依据。（参阅李恩涵《日军南京大屠杀所涉及的战争国际法问题》一文，油印本，即可正式出版。）

当时日本政府与日本军部之视中日战争为"事变"，而非"战争"，可不受战争国际法的约束之说，纯为一种诡辩伪辞，是毫无根据的。因为上述的几种战争国际公约，都只提到"国际的武装与冲突"（Arms and Conflicts of Nations）与"交战者"（Belligerents）等词语，并未分辨"武装冲突"为"战争"（War）或"事变"（Incident）。所以，东京大审判对日本战犯的"判决书"中，曾列举事实，对日本政府的这种谬说予以驳斥。

此外，根据一九〇七年海牙第四公约第三条的明文规定："如果情势有所必要，违反本公约之'陆战规则'规定的交战者，应付出赔偿。该交战者应对其武装部队中一部分人员所做的行为负责任"（其英文措辞为："Article Ⅲ：A belligerent party which violates the provisions of the said regulations shall, if the case demands, be liable to pay compensation. It shall be responsible for all cats committed by persons forming part of its armed forcse"）（参阅李恩涵《日军南京大屠杀所涉及的战争国际法问题》一文引Leon Friedman, ed. *The Laws of War: A Documentary History*, New York：Random House, 1971；vol.I, P.310）。因此，我国仍有着不可剥夺的权利，向日本就第二次世界大战期间的南京大屠杀与其他战争暴行，要求赔偿。这项一九〇七年

《海牙第四公约》与其所附的"陆战规则"（*Regulations Respecting the Laws and Customs of War on Land*）目前仍然有效。这是我中华民族的各方面人士应该特别注意的一件事。

论设立"国耻纪念馆"的重要性
——为纪念"九一八"事变五十一周年而作

沈云龙

为了对付日本文部省篡改侵华史实、修订中小学教科书事件,笔者提出"应速成立国耻纪念馆"的建议,曾先后接到不少读者来函,表示赞同和支持。然而有权力可以决定的关系方面,却似乎漠然无动于衷,冷静得有点出奇,这诚如清代史学家全谢山先生所说"世方以闭眉合眼,喔咿嚅唲,伺察庙堂意旨,随声附和,是为不传之秘",可见"中朝大官老于事"的这份镇定功夫,深明"不做不错""无灾无难"的个中三昧,由来已非一日了!

反观日本政府对"改史"态度又如何?可以说,自铃木首相以下的官员,不仅无视其国内舆论的压力,和部分具有远识学者的指摘,即对身受其害的东亚各国和地区的激烈抗议,反应亦甚暧昧,从未有悔祸认错再事修订的肯定答复，其文部省且表示，事关内政，毋庸他国置喙，即使要改，也要等到三年一次的下次检定，其悍然不顾可知；最近日本政府官员且参与恢复靖国神社的"祭典"，民间组团来台吊祭战时阵亡的"英灵"，并且过去与"满洲国"有关的日人，包括以标榜亲华而尊为"国宝"的前首相岸信介在内，正筹募款项五千万日元，准备在静冈灵园中，竖以"满洲建国之碑"。这完全是军国侵略主义的死灰复燃，较诸"改史"，更为严重，岂仅抹杀"九一八"事变以来一切侵华史实，简直是对中华民族的公然挑战和侮辱！是可忍，孰不可忍，如果我们还照样冷静镇定，置若罔闻，那真是"哀莫大于心死"了！

这次日本"改史"事件，引起民间"士大夫"们、学者专家的议论纷纭，或座谈会，或个人，或发动民众签名抗议，其间固有不少可贵的高见，也有一些莫名其妙的怪论，例如某大学的一位教授，竟在一篇为日本人"改史"做义务辩护的文章中，说了下面一段话：

> 在南京大屠杀中，日军杀害了很多中国军民，这是事实。但我（作者自称，下同）怀疑有人能够把杀害的人数，正确地统计出来。现在历史文件所写的人数，我想，都是猜的。我想，所谓二十万人以上，也是猜的。把猜的部分删掉，没有什么好深究的。在这个修订中，有事实意义而被删掉的部分，是"日军强暴、掠夺和放火"。然而，即使删掉这个事实部分，我们也不能说这个修改是篡改历史。

这篇文章荒唐之处，还不止于此。单就上引一点来说，可见这位教授对"九一八"事变以迄八年抗战，"大日本皇军"侵华的种种兽行，一概茫然无知，所以才说南京被屠杀军民人数无正确统计，而有

"都是猜的"的断然结论。其实，在当时日本各报都有随军记者详细报道，并拍摄有屠杀南京军民的影片，以及国际难民委员会的报告，远东国际军事裁判记录，都铁证如山，斑斑可考，不妨一读本期吴相湘教授所撰《日本篡改教科书的对策》大文，即可了然。自己见闻不广，又不肯用功勤求史料的根据，即贸然以"都是猜的"而肯定日本人不是篡改历史，未免过于轻率幼稚。当年名报人张季鸾氏，对南京日军毫无人性的大屠杀事件，曾愤恨地要"为匹夫匹妇复仇"，他说："在私人问题，复仇本是褊狭心理，但为民众复仇，则是圣贤遗训，为中国道德之精华"（见二十六年十二月二十八日《大公报·社论》），我愿主张"不要刻意强调民族之间仇恨"的这位教授，三复斯言！

从以上事例来看，这位身居上庠讲席的师表，其畏日、媚日的识见，殊属不可思议；又如认为日本"民族沙文主义作怪"而以知日、亲日著称的另一位教授，组团二十六人，包括政坛显要富商巨贾在内，于日前往东京出席所谓"中日学术会议"，此时此地而有此举，不知是使的什么高招？凡此都充分证明我们的历史教育是彻底失败了！应是无可否认的。记得早在一九六○年十月，笔者即曾说："战后日本出版之侵华战史、实录，以及战时军政当轴之传记、回忆录等，种类繁多，数量亦极可观。其间有的决不讳言战败真相，有勇气敢于自承其错误，冀以坦白赎罪的心情，启迪后人；有的则不免故意讳饰，歪曲事实，而把侵华战争的起因与责任，完全诿过于他人，以期欺瞒下一代，而减轻自己的罪责。"（见拙著《耘农七十文存》第五五九页）现在日本的"改史"，即属于后者，可见蓄念已久。我当时又说："我们与其以史笔和史德来谴责日本人之故意歪曲我抗战史实，毋宁我们赶快拿出一部极为翔实且极有分量的抗战史，自然是非曲直，明显可见，日人若干歪曲说法，当然不攻自破。"（见同上）

据闻当局编印的《抗日战史》，早于一九七一年年初出版，卷帙浩繁，有一百册之多，可惜为慎于开放史料的传统观念所囿，因而流传不广，国内外知者不多，无从加以运用，能够寝馈其中的，似乎仅有黎东方教授，这是何等的遗憾！

今年（一九八二年）是"九一八"事变第五十一周年，半个世纪以来的东亚世局及中日关系变化太大，日本由侵略国而战败，再由战败复苏而为经济大国，又进而为军国主义还魂实行"改史"，并且创出中国东北宜为"日俄缓冲国"的谬论，其不忘情于拓土满洲，灼然可见。所以我才提出设立"国耻纪念馆"的建议，让我们四十岁以下的新生代，从集中陈列日军侵华的残暴图片史料及中外报章杂志有关记载中，了解真相；四十岁以上中老年人，借此重温过去的创痛，以免健忘。并且可以经常举行讲演会、座谈会，或口述及身亲历日军暴行及流离失所的经过，这才是活生生的历史教育，也是"知耻近乎勇"的精神训练，其对纪念"九一八"庶更有其积极的意义。此种应付日本"改史"的对策，简而易行，应无困难。相信有关方面不会再默尔而息的。

日本篡改教科书的对策
——用真材实料来争一时和千秋

吴相湘

目日本文部省正式篡改教科书中有关日本军阀侵略战争的课文事件发生，亚洲各国都非常愤恨。今早（一九八二年八月十六日）见美国哥伦比亚公司早晨新闻节目中，映出南京许多老人座谈日本暴行的情形，并有成堆杀人头相片。同时韩国人在东京举行"慰灵祭"，奠祭被日本军残杀的同胞，与祭的人都流泪，更令人感痛。

以子之矛，攻子之盾

《中国时报》刊载：当时判决南京屠杀案主角之一谷寿夫（日本

师团长）死刑的军事法庭庭长石美瑜的谈话，又有当时南京国际难民委员会负责人之一杭立武的谈话。可见现在台湾还有人证。但笔者以为尚有进一步搜集资料，影印流转，以揭穿日本罪上加罪的真相。

石美瑜庭长记忆：当审判谷寿夫时，曾将日本在南京拍摄屠杀中国军民以资胜利的电影片扣押，在法庭放映，铁证具在，使谷寿夫等俯首无言。今当局既可刊印《抗日战史》，自系根据南京档件。同样地，南京战犯军事法庭有关文件证据，关系重要。现应迅速捡出，先择要在三电视台放映，同时复制多份，分送海内外各地放映。这是日本自摄影片，以子之矛攻子之盾，日人无法狡辩。

南京大屠杀主谋谷寿夫曾经在我国军事法庭判决处死刑。如《大公报》主笔张季鸾在大屠杀当时发表社评所说：国人应为匹夫匹妇复仇。今日仍是同样主义，并且再将影片放映，是洗清台湾现在的"亲日热"。报载各种日货的大量进口，煮饭电锅也爱日本出口印花电锅，赴日观光客尤多。这证明人类的健忘本性。如果不用真材实料，将日人暴虐情形让现在中国人（很多高官贵人也多不知）了解，大家更会要喊中日亲善了。

血腥记载，斑斑可考

判决谷寿夫的证据，除上述影片外，国际难民委员会美国史迈士等曾出席做证，并刊行《南京战祸写真》。同时英国曼彻斯特记者田伯烈也出版《外人目睹中之日军暴行》一书，战时有中译本，笔者曾阅过。宜即加影印廉价发售，各中学图书馆必须购藏。又这两书著者和英文书原名，杭立武氏自当记忆，如未能查出，向美国国会图书馆或胡佛研究所东亚图书馆等处寻查，当能有得，复印或制显微影片，再放大影印刊行，在海外发行，更可使只识英文不识华文的华侨及外国人认识。且世人现研究日本战争史实的正多。日本外务省投降时刊《终战史录》，近有缩印本。

远东国际军事法庭（日文称作"极东国际军事裁判法庭"）有起诉书及判决书。笔者曾阅《极东国际军事裁判判决速记录》，日本外务省国家经委局刊行是书多处提及"南京暴虐事件"。其中一八四至一八五页，以十六开本一页半篇幅记述"南京暴虐事件"。其中提及德国政府代表（当时与日本接近，与我中国也保持关系）将日本军在南京暴虐的犯罪行为，形容为"日本军是畜生集团"。

南京屠杀，惨绝人寰

这一《极东国际军事裁判判决速记录》第一八四页记载：

一九三七年十二月十三日早，日本军开始在南京暴虐行为，杀人、放火、抢掠、强奸无恶不作。南京占领最初二三日间，非战斗员至少一万二千余人被残杀。强奸对象无论老少妇女，且于强奸后又予杀死。占领后一月间，约二万件强奸事件发生。

中国兵不及逃出城外的都脱下军服换平民便服，日本不分皂白，集体屠杀，用机关枪扫射。死者双手都被绑，使无反抗可能。至少二万人被杀。

在南京附近，约二百华里各地，中国居民被日军屠杀强奸等情形相同。中国军在长江岸，无法渡江被日军俘虏的，也被军用机关枪集体屠杀，然后弃尸长江。

这《记录》指出：据埋葬队统计至少有十五万五千余人被缚双手而致死，至于烧弃被杀人的尸体或弃尸长江中的无法计算数字，甚至中山陵也被污辱摄影。

这一《记录》第二一○页起是第十章"判定"，是对高级负责人犯罪行为的判决。第二一六页载战争罪犯松井石根大将是当时华中方面军司令官，一九三七年十二月十七日，松井以"胜利者""扬扬进入中国首都"，知晓其部下的残暴。未发布严正行动的命令，故判定松井"诉因第五十五有罪"。

东京审判记录有日文及英文本，在美国很容易查得，也应该影印。

其次，当时日本各报都有随军记者详细报告，不仅对南京大屠杀有记载，且有图片，拙撰《第二次中日战争史》中的图片即取自日本书刊。尤其当时日本军且有"杀人比赛"，看谁先杀死一百名中国人，以中国人命做儿戏。如东京《日日新闻》刊载的《紫金山下》，即详载这事。后来又将杀人人数增高至一百五十名，自十二日起比赛继续举行。一九三七年十二月十二日，东京《读卖新闻》记者记载攻占南京的标题是："如潮水般杀到南京城内！"其余《朝日新闻》等都有同样血污的记载。

要争一时，也争千秋

日本报纸都有"缩刷版"或事后有显微影片，即将原报缩小至四开影印，以便图书馆或个人保存。今应往美国国会图书馆查寻一九三七年十一月、十二月及一九三八年一月，日本各报缩刷版，将它们先制成显微影片，带回放大影印成四开本。以当时日本人本身记载驳斥日本文部省篡改课本的欺世，比较我们自己说十万遍都有力量，容易发生效力。

这些工作都是不甚困难的，在美国各大图书馆中一定可以寻得日本各报这三月的缩刷版以及史迈士和田伯烈的著作影印行世，不只是有力的宣传，更是"争一时和争千秋"的必要行动。

早在三十年前，日本即已否认"卢沟桥第一枪"。当时要想反证日人谰言，比较困难，但南京大屠杀事实，则有日本影片报纸及英美人著作可以证明。故我当局应有具体行动，试观美国流行的《第二次世界大战历史百科全书》（已三版），其中即无中日战争，只有缅战一小段，这都是胜利后史官失职（迄今仍旧），没有撰写一战史的自食恶果，世人早已不知有日本侵华战争了。

凭吊日本侵华细菌战大本营原址

吴天威

七三一部队简介

在第二次世界大战期间，法西斯轴心国所犯之最大暴行，莫过于日本以活人做细菌试验。第一次世界大战后，各国鉴于毒瓦斯及细菌武器之违反人道，乃于一九二五年宣布废止。但是，日本秘密研究细菌战，制造细菌武器，而成为唯一使用细菌武器的国家，无奈其细菌武器制造尚未完备，无法大量应用于战场，而日本已败亡投降。

唯日本不顾国际公法，惨绝人寰，竟以三千余壮年男女，多数为中国人，次为苏联与蒙古人，做细菌试验，致使他们在延长的极大痛苦中死亡。可是这些远较远东国际军事法庭处决的日本首要战犯更为可恶可憎的战犯，竟逍遥法外，或享受晚年，或仍为今日日本社会之栋梁，天理何在？再者日本做细菌战之试验，其规模之大，实验之久及残杀无辜生灵之巨，不次于美国原子弹研究带来之罪恶。但此一重大的人类历史之事件，因美国政府之自私，以防范苏联为由，一手掩蔽，以致鲜为世人所知。笔者年来致力于日本侵华暴行之探讨，曾两度亲赴哈尔滨搜集资料，并亲至细菌战大本营七三一部队原址考察。兹特将所见及最近各国学者所作之有关著述报告于后。

七三一部队之前身为"加茂部队"，开始时沿用"东乡部队"或"石井部队"。对外则称"关东军防疫给水部"。一九三三年八月，在石井四郎中佐主持之东京"防疫实验室"的基础上，日本陆军部和陆军参谋本部下令成立"石井细菌研究所"。所址设在哈尔滨市南岗区宣化街，并在哈尔滨东北数里之背荫河、滨江车站附近建筑细菌工厂。石井当时已有数年之细菌战研究经验，亲率专家十余名来背荫河建厂。驱逐当地居民，强征中国劳工，于一年之内，建筑一占地五百平方米城堡式的细菌工厂，以仲马大尉管理，故称"仲马城"。同时把方圆二十五万平方米地区划为禁区，不准中国人走近。"仲马城"内分为两个区域：一为长五十米、宽十二米两栋楼房的监狱、实验室、炼人炉和一火药库；另一区域为办公室、汽车库、物资仓库、锅炉、食堂、日本人宿舍等。这座监狱平时关押约五六百人，最多时达千人。一九三六年九月间曾发生一次"越狱暴动"，次年发生一次"火药库爆炸"，实验活动与细菌研究遂告停止。一九三八年全部人员撤离，移往"平房"工作，唯哈尔滨南岗之"加茂部队"本部并未撤销。

一九三六年根据日本天皇裕仁敕令，陆军部与陆军参谋本部在东北建立两个细菌部队：即长春南五公里孟家屯附近的华人村建立的九十三号军事基地"关东军兽类传染病实验局"，也称为"关东军兽医防疫研究所"，匿名"一〇〇号部队"；另一个即哈尔滨南二十公里的"平房"地方建立十七号军事基地——"关东军防疫给水部"或称"关东军用水供应及疾病预防局",也称"东乡部队"。后者于一九四一年德国纳粹进攻苏联后,改名为"关东军第七三一部队"。日本投降前数月(五月份)易名为"二五二〇二部队"。日本投降前夕,八月十三日七三一部队自己破坏本部、支部设施,除留一部分必要留守人员外,本部人员于深夜乘货车逃走。

一九三六年春,石井选定平房车站以北四公里处,霸占六个村庄及良田六平方公里,强征民工,于是年秋兴建"平房"七三一部队大本营。其主要建筑物有院落中央之两栋(七栋、八栋)接受细菌试验被关押人员(被称为"原木")之方块楼监狱,各种细菌研究室、材料库、动物室、兵器库、玻璃工厂、发电所、锅炉房。在本部院落外,有大礼堂、办公室、食堂、诊疗所、浴室、飞机场、运动场、国民学校,及现在还在用的日本人宿舍十一栋。中国劳工前后被征调来"平房"工作者近一万人,其中三千余人在此惨死,据现任"侵华日军第七三一部队罪证陈列馆"馆长韩晓的调查,死里逃生者在平房一带就有一千多人。

七三一部队下设细菌研究、细菌试验、防疫给水、细菌生产、总务、训练教育、器材供应和诊疗等八个部门。各部下设课,课下设班,共有五十八班。现在已查明者有十七班。一九三八年关东军司令部下令,平房周围方圆一百二十平方公里划为特别军事特区,中国人居住区内者持有通行证。今哈尔滨师范大学历史系某教授回忆当时恐怖情形,犹有余悸。

七三一部队除在平房之大本营外,还在黑龙江省之林口、海林(牡丹江)、孙吴、海拉尔四地设立支部,在大连设有卫生研究所,各支部主要任务是养鼠、养殖跳蚤、进行传染病菌的培养和保存。大连卫生研究所主要研制细菌(疫苗)和血清。另外在哈尔滨市郊杨马架子一带设立细菌壳制造厂；在安达、陶赖昭、平房西南的城子沟等地设置了野外实验场。唯据日本资料最近报道，七三一部队细菌研究或制造中心达二十多处，分布我全国各大城市，如沈阳、北京、南京、武汉、广州等地，唯详情待考。

石井四郎自一九二四年毕业于东京帝大医学院，即投效日本陆军担任军医，热衷于病理学和细菌学之研究，一度返母校深造，并与帝大校长荒木之千金结成良缘。一九二八至一九二九年经官方协助自费漫游欧美，考察各国细菌战之研究与设施。返国后，得日本陆相"帝国路线派"领袖荒木及"控制派"领袖陆军部军务局长永田之支持，开始研究细菌战。后以发明防疫"滤水器"一举成名。石井先后研究成功并大量生产的细菌有伤寒、副伤寒、霍乱、赤痢、炭疽、鼠疫等。

石井部队以活人做细菌试验，其试验方法有三十多种，主要为菌液注射、强灌菌液、冻伤、毒气试验等。鼠疫、霍乱最为有效。石井发现跳蚤为传染鼠疫的最好媒介。霍乱则采用污染饮水的方法。石井的细菌制造工厂每日廿四小时运作不停，每日可生产三百公斤的鼠疫菌。"在其鼎盛时期，拥有员工两千余人，其生产潜力可制造足够的细菌，杀死全世界人口的几倍。"

一九四一年石井更成功地制造了陶瓷细菌炸弹和金属炸弹，以后曾制造九种不同的炸弹，其首次应用细菌战，当推一九三九年夏季日、苏在外蒙与满洲边界之诺门坎战役；石井部队派出两百人配合作战。日军阵亡八千余人，负伤万余人惨败撤退，有石井部队二十余人殿后，散放伤寒和赤痢等细菌于哈勒哈河上，污染饮水杀害苏军。

在中国战场上，一九四〇年六七月间，石井受关东军总司令梅津之命，亲率四十人，携带伤寒菌七十公斤、霍乱菌五十公斤及鼠疫跳蚤五公斤（约一千五百万跳蚤），乘飞机三架来浙江宁波进行细菌战。一九四一年七月以太田澄上校为首之石井部队四五十人在湖南常德做细菌战。一九四二年八月石井又亲率近百人之细菌队伍参加浙赣之役。其所造成之灾害，中国官方均有记载。浙赣之役，日军散放细菌结果，自己亦遭致严重伤害，竟有日军一千七百人感染细菌死亡。又是役中国被俘士兵三千余人被迫食用副伤寒污染的馒头，然后放回，使伤寒病在我后方蔓延流行，为害甚大。

战争末期，石井之细菌部队已附属于十二个军或四十余师团，一九四四年年末和一九四五年年初，日本企图挽救败亡的命运，乃放出两百个经细菌污染的气球，由日本本土飞越太平洋，但结果并不圆满，仅数气球飞达北美，同时细菌炸弹仅数枚爆炸，未达预期结果之万一。

今日的平房区已成闹市，但七三一部队之残存遗址仍到处可见，使笔者触目惊心，不仅念及三千余人受细菌试验之痛苦与呻吟，亦感我数千劳工葬身于此之悲凄。但日本投降后之数年，因七三一部队放生之污染老鼠，造成鼠疫蔓延二十余县，死亡达两万人。哈尔滨、长春一带学生每年要注射鼠疫防疫针达数年之久。

目前七三一部队残存的遗址尚有三十六处，主要为本部大楼，内有石井本人之办公室，完整无缺；卫生所、跳蚤饲养室、兵器班、冻伤实验室、细菌弹装配室、黄鼠饲养室、细菌地下贮藏室，及全部日人宿舍等。惜七、八两栋关押做细菌试验的"原木"人之"方块楼"已消踪无迹。文物方面已成立"侵华日军第七三一部队罪证陈列馆"供人参观。内部保存有当年使用之药瓶、注射器、平皿、细菌培养基箱、干热灭菌器、手术工具及若干原始文件，足使观者对于当年七三一部队之活动有一概括的了解。

有关七三一部队研究概况

（一）

西方对日本七三一细菌部队之研究应始自前上海《密勒氏评论报》（后改为周报）发行人约翰·鲍威尔之子，即鲍威尔二世，他同戈默（Gomer）与洛林（Roling）三人共同在一九八一年十月份《原子科学家通讯》上撰文揭发七三一部队之战争暴行及美国政府之掩盖嫌疑。一九八四年东京庆应大学一研究生无意中在旧书摊上发现七三一部队池田中校所记活人试验之病历，遂更引起西方学者对于七三一部队之研究兴趣。本年（一九八九）一月，英国两位记者——彼得·威廉斯与大卫·瓦雷斯联合发表他们多年之研究著作《七三一部队：第二次世界大战中的日本细菌战》，美国之自由出版社于六月间在美国予以再版。今简述其书之特点：

一、威、瓦两氏在日本遍访当年七三一部队之尚健在之成员，特别是石井四郎之女儿，对于石井在战后之生活及其与美国官员之接触，有进一步之了解，其所发表之石井家庭照片及其他人员之照片均属过去出版之书刊所无。

二、负责与石井交涉，以交出石井部队之研究资料而豁免七三一部队人员按战犯处理之美国细菌学专家莫瑞·桑德氏之交涉始末及晚年感想，威、瓦二人均有详尽报道。对继桑德氏完成交涉之汤姆逊与茵格利斯二人之工作亦予评论。

三、苏军所俘七三一部队留守人员，包括部队长北野少将（一九四二年接替石井任部队长，但一九四五年三月石井再返平房任部队长，北野副之），苏联曾于一九四九年十二月在西伯利亚之伯力城（今哈巴罗夫斯克）做为时一周之审判，被审之十二人分处徒刑，其审判记录莫斯科于一九五〇年即以数国语言公之于世，但未为西方学术界所重视，今威、瓦两氏重行分析讨论。

四、日军于一九四二年年初，先后占领菲律宾及西马来西亚，俘虏美、英、澳、纽各国军队甚伙，日本虐待俘虏早为世所周知，如"巴丹急行军"导致数千美军俘虏死亡，殊不知日本曾选英、美等国战俘一千四百八十五人，运至东北沈阳集中营，充作细菌战试验品，生还者无不有极悲惨的经历，但从未获美国政府之重视。今威、瓦两人亲访现健在之大皮蒂（Peaty）少校，使其痛苦的经历生动地呈现于纸上。

五、美国最近公开美方与石井部队之交涉原件四通：（一）"内藤文件"：给桑德氏之私人秘密资料；（二）"桑德氏报告"：一九四五年九月、十月在日本科学情报调查报告；（三）"汤姆逊报告"；（四）"茵格利斯报告"。以上四件均经复印，作为威、瓦两氏著作之附录。

威、瓦两氏之《七三一部队：第二次世界大战中的日本细菌战》一书，不容置疑地对日本细菌战之研究、在中国战场上之使用及七三一部队之活人细菌试验等均有突破性之报道。其不仅为研究七三一部队不可缺的参考资料，亦为关心日本侵华暴行的读者难得的读物。笔者决心着手将该书译为中文出版，以期引起更多的国人及史学同道的重视。

（二）

日军七三一部队之在华暴行，虽为中国政府所熟知，但从未予以重视或广为揭露。一九八二年后，由于日人修改历史教科书，否认对华侵略战争，并对东京国际军事法庭对战犯的判决进行翻案，中国大陆始有一些译述作品出现：

秋山浩［日］著，北京编译社译：《731细菌部队》，一九六三年，（原文一九五六年出版），群众出版社。

森村诚一［日］著，黄纲纪、胡浩译：《恶魔的盛宴》，一九八三年，福建人民出版社。

森村诚一［日］著，关成和、徐明勋译：《魔鬼的乐园：关东军细菌战部队恐怖的真相》，一九八三年，黑龙江人民出版社。

森村诚一［日］著，刘宗和译：《恶魔的暴行》，一九八三年，长沙湖南人民出版社。

森村诚一［日］著，正路、萧平、顾红译：《恶魔的饱食》（续集），一九八三年，吉林人民出版社。

森村诚一［日］著，成宰、秉伟、光赤译：《恶魔的饱食》（第三集），一九八五年，吉林人民出版社。

亢进著：《来自地狱的报告——纪实小说》，一九八八年，北京人民文学出版社。

有关七三一部队之论文，多出自韩晓、尹庆芳、邹得里三人之手笔。举其要者有一九八五年黑龙江省《文史资料》发表之《日军七三一部队法西斯暴行辑录》《日本关东军平房细菌工厂纪实》《背荫河"仲马城"细菌工厂》等。一九八六年有黑龙江省《文史资料》第二十二期之《侵华日军第七三一部队里的劳工》及黑龙江省《北方文物》之《日本帝国主义侵华罪证——哈尔滨市平房日本细菌工厂遗址简介》等。

（三）

著名学者李云汉、洪桂己、许介鳞、迟景德及王聿均等均先后发表重要论文，记述日军在华暴行，洪桂己先生于一九八五年由"国史馆"出版之《日本侵华暴行实录——一九二八年至一九四五年》。截至目前，无论在大陆还是台湾，洪著尚属唯一的对日本在华暴行之综合性报道。洪著论及七三一部队甚详。

台湾大学许介鳞教授专攻日军在华细菌战之研究，成绩卓著。已发表之论文载于一九八四年九月、十月出版之《在中国的日本化学细菌战》。其巨著《七三一部队》业已完稿，据悉年内即将付梓问世。

（四）

日本学者早已瞩目于七三一部队之研究。今承许介鳞教授热心协助，允自其藏书中择录有关七三一部队之日文著作如下：

北岛规矩朗（总编辑）：《陆军军医学校五十史》，一九八八年，不二出版社。

吉见义明：《日本军曾使用毒瓦斯》，载于一九八八年十二月，《英、美新资料》。

粟屋宪太郎与藤原彰：《中国事变中，使用化学战例集》（史料），一九八四年九月《历史与人物》。

犯罪调查日本委员会（编辑）：《美国与日本共同对战争罪行调查之罪过》，一九六七年，东京青木书店。

粟屋宪太郎：《日军毒瓦斯兵器发展及在中国战场之使用》，一九五〇年，莫斯科外国语图书出版所。

泷谷二郎：《杀戮工厂，七三一部队：细菌部队士兵告白书之发现》，一九八九年，东京新森书店。

日韩关系记录会（编辑）：《细菌战资料》，一九七九年，东京晚声社。

《哈巴罗夫斯克裁判记录》（中文版），一九五〇年，存于波士顿哈佛大学燕京图书馆。

常石敬一（编译）：《石井之目标：七三一部队与美军谍报活

动》，一九八四年，东京大月书店。

白石真：《所谓细菌部队第二防设给水部的故事》，一九五七年，东京彩流社。

下里正树：《恶魔与人间：收集"七三一部队"资料纪行》，一九八五年，大阪日本机关纸出版中心。

石作新作（原陆军军医大尉）：《恶魔的日本军医》，一九八二年，东京山手书店。

越定田（原关东军第七三一部队第三部副运输员）：《日本国旗在流血泪：第七三一部队员告白记》，一九八三年，东京教育史料出版会。

岛村乔：《三、〇〇〇人的生体实验：日本"细菌部队"之罪行》，一九八二年，东京原书房。

常石敬一与朝野高三：《细菌战部队与二位医学家之命运》，一九八三年，东京新潮社。

桧山良昭：《细菌部队医生的回忆》，一九八〇年，东京讲谈社。

常石敬一：《关东军七三一细菌部队之败亡》，一九八二年，东京海鸣社。

以上所载日文书目虽然不全，但已足以证明日本学者对七三一部队研究之重视，其著述始自一九五〇年，继续至今日。反观我中国，除翻译数名日本作家著作外，本身对七三一部队之独立研究甚少。笔者深盼借此对七三一部队之简单介绍，可引起世界各地华人学者对此项研究之兴趣与重视。

日本"慰安妇"事实俱在
——从其曝光经过与深入搜集探索

平涛编著　李立德提供

　　第二次世界大战期间，日军在亚洲的罪行擢发难数。其中"慰安妇"这一丑恶事件，就是其中的一项。这一事件不久前才曝光，引起亚洲各国的深切关注。

　　所谓"慰安妇"，就是随军军妓、营妓。日军当年召集的军妓，绝大多数是被强迫征集而来，像征军夫一样，强行摊派名额。朝鲜半岛早在日军侵略中国之前，即已处在日本统治之下，韩国妇女是较早遭受被征募凌辱的。不过在亚洲各战场被迫充作"慰安妇"的妇女，不仅有韩国人，还有中国人、缅甸人、马来西亚人、菲律宾人等。事隔多年，当时被蹂躏的妇女，大多数已不在人世，而侥幸生还者基于颜面多半隐忍未发，也不愿回顾那段刻骨刺心的创痛，所以"慰安妇"事件几乎为世人遗忘而沉冤至今。

慰安妇事件的曝光经过

"慰安妇"事件，过去有人提起过，但因缺乏大量的资料和证据，未能引起人们重视。日本政府长期以来一直推说战时日本军中的"慰安妇"系民间人士所为，与日本政府无关，企图掩饰事实真相。

一九六三年，日本《每日新闻》记者千田夏光，奉命制作《太平洋战争回顾》特集，他在审阅的两万多张旧照片中，发现一张以徐州会战为背景的照片，内有两名女性卷起裤管，随日军渡河。中国战场的日本部队出现女性，是一件教人匪夷所思的事情。千田夏光追查了五年，才证实日军征召"从军慰安妇"的事实。与此同时，日本中央大学日本现代史教授吉田义明在日本自卫队防卫研究所图书馆中，发现陆军部与派遣到中国大陆日军各部队间的机密文件缀成的《陆支密大日记》资料。资料中记载："一九三八年三月，日本军部要求各派遣军招募营妓时，必须慎选适当人员，要与地方上之宪警单位秘密合作，以保持军队威信及避免产生社会问题"；并露骨要求各部队"尽速设立性的慰安设施"，因为日军强奸中国妇女，更激发了中国人民的反日情绪，"使得日军战力深受阻挠。……"吉田义明很快将这一史料公诸于众，引起亚洲各国的重视，一时舆论大哗。

侵华日军招募"慰安妇"史料被公开后，日本政府迫于舆论压力，一改过去矢口否认的态度，承认日本皇军与"慰安妇"有关，但是采取虚与委蛇的做法，不予真诚理会。

日本北海道选出的国会议员伊东秀子看到自己政府像说谎者被拆穿谎言之后还要继续赖皮下去的态度，愤愤地说："日本政府的这种态度就是不能原谅！"她在本届国会众议院预算委员会中以"慰安妇"问题提出质询，要求政府编列预算，就这一问题进行调查及处理。在国会质询过程中，伊东秀子找来当时被强制征召的"慰安妇"的证人到国会做证，她并表示将继续在防卫厅寻找新资料。

随后，在日本报章刊登了一位日籍"慰安妇"的长篇回忆文章。那位"慰安妇"从一九四三年被征召到军队，从日本、韩国到中国东三省及太平洋诸岛国，她和来自日本、韩国、中国的"慰安妇"一起目睹战争最残酷、最恐怖的情景，她们自身则受尽蹂躏，备尝艰辛，经历了一段羞辱与痛苦、完全是暗无天日的军妓生涯。"慰安妇"生活猪狗不如，常常吃不饱、穿不暖，每天要供十几个、甚至二三十个日本官兵泄欲。她们之中许多人被摧残得不似人样或死于非命。这篇回忆录揭露了一个无可争辩的事实：日本大举侵略东亚及东南亚各国时，日本军方在日本、韩国、中国强征"慰安妇"随军，并非出于对日本士兵做"人道"方面的"关爱"，而其目的在于以此提高日军军队"士气"，推进侵略战争。正如伊东秀子所言"慰安妇问题最能表现出日本过去发动战争的本质"。

日军军妓由来已久

日军内设"慰安妇"早在日俄战争时即已开始。一九一八年至一九二二年，日本借口苏共革命动乱为由，派遣七万二千人攻入西伯利亚东部，当时的日军丑态毕露，每至一地最大的愿望就是找女人，以致七万多名士兵，患性病者即达一万八千余人，其中重病患者有二千多，需要立即住院治疗者多达六千余人，大大地削弱了日军的战斗力。而同期日军战场死亡者仅一千三百八十七人，伤者二千零六十六人，性病比作战损耗的战斗力还大。于是日军指挥官通过御用商人，在日本九州岛的北部，以每人每期预付一千日元的代价，募集了六七百名正在卖春的妓女前往服务。当时一千日元是个大数目，可以买一幢像样的房子，因而日本妓女趋之若鹜，成为日本侵略史上最早随军军妓。

"慰安妇"计划的形成

一九三七年，日本华中派遣军司令部鉴于日军在南京近郊作战，强奸掳掠，备受国际舆论指责，为了减少强奸事件，重塑日军形象，同时鉴于日俄战争时七分之一日军染上性病这段不光彩的历史，乃有"慰安妇"的构想。当时中国的大城市上海是个国际都市，全世界重要的报社、通讯社都在上海派有专人采访，该地还有许多欧美牧师，他们首先揭发了日军强奸暴行，使日军高级指挥官慑于舆论压力，决定执行"慰安妇"计划。一九三八年日本军部明令指出："为能有效地降低日本驻海外士兵的强奸发生率，以减少被占领国人民因此而采取的对日军巡逻队的报复行动，各部队应迅速建立一个能使日军兵士在作战空暇时，在性方面可得以充分满足的机构。"由于军方的提倡，"慰安妇"计划迅速在亚洲各战场得以实施。

"慰安妇"的来源与等级

二次大战期间，侵华日军慰安妇的来源分为四类：一为占百分之八十的韩国妇女；二为日本的职业妓女和少数良家妇女；三为被强迫带走的中国妇女；四为从东南亚其他国家征召拐骗来的妇女。这四类中，除了第二类外，都是强迫和诱拐来的。其中中国妇女处境最惨，她们原已尝尽了家破人亡的悲痛，还要被迫去当军妓，每天供十数个乃至上百个敌人寻欢作乐，其悲痛心情非言语所能形容，也是人们难以想象的。

据说日军军妓又分为三等，头等多为日本女人或混充日籍的韩国女人。她们身穿和服，说日语，专门接待日军军官；第二等有韩国妇女也有中国妇女，有的穿和服，有的穿汉服，接待由日军安排的亲日仕绅（汉奸）或汪伪政府要员；第三等多为中国籍妇女，供日军士兵泄欲，不得接近日军高层军官。

从"军人俱乐部"到"陆军慰安所"

一九三八年年初，日本上海派遣军司令部为了急于开设"慰安所"，通过中国东北的卖春商人，征集到一百零四名"慰安妇"，其中韩国人八十名，日本人二十四名，她们随即接受了上海陆军兵部病院的妇产科医师的身体健康检查。一位名叫麻生澈男的妇产科医师回忆当时的情景说："我被征调的时候，实在不知道为什么他们在战场上会需要妇产科医生，而且要给我一个'特别任务'。"他到达指定的场所，才知道这个特别的任务，就是管理这些"慰安妇"的健康，但不是她们的身体健康，而是检查有无性病的发生和防止性病蔓延而已。做完这个"健康检查"之后，他曾向军部写过一篇报告。他的报告书虽然当初没有引起日军上层的注意，可是却对后来"慰安妇"的发展起了很大作用。他在报告书上写道："半岛人（即韩国人）的妇人都年轻健康，甚少染有花柳病；而内地人（指日本职业娼妇）则多染过性病。虽无急性症状，确都有过数年为娼的经验，而且年龄都超过二十岁，甚至有四十来岁者……。"

在这种情况下，第一个军队直辖的卖春所——"军人俱乐部"于一九三八年一月上旬在上海军工路附近杨家宅开张营业，有十多个房间。不久，"军人俱乐部"的名称被改为"陆军慰安所"。

"陆军慰安所"墙上张贴有大幅"慰安妇规则"：入场者必须携带"慰安所外出证"，入场前必须先在"受付处"（即收款处）付款，领取入场券及保险套一个，价格是士官、军官、军属每次两日元；入场券当日有效，隔日作废；入场券已交给"慰安妇"者不得再退，未用者可退回两日元；每次入场时间限定为三十分钟；吵闹者或破坏秩序者以违纪论处等。

自此开始，慰安所陆续在南京、杭州、北平等地开设，亚洲各国妇女，进一步陷入苦难的深渊。

韩国妇女首当其冲

随着侵略战争扩大，战区辽阔，出征军人众多，军妓需求量大增。日本军方根据军医上尉麻生澈男的报告，将目标首先指向朝鲜半岛，理由有三：（1）韩国妇女多属处女，无性病顾虑；（2）韩国妇女因长期劳动，身强体壮，耐得住辛劳；（3）韩国为日本殖民地，可以用强制手段达到目标。因而自一九三九年起，大规模招募"慰安妇"的活动便在韩国开始了。

征募时先由日军御用商人（韩国籍者居多）以煮饭洗衣可获高薪，又供三餐及出征预领金为名，诱使韩国妇女参加，并由当地警察协助达成。依军队需求度每三十五人配一名"慰安妇"，在一九三八年至一九四二年约四年时间内日军征集的韩国"慰安妇"多达十几万人。

太平洋战争爆发，日军征集"慰安妇"的举动变本加厉，采用征集令的方式进行，几乎使韩国年轻妇女无人幸免，不少人逃向深山，加入抗日游击队，也有不少年轻女子自杀身亡。

中国妇女在劫难逃

日军陆续征募诱骗的十几万韩国妇女并不能满足贪婪日军的兽欲。兵员的剧增，使每三十五名士兵配备一名"慰安妇"的比例难以得到保证。战争的持久，使乱性日军的兽欲，永无满足之日。许多日军在被占领土就地强征妇女，充当性发泄的工具。沦陷区的中国妇女乃至东南亚其他各国妇女命运多舛，备受日军凌辱和糟蹋。她们被侵略者无辜地剥夺了宝贵的青春乃至生命。

根据当年驻扎地南京的日军第十五师团的资料披露，中国大陆上的"慰安妇"仅南京一带就有八百二十人之多，其中南京地区五百一十三人，芜湖地区一百二十九人，金坛地区一百二十一人，镇江地区五十四人。我国台湾也有许多妇女被强征为"慰安妇"。据日本新闻界报道，社会党众议员伊东秀子最近也在日本自卫队防卫研究所图书馆发现三封电报，与台湾"慰安妇"有关。第一封电报发电日期为一九四二年三月十二日，发电人是日本驻台湾军司令官，收电人是日本陆军大臣东条英机，电文记载奉"南方总军"之命在台湾招募五十名"慰安妇"送往婆罗洲；第二封是东条英机的副官于同年三月十六日发出的回电，内容大致是准其所请；第三封电报日期为同年六月十三日，发电人是日本驻台湾军参谋长，收电人是陆军大臣副官，电文称接获命令知三月所派"慰安妇"，不敷需要，将再增派二十人。这三封写着"秘"字的电文，写明保存期为三年。显然是战后日本陆军销毁资料时的"漏网之鱼"，现在却成了日军的罪证。亚洲人尤其是中国人廉耻心重，对这种见不得人的勾当，不愿意声张，兼之当年的"慰安妇"现存者寥寥无几，所以究竟有多少中国妇女被强征为"慰安妇"，至今尚是一个无法揭开的谜。

"慰安妇"的辛酸泪

中国、韩国、日本及东南亚其他各国的妇女被日军强行征募到军队沦为"慰安妇"后，境遇十分凄惨，除了充当军人发泄兽欲的工具之外，根本不被当人看待。

二次大战期间，日本军方为了保障侵略战争的顺利发展，明确规定，军船装载的"动物"仅限于军人、军方聘雇人员、军马、军犬和军鸽。日本军方狡猾阴险，既要将征募的大批"慰安妇"运往前线，又想不留下任何罪证，因此，往往用"军需品"的名义将"慰安妇"秘密送往各战场，从而干下了一幕幕鲜为人知的罪恶勾当。据日本九州的老妇庆子回忆，她当年是作为第一批从军"慰安妇"之一，与其他十七名日籍"慰安妇"（多为妓女）和近百名韩国女子（多为处女）以"送往上海第十一兵站的军用品"名义，踏上"慰安"征途的。在行程中便遭受到非人的待遇，与马匹同舱而寝，在毫无遮掩的情况下解手，每人一天内接客曾高达二十次以上，不准怀孕，遇难时被列为最后拯救对象。唯一"人道之处"就是这一批"慰安妇"如在性服务过程中赚足当年购买她们的订金一千日元，即可恢复自由身份，这是往后的"慰安妇"所享受不到的。

但随军而出的"慰安妇"，多半难保性命。据韩国女作家韩云史调查，许多女孩被送至第一线，配备到各小队，称为"天皇的赐品"，被当作性饥渴者的玩具。过几天再轮流调换，受尽凌辱和蹂躏。当年天津福岛街慰安所内的韩国雏妓，每天要为四十至五十名士兵提供性服务，她们到第五天经受不住摧残便放声大哭，而发泄兽欲的日军却以为这些雏妓是兴奋得哭了。

到了战争后期，战局逆转，日军在华中、华南处处挨打，节节败退，这些军妓被迫运送弹药，出入火线，有不少人借机向中国军队投降，幸保性命。一九四五年日军投降后，在云南的腾冲，有一万多名韩国籍"慰安妇"，由中国交给了韩国。

这些得救者毕竟只是少数幸运儿，多数在日军败亡时遭丢弃，也有一些被集体屠杀，以掩饰日军的丑恶罪行。更有一些逃亡者，走入丛林死于自然灾害。

未死的"慰安妇"遭遇极为悲惨。据十七岁就被日本人骗到九州的韩国妇女金浩淑控诉，当她被装上船运往中国北部，强行分配到日军妓院，成为"慰安妇"后，每天数十次的蹂躏使她感到青春完全被毁了，她恨不得一死了之。另据当年驻扎在河北定县灵山镇的前陆军中士原田和男追述：一九四一年，当他在北平完成一项任务回到部队驻地时，被一位上士拉到了一家慰安所。接待他的"慰安妇"是日本熊本县人，是一个大美人，但脖子上有一道很显眼的疤痕。当他问及伤疤的来由时，她说，有一次一个军官让她把香烟插到阴道里去，她说"我又不是玩具"而拒绝，这个残忍的军官就用军刀割了她的脖子。现住九州的老妇笹栗富士追忆早年的"慰安妇"生涯时说，当年在从上海出发到杭州的一百八十公里路程中，她们走走停停，一共花了二十小时的时间，其间，光她一个人就接待了十九个"客人"，几乎每小时就要接待一人！当她们再次出发前往长兴时，军医鉴于她虚弱腹痛，为她开了休假诊断书，交代部队让她抵达长兴后休息三天。然而，到长兴后，笹栗富士根本得不到休息，第一天，她和另外两名韩国妇女仅在白天就为丧心病狂的日军提供了六十次性服务。在"慰安妇"较少的地方，有的被迫每天接客一百人以上。相传在南洋拉巴尔慰安所，排队的日军士兵每天竟长达数里！这哪里把"慰安妇"当人看待，简直就成了丧尽天良的日军闲暇时泄欲的工具！日军军官更少不了女人。平常饮酒狎妓，寻欢作乐自不必说，有些司令官甚至把日本国内艺妓及女用人全数搬到司令部，充当高级"慰安妇"。在战争末期，日军遭到攻击，仓皇逃窜，有人甚至丢掉军队，只带走百余名艺妓，可见日本在二次大战期间自上而下，淫靡成风。就纵欲方面而令德国法西斯都望尘莫及。

何止是"慰安妇"的悲痛

日本军国主义对亚洲人民犯下的罪行，何止是一个"慰安妇"事件！自一九三一年"九一八事变"到一九四五年日本战败投降，日本侵略者在占据中国期间奸淫烧杀，罪恶滔天，真是罄竹难书。攻占南京惨杀三十多万人的残暴行径，就令人发指。而日本对待中国妇女的手段之卑劣和残忍，堪称史无前例。在日军占领南京的三个月内，强奸案多达二万余起，南京成为历史上空前绝后的人间地狱。当年在南京任日军一一四师团一等兵的田所耕三说："女人受害最深，不管是老的还是年轻的全都逃不了。我们派出了拉煤的卡车到街坊和村子掳来许多女人分配给士兵，一个女人供十五到二十个士兵玩弄，……没有不强奸的士兵，大部分被强奸的女人就杀掉。"王平在所著《抗战八年》中写道："（南京）市民姚加隆携眷避难，敌军将其妻奸杀，幼儿幼女在旁哀泣，被用枪尖挑入火中，活焚而死。乡妇谢善真，年逾六旬，敌军用刀将她剖杀，并以竹竿插入阴道。丁小姑娘被敌军十三人轮奸，奸后，敌军用刀刺砍小腹而死……"当时任教金陵大学的美籍教授贝兹博士在东京远东军事法庭做证，称："日军奸淫妇女，不分昼夜，有时竟在街头为之。有一妇人在某公墓内被日兵十七人轮奸；有一年仅九岁小女孩及其七十六岁的祖母同时遭到日军奸淫。"南京鼓楼医院的马林牧师在一月三日的日记中写道："今晨来了个状极悲惨的妇人，带来一个恐怖的故事。她原来是被日军带到医疗队去洗衣服的五个妇人之一，日军要她们白天洗衣服，晚上就轮奸她们。其中最漂亮的一个每夜得供四十人泄欲。今早这个妇人被三个日本兵带到偏僻的地方，他们要砍她的头，幸而只切开颈上的皮肉，没砍断骨头，她立刻装死，日本兵以为她死了才离去。后来她来到医院。"目击者李克痕在《陷京五月记》中写道："街头上有很多被轮奸致死的女同胞的尸体，全身被剥得精光，乳房被割下了，有的小腹被刺破了好些洞，肠子漏了出来，阴户里有的塞一卷纸，有的塞一块木头。"一九九〇年十二月十七日在德国外交部档案里，发现了一九三八年元月十五日德国驻华大使馆参赞罗森的报告，其中写道："日军占领南京已经一个月以上了，可是带走及强奸妇女的事情还是层出不穷。由此看来，日军已在南京立下了耻辱的纪念碑了。甚至在本该受到保护的国际委员会在南京所设立的安全区里，都发生了数百件野兽般的强奸事件，而这些都可以毫不费力地从德国人、美国人或中国人口中得到证实。"连当时与日本结盟的德国外交官都觉得日军做法过分，可想而知，中国妇女遭受的凌辱是何等的深重了！

血海深仇岂容淡忘

上述所摘录的仅是日军罪行的万千记录中之数例。日军暴行之残酷野蛮是人类史上最黑暗的一页，更是人类文明史上的耻辱，是任何文明社会所难以想象的。今日重提二次大战期间日军"慰安妇"事件和中国妇女半世的悲惨遭遇，是为了使炎黄子孙不要忘记历史，也是警告今日和以后的日本当政者在为他们祖先汗颜时不要故技重演。如今日本已为世界经济大国，但国内军国主义者如石原慎太郎之流蠢蠢欲动，不仅不为过去的滔天罪行反省，反而歪曲历史，颠倒黑白，否认南京大屠杀和日军侵略事实，对此日本政府是难辞其咎的。至于"慰安妇"问题虽然最近才曝光，不过早在二十年前就已有人撰写报道，尽管如此，日本政府还是一再否认历史事实，直到一九九二年日韩建交时，迫于舆论压力，不得不向韩国道歉并洽商赔偿。然而日本对待中国以及东南亚其他国家的"慰安妇"问题采取什么态度尚无明确表示。正如敢于仗义执言的伊东秀子所言，日本政府如果对侵略战争不做一个总清算，日本民族将永远背负着侵略者的罪名，几百年也洗刷不清！

战争结束快五十年了，"慰安妇"事件的曝光再一次告诫人们，要时刻记住这血海深仇，警惕日本军国主义的复活！（平涛据国内外资料汇编，原载一九九三年第一、二期《南京史志》）

惊闻胜利泪沾巾
——谨以个人辛酸回忆纪念抗战胜利三十周年

沈云龙

一

记得民国二十六年（一九三七）七七卢沟桥事变发生后，继之以八一三淞沪战争，全面抗战于焉开始。其时，我从日本回沪，尚未逾四个月，住在左舜生先生家的三楼，和张希为、黄欣周两兄共同主持《国论》月刊的编务。在"八一三"战事爆发前几天，上海市面已甚紧张，成千成万的北区市民，携老扶幼，随带箱笼，穿越苏州河，进入公共租界避难，沿途络绎拥挤，昼夜不绝。我们几个朋友，在

"八一三"前夕，尚至北火车站界路一带观察，各重要隘口，均堆积沙包，围以铁丝网，守军士气如虹，弥可敬佩。而黄浦江中日舰骤增至二十七艘之多，载来陆军不下一师团之众，知战事已无可避免。果然，翌晨九时十五分，日军登陆，向江湾、闸北进犯，与我军激战，自是展开了淞沪之战的序幕。

八月十四日，日轰炸机群侵袭杭州笕桥我空军基地，被击落九架，首开我空战胜利纪录。我空军亦出动飞沪轰炸黄浦江中日旗舰"出云"号，时沪上市民尚不知炸弹的厉害，多聚集外滩观战，或伫立高楼晒台及马路两旁，仰望上空扫射，每见我机低飞时机上国徽，咸拍手欢呼，并未虑及有何危险。是日下午四时左右，我和希为兄由地丰里左寓步行至静安寺，搭乘一路双层公共汽车，往南京饭店参加戴云吾兄婚礼及晚宴。不料车行至跑马厅时，见原行驶爱多亚路之九路公共汽车，竟沿南京路迎面驶来，行人车辆，俱告阻塞，交通秩序大乱，乃下车相与步行，拟沿西藏路向南至远东饭店稍憩。因自"七七"战起，舜生先生即在该饭店开一长房间，以便与各方联系。孰料甫行至四马路转角大中华饭店，忽闻訇然巨响，浓烟黑雾一团，仿佛看见麇集在对面法租界大世界游乐场最高层的难民群，排空全部坍下，刹那间血肉肢体与碎片瓦砾齐飞，呼儿叫女与哀号之声杂作。我与希为兄呆立街头，伫看行人四散奔逃，不知所措，如果稍早几分钟再前进百余步，此身纵然不死，也得受重伤。此毕生难逢伤心惨目的一幕，至今犹留有余悸。据事后始知，此一惨剧系我方飞机与日机交战时，驾驶人受伤，炸弹架失去控制，遗落二枚炸弹于爱多亚路附近，至炸毙路人数百名，残肢断臂者及损毁车辆，更不知多少，乃至站在马路中央指挥交通的印籍巡捕，竟被炸得尸体无存。而在公共租界外滩华懋饭店，亦发生同样情形，炸毁该饭店一部分，并伤毙数十人。我们朋友张葆恩兄也是往南京饭店参加婚礼的，因时间尚早，遂至外滩观看空战，结果身着一件杭绸长衫，满都是斑斑血迹，自己则毫未受伤，可谓幸运！

此后未及数日，舜生先生所发动的上海教育界抗敌后援会，便在允中女子中学组织成立，率同我们从事宣传、募捐、救济、慰劳伤患等工作，夜晚在地丰里寓所阳台看市郊炮战，炮弹与照明弹交织成天空一片火花，轰隆之声不绝，大家心情异常激越。唯此时租界民众对国军坚守吴淞、江湾、闸北一线的英勇苦战，以及日机狂炸南市，死伤无辜平民千余人，俱极为关怀，无不有力出力，有钱出钱，救死扶伤，并供应军用物资及医药用品，捐输甚为踊跃。所有一切娱乐场所，都改为难民收容所与伤兵医院，充分表现全民合作的爱国精神，确有不少可歌可泣的历史镜头。到八月底，舜生先生由沪杭路转道赴京，参与国防最高会议，《国论》月刊遂告停止。我们几个朋友，俱改至李璜、谢澄平两兄在极司菲尔路接办之大中中学教书，由我担任教务主任一职。迨沪市郊国军在罗店、八字桥、大场、真如、南翔一带，激战两月余，旅退旅进，牺牲惨重。旋因日军于十一月五日由金山卫登陆，国军腹背受敌，战局顿形改观，不得已奉命西撤，上海即告失陷，租界形同孤岛。我以家中连电催归甚急，实际上是顾虑我在沪的安危，因上海对外海陆交通断绝，乡间消息不明，颇多谣诼，乃于是月杪辞去教职，搭乘挂葡萄牙船旗的商轮离沪，取道南通天生港回返故乡安丰镇。这是沪战停后航行江北的第一艘船只，载运男女老幼约二千余人，多属籍隶苏北各县的难胞。其时黄浦江两岸，尽是败瓦颓垣，余烬未息，尚在熊熊燃烧中，满目凄凉，不忍卒睹。船出吴淞口，见日军大小舰艇，星罗棋布，正集中炮火攻击江阴要塞及清除长江下游封锁线。轮船行驶中，受到炮声震动，船身摇荡不已，全船旅客无不惊惶失色，后来总算安全抵达天生港。我见港内待运物资壅滞，岸上堆积尤多，而沿江防务松弛，兵力单薄，一般民众，恬嬉如故，似不了解国际战争的严重，使我引为深忧。登岸后，立即搭汽车至海安镇，再转乘人力车约五十里到家。父母妻儿，见我劫后归来，悲喜交集，亲友咸来问讯，仿佛有隔世重逢之感。

到家后不久，从地方报纸电讯得知江南战事不利，江阴、苏州、常州、镇江相继失守，首都亦于十二月十三日沦陷，造成举世咸知日军兽行的"南京大屠杀事件"，中枢业已迁都重庆。适又接沪上大中中学友人来信，他们决定乘船赴香港，转粤汉路去长沙或武汉，使我失去同行的机会，衷心尤感怅惘。到二十七年（一九三八）一月杪，即为阴历新年，家家欢叙如常，丝毫无战时气氛，彼此得过且过，无人能知危巢累卵，祸在眉睫，江南既已糜烂，苏北焉能幸免？待阴历新年过后数日，我接到时任福建莆田县长夏涛声兄来信，邀我前往担任军法承审，我觉得在家株守无益，禀明双亲，决计应邀远行，于是启程经海安、如皋、天生港去沪转闽。不料行至如皋车站休憩时，巧遇苏省保安团团附老友戴天人兄（名曰阶，阜宁人，南京中大及金陵军校毕业），他问我何往？我告以原委。他说现正奉命兼代靖江县长，亦愿以军法承审相委，劝我中止去闽，言下不由分说，命人将行李卸下，而于次日相偕至靖江临时县政府所在地西来镇接事。此地为如、泰、靖三县交界之区，县政府设在一小学校内，靖江县城与江阴隔江相对，已为日军攻占。乃到职未两周，日军即于三月初从天生港登陆，沿通榆公路北进，一日而下南通、如皋、东台三县，盐城亦继之沦陷。时任江苏四、六区行政督察专员兼保安司令杨仲华，竟不战而节节败退。未久，靖江县保安队为原任队长朱骥煽动叛变，县府人员于黑夜枪声中撤往泰兴县属的季家市，天人兄奉调盐城县长，先行前往湖垛履任。我们一行到达季家市，已近夜晚，因整日步行，极感疲乏，乃住进旅馆洗澡休息。不料次日清晨，靖江城内日军前来挨户搜索，我和沈光远兄仓皇走避，行李丢光，且不识南北东西。经路人指引，始行抵黄家市新识友人严尔猷先生家，承其留住三日，代为雇车至蒋垛，有昔日通中老师孟济卿先生及同学刘文林兄招待，并赠我衣服换洗。再转车经姜堰换船至东台县属之溱潼镇，向戚友处探听，方知我举家老幼避日寇在沈家垛佃户家暂住，沈家垛距溱潼约三四十里，自是与光远兄握别，他往湖垛，约定通信地址，我回沈家垛与家人团聚。双亲方以我行踪不明为忧，见我安然无恙，出乎意外，自是欣喜异常。

此时我安丰镇家中，留有老仆看守，经过过境日军数番洗掠，除笨旧家具外，业已四壁萧然。镇上设有维持会及慰安所，由沉湎烟霞多年、家产卖光、栖身徽州会馆的留日前辈洪铁慈担任通译。依戚谊言，此人是我的长亲，但落拓无聊已久，镇人鲜与往来，此番乘时而起，总算大走其运，幸而有他出面敷衍来往日军，免去不少骚扰。我蛰伏乡居一些时，偶尔也回安丰探视，来回须步行四十余里，触景伤情，实有无限感喟。待至六月初，度过旧历端阳节后，接天人兄专人辗转自湖垛送来一信，谓即将会同国军进攻盐城，嘱前往佐助，乃于是月杪雇一乡间小舟，循水路赴盐，到达兴化县属北安丰镇时，已闻盐城于七月二日收复。迨抵达时，而天人兄则于先一日，因泗水攻城，中暑患急性肺炎，专轮赴兴化就医。未几，即闻其逝世之讯，待其棺柩运回，在码头集会奠祭，到士绅民众数百人，由我报告他的生平事略，全场至为哀恸。我原应约而来，今已无可再留，遂仍乘原舟而返。不久，日军南撤通如，东台亦告收复，我举家复由乡间迁回安丰。乱后归来，家园重整，而冀儿即于九月十六日（阴历闰七月二十三日）出生，我父母多年望孙心切，得此老怀为之弥慰。

此后，我接黄桥中学校长丁廷标兄函告，谓从上海传来重庆青年党中央党部通知，嘱我主持苏北支部，于是我从东台、泰县、泰兴、黄桥、姜堰、海安走了一转，联络各地同志，约集在姜堰举行会议，计划组织一武装部队，准备抗日保乡的游击战。但从事区级行政的同志，所能把握的自卫队枪支，多零星分散不易集中，且各有本身顾虑，益以天人兄已逝，又缺乏军事专门领导人才，以致筹商终日并无结果，只好伺机再说。继而我不顾轰炸危险，又从东台经兴化、宝应、淮安，前往淮阴一行，想谒见省政当局，略陈全民抗战的管见，无如侯门似海，竟不可得（岂料现在与我同住一村，朝夕相见），知其仍持派系观念及小圈子主义，只好废然而返。适接夏涛声兄自闽来信，谓已交御莆田县篆，仍回省府服务，已介绍我至财政厅任职，催我速往。我以此一年中，到处奔波，竟无缘为乡邦效力，遂决计赴闽。取道海安、黄桥、新港乘轮去沪，稍事补充行装，洽购新常安公司船票，搭广生轮，系挂挪威船旗，船行三十八小时抵福州；小住数日，再换轮沿闽江上驶至延平，改搭公路车经沙县而抵福建临时省会永安，时二十八年（一九三九）二月四日也。我现在尚保存部分留闽日记，有待整理，此处不拟赘述。

二

我生长于苏北，对苏北自然有一种浓郁的乡土感情，虽然赴闽任职，对苏北前途及家人的安危，仍不时萦怀于胸臆。就苏北地理形势而言，应该是东止于海，南达于江，北迄陇海铁路，西临运河。抗战前，共辖有三十一县之地，占江苏全省二分之一强，统称为江淮平原。港汊纷歧，河渠网布，且有洪泽、高邮、宝应、阳澄诸湖为之潴蓄灌溉，所以弥望数百里往往不见山陵，且有通榆公路沿范公堤贯通南北。人口度极密，每隔数里或十余里即有聚居之乡镇村落，鸡犬相闻，舟楫四通。出产以稻、麦、棉花、黄豆为大宗，沿海各县更产有大量的煎盐和晒盐，行销长江皖、赣、湘、鄂四省及皖北、豫南各县，即所谓淮南北盐是也。这一广大渔、盐、米、棉之乡，自清初以来，从未遭受过兵燹，除了十六年（一九二七）孙传芳兵败渡江曾受蹂躏外，可说到抗战前止，苏北仍旧是人间乐土，世外桃源。

苏北之弄得一团糟，使人民陷于水深火热，应起始于八一三沪战爆发后之次年。其时，大江以南，业已全部沦陷，苏省府迁治淮阴，虽只剩半壁山河，尚属完整，而苏北与上海贸易往来的唯一咽喉，厥唯南通天生港，因之营业税收，极为鼎盛。故纵偏处一隅，应可有为有守。唯苏省府于收拾江南残破之余，有感于兵力不足，乃首奉命成立第二十四集团军于淮阴，由省主席兼总司令，下辖八十九军，军长李守维，及三十三、一一七两师；并令饬各县警察，连原有饷械，悉数调省，加以训练，改编成师。此为扩军起见，各地治安，未之顾及。卒致二十七年三月，日军由天生港登陆，地方保安团队一无抵抗，溃散而为游匪，遂贻苏北祸乱之源。据曾两任江苏省长、泰县韩国钧（止叟）《永忆录》中说：

> 沪战爆发，南通天生港为苏北唯一交通线，当时非常发达，中央忽下封锁之令。适四、六两区（按：指南通、盐城两行政督察区）在海安（按：系属泰县，为韩氏之故乡）开救济委员会，列席者皆苏北各县人士，深虑因封港启衅，联名电呈中央，并徐州李司令长官，又嘱杨君樵谷面陈详情，未即决定，而日军已在天生港登陆，旋至如皋，寻至东盐，省军一无抵抗。未几而各方游击队蜂起，为省府所认可者，如薛承宗、张冲青、张星柄、何克谦、孙信符、陈尧生、张少华、杨仲华、张能忍，号称十旅。

长江下游江面辽阔，北岸港口众多，仅天生港有趸船及码头设备，设若封锁，兵力是否足够？如何布防？抵御能否有效？后果为得为失？似须事先密做周详考虑与部署，非一纸明令所能奏效。今突下封锁之令，而又一无准备，纯属纸上参谋作业，事同儿戏，玩火自焚。盖苏北出口各项土产及民生物资，向以供应上海为大宗，而自上海输进之机器零件、制成品及五洋杂货，亦以苏北为销售之尾闾。日军视为重要经济命脉，在所必争，如不公开封锁，或勉可暂时相安，现仅徒事空言，遂益促其提前行动。于是，日军在毫无防御情形下，公然自天生港登陆，一面以飞机轰炸扫射，掩护其陆军沿范公堤北进，一面以特制橡皮艇，装置马达及机枪，沿串场河横扫两岸以配合行动，如入无人之境。居民四散奔逃，通如、东盐四县，首遭其殃，苏北大乱，遂从兹开始。

唯《永忆录》中所述各方游击队，崛起于日军侵入苏北之后，半属散兵游勇，半属地痞流氓，领导者或曾受军事教育，或则为江湖好汉，其枪支来源，多搜索自民间，或系战时所散失，乌合之众，素质甚差，勒索抢掠，事所难免。后经省府改编，给予正式番号，则已事在二十八年春，计为保安六旅、常备四旅，其旅长及分布如下：第一旅薛承宗，驻如皋；第二旅张冲青，先驻姜堰，后移启东、海门；第三旅张星柄，驻高邮；第四旅何克谦，驻如皋、泰兴之间的黄桥；第五旅孙信符，驻如皋、掘港；第六旅陈尧生，驻泰兴；第七旅王殿华，驻泗阳；第八旅杨仲华，驻泰县；第九旅张少华，驻泰兴；第十旅张能忍，驻南通、海门。此据已故《新江苏报》主持人包明叔先生著《抗日时期东南敌后》一书所述，较《永忆录》为详。

由上可见当时苏北国军，除八十九军所辖两师外，苏省府所能指挥的尚有十个保安常备旅，兵力不为不厚。不幸淮阴于二十八年二月被日军自徐海分兵攻陷，苏省府始则迫迁泰县，而泰县则设有"鲁苏

皖边区总指挥部"，由李明扬任总指挥，李长江副之，下辖丁聚堂、
颜秀五、张公任、陈才福、何霖春五个纵队，每纵队相当一旅之众，
分驻泰县、泰兴毗连乡区及姜堰、海安一带。另尚有苏北游击总队陈
泰运部，亦由盐城、兴化移驻泰县、东台乡区，该部原系驻淮北坂埔
之税警总团，大部分为八十九军吞并，陈率其余众，尚有千余人，名
义上亦归李明扬指挥。泰县二李，夙与苏省府分庭抗礼，积不相能，
而两者部下亦常有争夺防区发生火并之事。我在二十八年旅闽日记
中，即曾有一段记载：

> 六月二日，阴凉，微雨。上午，下乡办公。下午，返厅。阅
> 《申报》载：苏北靖江县长兼保安第四旅副旅长朱骥，因税收问
> 题，与张公任冲突，被张率部千余人，围攻于黄桥，中弹而亡。
> 忆去春四月初旬，余与亡友戴天人兄正在靖江西来镇办理交卸
> 时，朱骥曾煽动县府部队叛变，夜深开枪，以县府为目标。余正
> 在监狱点验人犯，奔避县署后麦田内，值大雨淋漓，衣履尽湿，
> 约一时许，始镇压平静，已逾午夜，镇外十余里之敌人迫击炮
> 声，犹隐约可闻也。今此獠不得善终，可见报施不爽。

苏省府既局处泰县，又不见容于二李，无可展布，乃于五月再迁
兴化。兴化古称昭阳，形如釜底，四面皆水，自昔有"昭阳好避兵"
之称，暂时尚可苟安。迨至二十九年（一九四〇）三月，汪精卫成立
伪政权于南京，对苏北无形增加压力，而日军复于四月自高邮攻兴
化，苏省府遂三迁东台。我故乡居然成为战时省会，真是梦想不到。
旋兴化失而复得，日军撤退，将县府及各机关付之一炬，苏省府遂仍
留东台，未即迁回。

三

三十年春，我因母病促归侍疾，遂请假自闽取道延平、建阳、浦城、江山、金华、奉化、宁波，经上海，回苏北。忽忽数月，到八月间我母逝世，待营葬已毕，和我父商量，以乡间萑苻遍地，日夕处于风声鹤唳之中，无法宁居，而一家老幼，又不忍恝然远行，乃决定将住屋保留后进三间，余屋分租孙、周两姓，即举家迁沪赁居地丰路元善里，并去电闽省府辞职，另应友人光夏中学校长王韫石、卜梁昆仲之约，任教高一、二两班国文及政治、经济学选修课程，舌耕所入，益以家乡所可能收取之剩余田租，家计勉可维持。是年冬，日寇偷袭珍珠港，发动所谓"大东亚战争"，东南亚一带，卷入战争旋涡，英、美亦起而对日作战，局势转而对我有利。时上海英、美、法租界已为日伪控制，实施户口调查，随时封锁交通，居民完全过着半亡国式的顺民生活，忍死须臾，以待胜利之来临。我在沪未用本名，改用我的字"泽清"为代替，至今尚保存一张沪市警察局及日本宪兵队所发给的"居住证"，上面押有我的指模。三十余年来，每一展视，感喟无穷。我将留给我的子孙，永志毋忘。

我蛰居在沪，除按时上课及改作文卷外，每日圈点正续《资治通鉴》数页，并摘要札记。我读书素无恒心，但两三年中，竟将此两书圈点完毕，对历代兴亡成败得失了然于胸，益信我中华民族必有否极泰来之一日。值其时曾慕韩先生因香港沦陷，违难来沪，居住法租界，不时前往请益。未久，刘东岩兄衔命冒险至沪探视慕韩先生，传达后方消息，相与倾谈大势，俱抱乐观。迨三十三年（一九四四）夏秋之交，日寇渐露败征，汪精卫旧疾复发，赴日就医，旋即于是年冬逝世，伪政权内部倾轧日烈。其尤甚者，沦陷区物资缺乏，控制米粮极严，物价高涨，伪币实值低落，沪市商民，囤积居奇，投机取巧，已非敌伪所能管制；马路乞丐，常有抢夺行人所携糕饼点心之事，伪警亦无可如何。市郊农村妇女，三三五五，背负小米袋，穿越封锁线铁丝网，东掩西藏，沿各里弄挨户叫售。当时沪上流行歌曲，有"前门叫买米，后门叫买柴"之歌词，听来极为凄婉动人。同时又严令节约用电，管制灯火，马路灯光昏暗，住户以黑布蔽窗，以做防空准备。于以知敌伪将临败亡，为期已不远了。

三十四年（一九四五）二月，我送葬友人关君于虹桥公墓，归途乘三轮车经梵王渡，见有美国巨型飞机低飞而过，居民仰视天空，咸作会心微笑。我父见上海已非安全之地，力主迁回东台县城居住，我为尊重老人意见，决定由我父先回东觅屋，我则稍后与妻儿偕行，于是一面结束沪寓，变卖家具什物，一面将光夏中学课程托请名戏剧家侯曜夫人濮舜卿女士代授。待一切安排停妥，已是三月杪，当即由沪乘火车至镇江，渡江换汽车至泰县，再乘轮至东台，已是四月二日。当时由沪回乡者极众，北火车站旅客拥挤异常，万头攒动，我长女楚几乎走失，上车亦未觅得座位，在两车厢交接处，站立了七八小时之久，一幅难民流亡图，至今印象深刻。抵东后，我父已租好钱姓房屋三间，勉强可住，直至八月初，始偕妻儿回到距城仅二十五里的故乡安丰镇探视。不料忽染疟疾，留乡诊治，约旬日左右，突闻驻镇伪军秦庆霖部，拆除军用电话线，集中待命，四处拉夫，有开拔他往迹象。乡人惊疑莫释，乃于十六日午后，率妻儿步行至镇北郊外，始雇得二辆人力车，急行返城，证实日军战败，业于十四日向中、美、英、苏正式宣告投降，伪军失其凭依，内心恐惧，亟求保存实力，纷向据点集中。适友人李受之兄，以局势紧张，力劝出走，老父知我在家，反多牵累，亦表同意。于是举国欣闻胜利欢喜若狂之时，乃我仓皇挥泪离家出亡之日，人世苦痛，宁有逾此？岂非天乎！

我和受之兄十八日乘轮先至距城西六十里之溱潼镇。镇上驻有伪军一旅，旅长徐容，东北讲武堂毕业，其所属营长葛醒吾，松江税警官佐教练所毕业，俱隶青年党党籍，原属税警总团，因八十九军吞并税警总团时失去联系，被逼投伪，但陈泰运率税警总团余部改称之游击总队，即辗转流徙而驻于溱潼附近之乡间，彼此默契，数年来颇得徐之掩护。我与受之兄往晤徐、葛时，徐即出示已接重庆军委会的电令，委其为某路司令，因而面有得色，并谓所有大江南北陷区部队，俱分别获有正式名义，命就原地原防，维护治安，乃至巨奸周佛海、任援道，亦许其戴罪立功。

徐、葛两兄，以青年党同志之谊，彼此相与倾谈，濒行，知我有江南之行，且各有所馈赠。我在溱潼朱姓亲戚家住了四天，即乘轮赴泰县，而东台县城旋于三十日为新四军攻陷。适在镇江车站遇来自阜阳之同乡韩宝鉴兄在三民主义青年团江苏支部任职，复员赴苏州，邀往小住，乃于二十日自泰、扬渡江抵苏，是日为中秋节，对月怀乡，倍增愁思。幸彼时京渝空运频繁，急与重庆友人联系，不久即得夏涛声兄来书，嘱我去沪相候。双十节彼由渝飞抵上海，一别数年矣，欢然畅叙，邀我赴台相助。他与长官公署人员先行赴台，我在沪候机飞台，至十一月十二日，始克成行，流亡生涯遂告结束。而我离乡背井，迄未返回故里，时光荏苒，忽忽三十年于兹矣！

在我上述一段流亡期间，所见泰县、扬州、镇江、南京、苏州各城市的日军，不再横蛮凶狠，或徒手，或倒持枪，仍严正有序，负责协助我维持交通线，亦紧守岗位。到上海，则市民积怨已深，常有围殴日人之事。抵沪美军，多驾吉普飞驰，或坐三轮车，或身着从四马路估衣店买来之绣花寿衣，携带吧女，又是一番景象。犹忆我在南京请求增援苏北之时，正是日本政府代表于东京湾美国军舰上向盟国签署降书之日，当时以《大公报》记者朱启平君的报道最为详细，我有剪存资料的习惯，兹特检录如次：

中华民国三十四年九月二日上午九时十分，我在东京湾内美国超级战斗舰密苏里号上，离开日本签降代表约两三丈的地方，看见他们代表签字，向联合国投降。

这签字，洗尽了中华民族五十年来的奇耻大辱。这一幕，简单、庄严、肃穆。

签字的地方，是在舰右侧大炮旁将领指挥室外上层甲板上。签字的一张桌子，原拟向英舰英皇乔治五世号借一古色古香的木桌，却因为太小，临时换用士官室里一张吃饭的长方桌子，上铺绿呢桌布。桌子横放在甲板中心偏右下角，每边一把椅子。在靠里面的椅子旁边，立着四五个扩音器，播音时可直通美国。将领指挥室外门上，如玻璃框内织锦画一般，装着一面陈旧的美国旗。十三花条三十一颗星，长六十五英寸，阔六十一英寸，九十二年前美将佩里（Commodore Matthew C. Perry, 1794—1858）曾带至日本，在日本本土上飘扬过。这旗的位置正下视签字桌。桌子靠里的一面，是准备联合国签字代表团站立的，靠外的留给日本代表排列。桌前左方是将排列美国五十位高级海军将领的地方，右方是五十位高级陆军将领。桌后筑一小台，给拍电影和相片的摄影记者用的，地方最好。其余四周，都是记者天下：大炮炮座上，将领指挥室上层。各枪炮座上，全是我们的位置。我是站二十公分口径机枪上临时特别搭的木台上，离开签字桌约两三丈远近。上层甲板下面的大甲板上，右前方排列着水兵乐队和陆战队荣誉仪仗队，都向外立。紧靠着登舰离舰的铁梯出入口，口上排着一小队精神饱满、体格强健的水兵。……

八点半，忽然乐声大起，一位军官宣布联合国签字代表团到。他们是乘驱逐舰从横滨来的。顷刻间，我看见从大甲板上大炮座后转出一列衣着殊异的人物来。第一个是我们的代表徐永昌将军，他衣一身简洁哔叽军服，左胸上两行勋绶，向迎接的美军官举手还礼后，领先拾级登梯至上层甲板，杨宣诚将军等随行。英、苏、澳、加、法、荷、新西兰的代表陆续上来，记者大忙。上层甲板成了有声有色的外交应酬场面。……八时五十分，乐声又大作，盟军最高统帅麦克阿瑟元帅到，也是坐驱逐舰从横滨来的。尼米兹在舰面上迎接他过来，陪他从大甲板登级到上层甲板，先到将领指挥室休息。舰上升起五星将旗，和尼氏的对立。……上层甲板上的外交场面渐告结束。联合国代表团在签字桌靠里的一面列队静立，徐永昌将军为首。五十位海军将领、五十位陆军将领，也分别排班。听见有人说，日本代表将到。我忽看见一艘小艇，正向舰右铁梯驶来。不久，一个美国军官领先，日人随后，陆续从出入口进入大甲板。那小队水兵，向美国军官敬礼后，即放下手立正，乐声寂然。日本代表外相重光葵在前，挂着手杖，一条真腿，一条假腿，跷拐而走，登梯到上层甲板时，有人扶他。他戴礼帽，衣大礼服，上甲板，即除帽。梅津随后，重步而行。一共十一人。全体到上层甲板后，即在签字桌向外的一面，列成三行。重光戴上帽，和梅津在前，其余分成两行，和联合国的代表对立，全舰无声。重光一腿失于淞沪战后，在上海阅兵时，朝鲜志士尹奉吉的一枚炸弹。梅津是从前天津日本驻屯军司令，著名《何梅协定》日方签字人，都是我们的熟人。但是，曾几何时，现在！

九时整，麦克阿瑟和尼米兹、哈尔西，步出将领指挥室，麦氏走到扩音器前，尼氏立到徐将军的右面第一名代表的位置，哈氏入海军将领组，站在首位。麦氏执演说稿在手，极清晰，极庄严，一个字一个字对扩音器宣读。日本代表团肃立静听。麦氏读到最后，昂起头，对日本代表团说："我现在请日本皇帝和日本政府的代表，日本帝国大本营的代表，在投降书指定的地方签字。"一个日人出列，到桌上察看那两份如大书夹皮面白纸黑字的投降书无误，折回。重光挣扎上前，行近签字桌，去帽放桌上，斜身入椅，倚杖椅边，除手套，执投降书看了一分钟，皱紧眉头，从衣袋里取出一支自来水笔，在两份投降书上分别签字。梅津随后签字，他没入座，右手除手套，立着欠身执笔签名。这时九时十分。……

麦氏继续宣布："盟国最高统帅现在代表和日本作战的各国签字。"接着并回身说，请温赖特将军和珀西瓦尔将军陪同签字。温、珀步出行列，向麦氏行礼后立在他身后，麦氏自己舒舒服服地坐入椅子，掏出笔签字，才写一点，便把笔转身送给温赖特。麦氏掏出第二支笔，写一点，送给珀西瓦尔。他一共用了六支笔。签字毕，他起立，回到播音器前说："美利坚合众国代表现在签字。"尼米兹元帅步出行列说："我请哈尔西将军、谢尔曼将军陪同签字。"哈、谢两氏出立，尼米兹入座签字毕，各归原位。麦氏说："中华民国代表现在签字。"徐永昌将军步至桌前，入座，王之陪同，出钢笔签字。我转眼看着日本代表，死立在那里，如木人一般。之后，英、苏、澳、加、法、荷、新西兰的代表，一一在麦氏宣布到自己时，出列向麦氏敬礼后，请人陪同签字。陪同的人，澳大利亚最多，四个；荷兰、新西兰最少，各一个。荷兰代表签字前，忽然和麦氏商量了几句。各代表态度：美国的最安闲，中国的最严肃，英国的最欢愉，苏联的最威武。全体签字毕，麦氏和各国首席代表离场，退入将领指挥室。那时是九点十八分，九一八！[原注：民国二十二年（一九三三），日本强迫我国和伪满通车通邮，那第一班从关外开北平的车，到站是九点十八分，意思是"九一八"到北平。据此，我们可以说："九一八"回日本。]

按预定程序，日本代表应该随即取了他们那一份投降书（另一份归盟国保存）离场。但是他们还站在那里。麦氏参谋长萨瑟兰将军，本来是负责把那份投降书交给日方的，这时他却站在签字桌旁，和日人板着脸谈话，似乎在商量什么。大家都不知道出了什么事，记者们议论纷纷。后来看见萨氏在那投降书上拿笔写了半晌，日人点头取书而去。事后知道，加拿大代表，不知怎的，在日本那份投降书上签字时，签低了一格，占了法国的位置，以后的各代表都跟着签低了。荷兰代表先发现这错误，和麦克阿瑟商量也为此。萨瑟兰后来用笔把规定的地方依签字更正，旁边附上自己的签字，作为证明。倒霉的日本人，连份投降书，也不能是干干净净的。

日本代表团顺着来路下舰上小艇回去，在还没离舰时，十一架超级堡垒列成整齐队形，排空飞至密苏里上空，随着又是几批超级堡垒。我正在数的时候，后面黑影点点，蔽空而来，不知有多少架舰上的飞机列队渐近。不到半分钟都到了上空，大家看得张着嘴出神。这些飞机，都向东京飞去。

我听见一个不到二十岁、满脸孩子气的水兵，十分郑重地对他一位伴儿说："今天这一幕，我将来可以讲给孙子孙女听。"

这水兵的话是对的，我们将来可以讲给子孙听。可是，我们别忘了百万将士流血成仁，千万民众痛苦牺牲，胜利虽最后到来，代价却十分重大，我们国势犹弱，问题仍多，真需要民主团结，才能善保和发扬这胜利的成果。否则，或者我们没面目和孙子孙女讲了！

旧耻已去尽，中国应新生！

这篇报道，是我中华全民族抗战胜利成果的光荣实录，也是有关中国当代史的重要文献，我们这一代固应该重温一遍，以免健忘；更应该编入中学教科书，让我们的下一代增加自信自强，不必自卑自贱，更不能自暴自弃，这对纪念三十年前的抗战胜利，才具有更深远的意义。

原载《传记文学》第二十七卷第二期（一九七五年八月号）